日本の通商政策転換の政治経済学

FTA／TPPと国内政治

金 ゼンマ 著
KIM Jemma

The Political Economy of Japanese Trade Policy Shift
: FTA, TPP and Domestic Politics

有信堂

日本の通商政策転換の政治経済学——FTA／TPPと国内政治／目次

序章 ——————————————————————————————— 3
　第1節　問題の所在　3
　第2節　本書の構成　7
　第3節　日本の通商政策の歴史　10
　　1　多国間主義に基づいた通商政策（10）　2　WTO中心から二国間FTAへと転換（17）
　第4節　日本のFTAの全体像　21
　　1　FTAの経済的・政治的解釈（21）　2　日本のFTA戦略（26）

第1章　問題提起と先行研究 ———————————————————— 31
　第1節　問題提起・設定　31
　第2節　IPE理論と東アジア地域統合　34
　　1　「地域主義」と「地域化」の概念を巡って（34）　2　リアリストのアプローチ（覇権安定論）（35）　3　リベラリストのアプローチ（新機能主義）（36）　4　コンストラクティヴィストのアプローチ（37）
　第3節　日本の通商政策転換に関するこれまでの議論と問題点の改善　39
　　1　国際要因（外圧型）（39）　2　国内要因（内圧型）（41）　3　制度要因（レジーム，ネットワーク型）（45）　4　理念要因（信条モデル）（48）

第2章　分析の枠組みと研究の意義 ————————————————— 51
　第1節　研究の方法　51
　　1　分析の目的と視点（51）　2　分析対象（56）　3　資料（62）
　第2節　研究の意義　64
　　1　国際関係論への貢献（64）　2　東アジア研究への貢献（71）

第3章　日本・シンガポールFTAの交渉過程 ————————————— 73
　第1節　国際環境要因　73
　　1　シンガポールのFTA戦略（74）　2　アジア通貨危機（78）　3　地域主義に対する米国の立場（80）

第 2 節　各アクターと構図　81
　1　各アクター（81）　2　構図（83）
第 3 節　日本・シンガポール FTA 締結へのプロセス　84
　1　経緯（84）　2　協定の内容と意義（101）

第 4 章　日本・メキシコ FTA の交渉過程 ───── 107

第 1 節　国際環境要因　107
　1　メキシコの FTA 戦略（107）　2　NAFTA, EU・メキシコ FTA の要因（112）　3　中国・ASEAN FTA（114）
第 2 節　各アクターと構図　115
　1　各アクター（115）　2　構図（118）
第 3 節　日本・メキシコ FTA 締結へのプロセス　119
　1　経緯（119）　2　協定の内容と意義（150）

第 5 章　韓国の FTA 交渉過程 ───── 155

第 1 節　FTA 交渉の現状　156
　1　「同時多発的」FTA 戦略（156）　2　FTA 推進状況（160）
第 2 節　先行研究　162
　1　国際要因の検討（162）　2　国内要因の検討（164）
第 3 節　FTA の事例　166
　1　韓チリ FTA 交渉プロセス（167）　2　米韓 FTA 交渉プロセス（169）
　3　日韓 FTA 交渉プロセス（172）
第 4 節　TPP 加入への示唆　174

第 6 章　日本の TPP を巡る国内政治過程 ───── 177

第 1 節　はじめに　177
第 2 節　TPP と日本　179
　1　TPP の概要（179）　2　TPP を巡る日本の交渉プロセス（183）
第 3 節　促進要因：日本の TPP 提案の背景　187
第 4 節　阻害要因：農業「下位政府」の強さ　189
第 5 節　おわりに　192

終章 ───── 197

第 1 節　理論編のまとめ　197

第 2 節　事例検証のまとめ：事例編Ⅰ　198
第 3 節　事例検証のまとめ：事例編Ⅱ　202
第 4 節　事例の検証から得た示唆　204

主要参考文献　207
資料　232
あとがき　235
索引　241

略語一覧

AFTA	ASEAN Free Trade Area	ASEAN 自由貿易地域
AIIB	Asian Infrastructure Investment Bank	アジアインフラ投資銀行
ANZSCEP	Agreement between New Zealand and Singapore on a Closer Economic Partnership	シンガポール－ニュージーランド FTA
APEC	Asia-Pacific Economic Cooperation	アジア太平洋経済協力
ASEAN	Association of Southeast Asian Nations	東南アジア諸国連合
CEPEA	Comprehensive Economic Partnership in East Asia	東アジア包括的経済連携
EAEC	East Asia Economic Caucus	東アジア経済協議体
EAFTA	East Asia FTA	東アジア FTA
EASG	East Asia Study Group	東アジア・スタディグループ
EAVG	East Asia Vision Group	東アジア・ビジョングループ
EC	European Community	欧州共同体
ECSC	European Coal and Steel Community	欧州石炭鉄鋼共同体
EPA	Economic Partnership Agreement	経済連携協定
EU	European Union	欧州連合
EVSL	Early Voluntary Sectoral Liberalization	早期自主的分野別自由化
FDI	Foreign Direct Investment	海外直接投資
FTA	Free Trade Agreement	自由貿易協定
FTAA	Free Trade Area of the Americas	アメリカ自由貿易地域
FTAAP	Free Trade Area of the Asia-Pacific	アジア太平洋自由貿易圏
GATS	General Agreement on Trade in Services	サービスの貿易に関する一般協定
GATT	General Agreement on Tariffs and Trade	関税及び貿易に関する一般協定

GCC	Gulf Cooperation Council	湾岸協力理事会
GSP	Generalized System of Preferences	一般特恵関税制度
MERCOSUR	Mercado Común del Cono Sur	南米南部共同市場
MRA	Mutual Recognition Agreement	相互承認協定
NAFTA	North American Free Trade Agreement	北米自由貿易協定
OECD	Organisation for Economic Co-operation and Development	経済協力開発機構
OPEC	Organization of the Petroleum Exporting Countries	石油輸出国機構
P4	Trans-Pacific Strategic Economic Partnership Agreement	環太平洋戦略的経済連携協定
PECC	Pacific Economic Cooperation Council	太平洋経済協力会議
PTA	Preferential Trading Agreement	差別的貿易協定
RCEP	Regional Comprehensive Economic Partnership	東アジア地域包括的経済連携
RTA	Regional Trade Agreement	地域貿易協定
TPA	Trade Promotion Authority	貿易促進権限
TPP	Trans-Pacific Partnership	環太平洋経済連携協定
WTO	World Trade Organization	世界貿易機関

日本の通商政策転換の政治経済学
FTA／TPP と国内政治

序　章

第1節　問題の所在

　今日の世界で最も興味深い現象の1つが、グローバリゼーションの急速な進展にもかかわらず、経済交流が地域ベースで進んでいるという事実である。西欧では、域内貿易の比重が次第に増加しているが、これに近い現象は北米や南米でも見られる。そして、近年では東アジア[1]でもそのような現象が著しい。モノ、サービス、資本、人の流れが近年著しく増加・拡大しており、「事実上の（de facto）」統合から、「制度的・法的な（de jure）」統合へと発展している（浦田・金 2012）。事実上の統合とは、域内企業の自由な行動によって生まれる多国間のつながりのことである。今日では、多数の国家が互いに「自由貿易協定（FTA: Free Trade Agreement）」を結ぶことで、制度的・法的な統合が進んでいる（浦田 2004b; 馬田・浦田・木村 2005; 金 2012; 山本 1997, 2006, 2007, 2012; 渡辺 2004; 渡邊 2007; Dent 2003; Solis and Katada 2009）。

　FTAは2以上の国々の間において締結される、関税などの貿易上の障壁を自由化する合意であり、関税同盟と並んで、「地域貿易協定（RTA: Regional Trade Agreement）」と称されている[2]。RTAは、最恵国待遇による自由化措置を

---

1) 「東アジア」と言った場合、地理的にどこまでをその範囲とするかは論点の1つである。ASEAN + 3（ASEAN Plus Three）がその中核と考えられるが、豪州、ニュージーランド、インドなどが含まれるかどうかは議論の余地がある。2002年1月に小泉首相が発表した「共に歩み共に進むコミュニティ」という構想では、ASEAN + 3に加え、豪州とニュージーランドを中心的メンバーとして想定していた（田辺 2005: 6-7）。しかし、2003年の『通商白書』では豪州とニュージーランドは経済面での相互依存性があまり強くないことなどから、東アジアの範囲に含めていない。本書は『通商白書』の視点を共有する。

2) 「FTA」、「EPA」、「RTA」の概念の定義は、以下の通りである。FTAの概念は本来EPA・RTAに比べて狭い概念ではあるが、しばしばEPA・RTAも含めた広義の意味で用いられることも多く、政策論においてはほぼ同義に用いられている。日本はFTA + アル

基本原則とする「関税及び貿易に関する一般協定（GATT: The General Agreement on Tariffs and Trade）」における例外措置になっている。

地域統合の発展段階について，バラッサ（Balassa, B.）は，自由貿易地域（Free Trade Area），関税同盟（共同対外関税の保有），共同市場（生産要素の自由移動の許容），経済同盟（マクロ経済政策の調和），完全な経済同盟（通貨・財政政策の完全な統合）の5つの段階に分類している（Balassa 1962: 1-5）。FTA は，経済統合の段階としては最も低く，域外国に対して共同の関税を適用する「関税同盟」よりも低いレベルにある。しかし，物品の貿易における関税を撤廃し，経済統合を一層深化させるものである（渡邊 2004）。

FTA は，欧州では「欧州連合（EU: European Union）」を中心に結ばれており，北米でも「北米自由貿易協定（NAFTA: North American Free Trade Agreement）」の推進によって，地域 FTA が進展する傾向にある。アジア太平洋地域においては，米国と日本が「環太平洋経済連携協定（TPP: Trans-Pacific Partnership）」に加入しており，「アジア太平洋自由貿易圏（FTAAP: Free Trade Area of the Asia-Pacific）」の実現に向け，アジア太平洋 FTA が進展する可能性がある。

図 0-1 のグラフからわかるように，世界貿易機関（WTO: World Trade Organization）に通報されている RTA の数は，1990 年の 100 件から，2012 年には 550 件へと急激に増加している。特に，90 年代後半に，その数が急増している。RTA の発効件数を見ると，50 年代から 80 年代までは合わせて 26 件だったが，90 年代には 91 件に急増し，中でも 90 年代後半には 60 件と，全体の 4 割を占めるに至っている。

このような FTA の世界的な増加にもかかわらず，東アジア地域においては

　　　　　ファの EPA を結んでいるが，本書でも FTA を EPA・RTA を含めた用語として用いる。
　　　・自由貿易協定（FTA）：物品の関税およびその他の制限的通商規則やサービス貿易の障壁等の撤廃を内容とする GATT 第 24 条および GATS（サービスの貿易に関する一般協定）第 5 条にて定義される協定。
　　　・経済連携協定（EPA）：FTA の要素を含みつつ，締約国間で経済取引の円滑化，経済制度の調和，協力の促進等，市場制度や経済活動の一体化のための取組みも含む対象分野の幅広い協定。
　　　・地域貿易協定（RTA）：FTA と関税同盟の双方を含む概念。WTO 協定上は，双方とも関税およびその他の通商規則の撤廃とサービス貿易の障壁の除去を内容とする。
　　外務省（2002b）「日本の FTA 戦略」。

図 0-1 WTO に通報された RTA の数 (1948-2015 年)

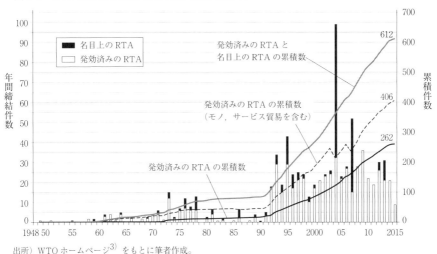

出所）WTO ホームページ[3] をもとに筆者作成。

FTA 締結の動きは鈍かった。90 年代後半になっても，世界 GDP 上位 30 カ国に入る日本，中国，韓国等の東アジアの主要国は FTA を結んでいなかった[4]。特に，日本は GATT・WTO に代表されるグローバリズムを一貫して重視し，これらを通商政策の基軸として位置づけてきた。世界的に見れば，90 年代に加速的に RTA が増加していたにもかかわらず，日本はこうした世界の流れに反して FTA 締結に慎重な態度をとっていた。

ところが，90 年後半以降，日本は FTA 重視の姿勢に転じる（表 0-1 参照）。2002 年 1 月，日本は東アジア初の FTA であるシンガポールとの FTA に署名した。それを手始めに，2005 年 4 月にはメキシコとの FTA を発効し，マレーシア，チリ，タイとの FTA も順に発効された。さらに，インドネシア，ブルネイ，フィリピンとも妥結し，2008 年 12 月には東南アジア諸国連合（ASEAN: Association of Southeast Asian Nations）全体との FTA をも発効し，2015 年 9 月の現時点で，スイス，ベトナム，インド，ペルー，豪州，モンゴルとの FTA を取りまとめるに至っている。韓国とも 2003 年 12 月に交渉を開始したが 2004

---

3) WTO (n.d.) "Regional Trade Agreements: Facts and Figures."
4) 当時は 1992 年合意された ASEAN 自由貿易地域（AFTA：ASEAN Free Trade Area）がアジアにおける唯一の FTA だった。

表 0-1　日本の FTA 締結状況 (2015 年 9 月現在)

発効／合意済み	交渉中	検討中
シンガポール（2002 年 11 月発効）	ASEAN（投資サービス交渉）	ASEAN + 3
メキシコ（2005 年 4 月発効）	カナダ	
マレーシア（2006 年 7 月発効）	コロンビア	
チリ（2007 年 9 月発効）	日中韓	
タイ（2007 年 11 月発効）	EU	
インドネシア（2008 年 7 月発効）	RCEP	
ブルネイ（2008 年 7 月発効）	TPP	
ASEAN（2008 年 12 月発効）	トルコ	
フィリピン（2008 年 12 月発効）	GCC（交渉延期）	
スイス（2009 年 9 月発効）	韓国（2004 年 11 月以降中断）	
ベトナム（2009 年 10 月発効）		
インド（2011 年 8 月発効）		
ペルー（2012 年 3 月発効）		
豪州（2015 年 1 月発効）		
モンゴル（2015 年 2 月署名）		

出所）筆者作成[5]。詳細な内容については巻末の参考資料（232 頁）を参照。

年 11 月以来，交渉は中断している。さらに日本は，EU，カナダ，トルコ，コロンビア，日中韓，湾岸協力理事会（GCC: Gulf Cooperation Council）[6]などとも FTA 締結に向けて交渉を行っている。

90 年代の「第三の波[7]（the third wave）」と称される FTA の拡散傾向にもかかわらず，当時の日本は WTO を中心とした多角主義を重視し，それを損なう可能性のある FTA に対しては否定的であった。しかし，今では FTA に代表される経済地域主義[8]を通商外交の重要な柱にしている。なぜ，このような変化が

---

5) 外務省（2015）をもとに筆者作成。

6) GCC の加盟国は，アラブ首長国連邦，バーレーン，クウェート，オマーン，カタール，サウジアラビアの 6 カ国である。2015 年 9 月現在，GCC との交渉は延期中である。

7) 地域主義の「第一の波」とは，1950 年代から 60 年代にかけて欧州に始まった地域統合が，さらにアフリカ，ラテン・アメリカへ広がっていったことを指す。「第二の波」とは，80 年代後半から欧州における欧州共同体（EC: European Community）／欧州連合（EU）の拡大と深化，北米における NAFTA の発足と 94 年の西半球全体を包み込む「米州自由貿易地域（FTAA: Free Trade Area of the Americas）」構想の発出，そして 89 年のアジア太平洋経済協力（APEC: Asia-Pacific Economic Cooperation）の設立などを指す（Bhagwati 1993; 山本 1997: 2）。

8) ここでの「経済地域主義」は菊地の次の定義による。「"地域主義"とは狭義には FTA や関税同盟など公式の協定や条約の締結を通じて，複数の国家が特別の経済関係を樹立すること（地域経済統合）を言う。広義には複数の国家間にある一定の通商のパターンが見られる場合や，協定や条約という形はとらないが，諸国間に一定の通商の合意（公式・非公式）がある場合にも使用する」（菊池 2004: 228-229）。

生じたのか。これが，本書の主な問題関心である。

　さらに，最近の日本のFTA政策には新しい動向——すなわち「地域的な多国間主義（Regional Multilateralism）」を本格的に進めようとする動き——が見られる。例えば，2009年に成立した民主党政権は，従来の二国間重視の態度から一転し，TPPに参加表明した。その後の安倍政権に至っては，正式にTPP交渉入りを果たしている。このように日本の通商政策は，二国間FTAを中心としたものから，多国間FTAの実現をも目指すダブルレイヤー（二層式）通商政策へとシフトする兆しが見られる。この点に着目し，本書では日本がこうした新たな政策シフトの中でいかなる阻害要因に直面し，それがどのように克服されるかについても考察する。

第2節　本書の構成

　本書では，国際政治経済学（IPE: International Political Economy）の視点からFTA形成における政治的な要因に関心を注ぐことにより，地域統合とFTA研究に新しい視点を提示する。IPEの視点を採用する理由は，FTAや経済統合は経済と政治の両側面を持つと考えるからである。換言するなら，これらを，市場拡大を通じて参加者全員に効率性の増大をもたらす単なる経済的行為としてだけではなく，国内・国際政治の面でも大きな含意を持つ，高度な政治的行為として捉えるからである。

　本書は4編からなる。第Ⅰ編（第1～2章）は理論編である。第1章では，問題設定と先行研究の検討を試みる。日本の通商政策転換に関するこれまでの議論を外圧型（国際要因），内圧型（国内要因），制度型，理念型に分け，それらの研究の問題点を指摘し，先行研究の改善を試みる。

　第2章では，分析の枠組みと研究の意義を提示する。まず，分析の目的と視点を提示する。次に分析対象として日本・シンガポールFTA（日星FTA）交渉プロセス，日本・メキシコFTA（日墨FTA）交渉プロセス，韓国のFTA交渉プロセス，日本のTPPを巡る国内政治プロセスを挙げ，なぜこれらの事例を取り上げるのか，またその意義が何なのかを示す。特に，本書の特徴である，政府関係者・利益集団の20人へのインタビューという手法について説明する。

その上で,本書の研究が持つ意義について述べる。まず,国際関係論への理論的貢献として,アジアにおける地域主義とグローバルな多国間主義の関係について考える。次に,東アジア研究の中でもとりわけ「東アジア共同体」の研究に対して本書がどのように貢献しうるのかを検討する。

　第Ⅱ編(第3～4章)は,日本の通商政策転換に関する事例編Ⅰである。第3章では,日星FTA交渉過程を検証する。まず国際環境要因として,シンガポールのFTA戦略およびアジア通貨危機について検討する。次に,日本国内において本FTAに関わった各アクター間の構図を提示した上で,日星FTA締結へと至るプロセスを分析する。ここでは,シンガポールとのFTA交渉経緯を予備期,前半期,後半期,収束期に分け,各時期における各アクター同士の対立と妥協のパターンを明らかにすることによって,どのような要因が働いて締結までに至ったのかを考察する。

　第4章は,日墨FTA交渉過程の事例分析である。まず,国際環境要因として,メキシコのFTA戦略およびNAFTA,中国・ASEAN FTAが締結された要因を検討する。以下,第3章と同様,日本国内の各アクター間の構図を提示し,日墨FTA締結へと至ったプロセスを分析する。ここでもまた,メキシコとのFTA交渉経緯を予備期,前半期,後半期,収束期に分け,その後の日本のFTAモデルとなった日墨FTA締結がどのような政治的構図の下で決定されたのか,その後の日本の対外経済政策にどのようなインパクトを与えたのかを明らかにする。

　第Ⅲ編(第5～6章)は,TPPを巡る日本の新たな政策シフトに関する事例編Ⅱである。最近の日本のFTA政策には,二国間から「地域的多国間主義」へのシフトという新しい動向が見られるが,注目すべきは,近年,韓国も「地域的多国間主義」を本格的に進めようとする姿勢を見せていることである。日本がTPP合意に向けて交渉を行っている一方で,韓国は,中国とのFTAに合意し,さらにASEAN＋3 FTA (EAFTA: East Asia Free Trade Area)を積極的に進めようとしている。すなわち,日本と韓国の通商政策は,ともに二国間FTAを中心としたものから多国間FTAの実現をも目指すダブルレイヤー通商政策へとシフトする兆しが見られる。

　この点に着目し,第Ⅲ編では,日韓の国内におけるFTA政策過程の比較を

行う。こうした日韓の比較は，従来ほとんど行われてこなかったものである。日本のTPPを巡る政策シフトを考える上で重要な例が，韓国における米韓FTAの妥結を巡るプロセスである。韓国は，日本以上にFTAに積極的な国であるが，それにもかかわらず米韓FTAの妥結においては大きな困難に直面した。本編では，両者のプロセスを比較することで，日本のTPPを巡るプロセスを分析する上での示唆を引き出すことを目的とする。

このような視座に立ち，第Ⅲ編では第Ⅱ編で焦点を当てた農業集団の影響力とその内部調整という観点に着目しながら，日韓がこうした新たな政策シフトの中でいかなる阻害要因に直面し，それがどのように克服されるかについて考察する。第5章では，韓国のFTA政策決定過程を検証する。韓国のWTO主導の通商政策からFTA政策への転換は，どのような背景の下で行われたのか。韓国のFTAにおける推進要因と阻害要因は何か。これらの問いに答えるために，韓チリ，日韓，米韓FTAの交渉を巡る韓国国内の政治プロセスを分析する。そこから得られる結果は，日本のTPP政策を決定づける要因を考察する上で重要である。

第6章は，日本のTPP交渉参加を巡る国内政治過程の分析である。とりわけ，日本政府がTPP推進において直面している阻害要因について考察する。最後に，日韓両者の比較から明らかになった本章の問いへの答えをまとめ，今後の課題について述べる。この比較により，日本のTPP政策の形成を決定づける重要な要因が特定され，これまで行われてきた日本のFTA・TPP政策決定過程の分析に対して新たな視座を提供することとなるだろう。

第Ⅳ編（第7章）となる終章では，本書の問いに対する答えを提示し，事例編における検証結果をまとめていく。そして，本書が明らかにできた点とできなかった点を提示し，分析の理論的・実証的意義をまとめ，今後の日本のTPP推進における政策的示唆を提示する。

第1章に入る前に，日本外交における歴史的転換として捉えられるFTAへの傾斜が日本の通商政策の歴史の中でどのように位置づけられるのか，その意義は何かについて検討しておきたい。以下，第3節で日本の通商政策の歴史的流れを概観し，次に第4節で日本のFTAの全体像を提示する。

第3節　日本の通商政策の歴史

1　多国間主義に基づいた通商政策
(1) 戦後日本の通商政策

まず，戦後日本の通商政策の歴史を概観する。第二次世界大戦後，日本の通商政策の目標は，国内産業を先進国レベルに引き上げることであった。1955年の日本の工業生産は過去最高であった44年のレベルを突破し，産業構造は重化学工業化段階に入った（イムほか 2004: 16）。この時期に日本政府は「経済自立5ヵ年計画」を公表し，産業振興政策を推進した。60年代の日本の通商政策は，55年から始まった高度経済成長を持続させる一方で，輸出振興と輸入制限を同時に進めながら経済成長基盤の構築に重点を置き，本格的な開放経済体制への移行を図った（イムほか 2004）。

70年代に入ってからは，GATTを中心に形成された多国間貿易体制の下で輸出を増大させた[9]。この時期，米国など欧米先進国が保護主義的な通商政策をとったことから，日本はこれらの国々と通商摩擦を引き起こしていた。日本政府は経済協力を通じた輸出市場の多角化と輸入促進政策を同時に推進することで通商摩擦を解消し，多国間自由貿易体制の構築を図った（イムほか 2004）。

80年代には，持続する日本の貿易収支の黒字に対して，先進国からの通商圧力にさらなる拍車がかかった。80年代に入ってからも，世界各国における国際収支の不均衡はより深化した。それに伴い，主要先進国の保護貿易措置と地域主義の傾向が高まりを見せ，その流れを受けて日本の莫大な貿易黒字の問題が国際的な非難を浴びるようになった（ソン 2006: 95）。日本に対しては，関税，輸出自律規制，知的財産権保護，政府調達といった既存の通商摩擦の要因よりも，日本の経済システムが国際的に問題視されたために，日本は構造改革を迫られた。そればかりでなく，日本政府は，保護主義の深化によって生じた先進国の通商圧力への新たな政策を模索しなければならないジレンマに直面し

---

9) 戦後のGATT・WTOという国際貿易体制は，60年代のケネディ・ラウンド，70年代の東京ラウンド，80年代のウルグアイ・ラウンドの成功によって，保護主義を抑え，自由化やルール化の対象分野を拡大することによって世界貿易を発展させてきた。

た（イ 2004: 3）。

　80年代半ばのプラザ合意以降，日本政府は輸出主導型の経済成長から内需主導型の経済成長に転換した。他方，貿易不均衡問題の改善により重点を置く通商政策を展開するようになった（イ 2004: 3）。当時の急激な円高現象は，日本企業の海外への直接投資を促進させた。これにより，通商政策を決定する際の要因に海外への直接投資を巡る諸問題も含まれるようになった（ソン 2006: 95）。また当時，ECの経済統合を巡る議論が活発化し，米・カナダFTAが締結されるなど，地域主義の動きが見られるようになり，多国間貿易体制が揺らぐようになった。しかし，日本は，自由と無差別を基本原則とする普遍的な世界貿易システムであるGATT体制の維持・強化を通商政策の要とし，特定の国家間で関税撤廃を目指すFTAのような地域主義に関しては，経済ブロック化につながるとして批判的であった（小原 2005: 69）。

　この態度は，GATTを中心とした多角的貿易体制の下で，世界中に工業製品を輸出し，多大な利益を得てきた日本としては当然の結果であった。その根底には，GATT体制の安定化と拡大が自由主義陣営の強化につながるという認識があった。さらに，これまで地域経済協力に対して相対的に無関心であったことについては，農産物の自由化という日本にとって困難な条件を求められるために消極的にならざるをえないといった理由が指摘されている（新堀 2002）。また，安価な日本製品の大量輸出への懸念から，日本に対して留保されたGATT第35条の差別的な貿易制限措置がしばしば発動されたということも，その背景にはあった（小原 2005: 69）。

　このように，70年代から80年代は，2度の石油危機とスタグフレーションという経済状況の中で，日本の対外通商政策は保護貿易主義の高まりへの対策と対外貿易摩擦の解消に追われていた。日本は第二次世界大戦終結以来，米国による安全保障の傘の下で経済復興に専念し，冷戦構造下では，世界貿易システムにおいて受け身の参加国であった。さらに，日本では農業貿易，特にコメの自由化が困難であり，GATT第24条の規定に整合的なRTAを締結することは現実的に想定されないと広く考えられていた（宗像 2001: 88）。

　以上のように，日本政府の通商政策は，RTAの形成に対して基本的には否定的であった。たとえば61年版『通商白書』は，経済外交等により「経済統

合のブロック化を排除するよう注意を喚起しなければならない」と指摘している（通商白書 1961: 200）。68 年版『通商白書』は，「わが国は戦後一貫して自由，無差別主義に基づく多角的な貿易拡大への努力を続けてきた」（通商白書 1968: 239），「わが国の貿易政策は貿易面ではあくまで地域主義を排し自由貿易主義を貫く」（通商白書 1968: 239-240）ことが重要であると述べている。同白書は，環太平洋 FTA 構想についても触れているが，結論としては時期尚早だとしている。

(2) アジア地域主義の忌避

日本は戦時中の負の遺産のゆえに，アジアにおける地域的な枠組みの形成に主導的役割を担うことを回避してきた。例えば，66 年のアジア開発銀行本部の東京誘致の失敗，74 年の田中角栄首相の東南アジア訪問時の反日暴動，80 年の大平正芳首相の環太平洋構想に対する ASEAN 諸国の冷ややかな反応などに，日本の影響力拡大に対するアジア諸国の抵抗が示されていた（宗像 2001: 121）。日本政府もまた，「日本がアジア全体を包み込むような地域外交の概念や枠組みをつくろうとすれば，それは戦前のアジア主義の復活だとの批判を浴びる危険があった」と認識し，そのような外交を「慎重に避けてきた」といわれる（船橋 1995: 341）。

以降も日本政府は，アジア太平洋地域で「経済統合または政治統合を目標とする EC のような地域機構を発展させるのは現実的選択でもないし，またそれが望ましい姿とも言えない」との立場を堅持していた（経済企画庁総合計画局 1989: 168）。APEC においても，日本の提案を表に出すのは避け，豪州提案の支援に徹したのも，そのような配慮からであると見られる。また，90 年代末のマレーシアのマハティール（Mahathir bin Mohamad）首相が提案した「東アジア経済協議体（EAEC: East Asia Economic Caucus）」構想[10]に対する各国の反応からは，それが日本以外のアジアの国からの提案であっても，アジア諸国だけの地域協力の枠組みは域外から歓迎されないという事実が浮き彫りになった。

---

10) 宗像（2001）は，EAEC 構想の失敗の要因として，域外の反対や日本の躊躇に加え，ASEAN 内での意思統一に向けた機運が形成されず，構想実現に向けての ASEAN としての力強い働きかけがなされなかったことを指摘している。

(3) 米国の政策転換と日本の対応

米国は，84年に貿易包括法を制定した。これは，特定の国だけを相手とした相互の関税引下げを段階的に実施できる「自由貿易地域法」であった[11]。この法律に基づき，米国は85年にイスラエルとの間で最初のFTAを締結し，87年にはカナダとの間でもFTAを締結している[12]。このような米国のFTA締結に対して，日本ではGATTの精神に反しているとの主張が展開されており，一部では日本もFTA締結を検討すべきとの意見もあった[13]。例えば，88年6月に提出された通産省のアジア太平洋貿易開発研究会の中間取りまとめにおいては，「将来的な課題」という前置きをしつつも，アジア自由貿易構想を目指して研究を続けることが重要であるとし，日米自由貿易構想についても着実に研究していくことが望まれる旨が指摘されていた（関沢 2008: 23）。

通産省は，省内に「日・米自由貿易協定研究の検討部会」を設置して検討を進めたが[14]，89年6月17日に，「2大経済大国が排他的に利益を与え合う自由貿易協定を結ぶのは，第三国に大きな影響を与える恐れがあり，適当とは言い難い」という報告書を発表し，日米自由貿易構想は結局実現されなかった（関沢 2008: 23）。

(4) 1990年代：消極的な対アジア政策

90年代に入って，第二次世界大戦後の「第二の波（the second wave）」というべきRTAの急激な増加が世界的に起きた（Mansfield and Milner 1999）。しかし，日本の対外通商政策は，依然として多国間貿易体制の優越性を支持し，新たなRTAの下で二国間または地域FTAの必要性を認識してはいなかった。例えば，98年にAPECの早期自主的分野別自由化（EVSL: Early Voluntary Sectoral Liberalization）交渉の際に，日本は，林産品と水産品の自由化に反対し，自由

---

11) 『朝日新聞』1984年10月14日。
12) 米国は，第二次世界大戦以降の70年代まで，多国間貿易協定を中心的なアプローチとする貿易政策を展開し，GATTを設立する際に，最恵国待遇の原則による平等な貿易の推進を目指している。さらに，60年代に発展途上国に対する一般特恵関税制度が導入された当初は，反対の姿勢を見せていた。しかし，米国は80年代から，多国間貿易協定とともに地域貿易協定を通商政策の柱としている。
13) 『朝日新聞』1987年10月17日。
14) 『朝日新聞』1988年8月3日。

化交渉はWTOでの協議に委ねるべきと主張した（吉野 2004: 83)[15]。

すなわち日本はRTAを，WTOを基本とする多国間貿易体制の発展を阻害するものと考え，WTOの無差別原則と自由な多国間貿易体制維持の重要性を強調していたのである。その背景として，アジアにおいては市場の力で「協定なき経済統合」が進行しており，アジア諸国は法的枠組みに依存しない成長ダイナミズムに自信を持ち始めていたという側面もあった[16]。また，東アジア各国は，発展段階や政治体制が多様であり，法的な枠組みによって統一的に規律することは事実上難しかったという側面も存在していた。

日本がFTA構想に対して初めて公式見解を表明したのは，91年のことであった。91年の『通商白書』において，「経済統合・地域協力と国際貿易体制」というタイトルの下で，経済統合による得失の両面を具体的に指摘し，FTAも含めて「経済統合も一定の条件を満たすものであれば，世界経済・貿易に対してプラスの影響を与えるものとなりうる」と保留付きで，肯定的な評価を示している（通商白書 1991: 107）。しかし，結論としては「地域統合が満たすべき条件について，多国間での規律を強化していくことが重要である」との慎重な態度を表明している（通商白書 1991: 107）。

続く92年の『通商白書』では，「GATTに代表されるような，グローバルな視点から経済厚生の最大化を追求する経済システムを中核としつつ，これを補完する形で多元化が進むという望ましいシナリオもある」とし，「他方で，グローバルな貿易システムを次第に侵食する形で多元化が進むという望ましくないシナリオも存在する」と述べている[17]（通商白書 1992: 263）。また，同年の7月，通産相の諮問機関だった産業構造審議会によって発表された第1回目の『不公正貿易報告書』には，「ガット等の多国間ルールを重視し，それに基づいて紛争を冷静かつ客観的に処理していくという考え方を広く諸外国に対しても訴えかけるものとして，極めて意義深いことである」（通商産業省通商政策局

---

15) 日本のこの主張によって，両品目の貿易自由化についてはWTOで交渉することで合意された。日本はこれによって自由化を回避したと言われる。

16) 「転換期における国際経済の課題とアジア太平洋地域の発展」（橋本龍太郎通商産業大臣スピーチ，バンクーバー，1995年5月）。

17) これに関して，FTAをも含めて地域経済統合の問題が，少なくとも通産省において通商政策の重要な課題の1つとして意識され，検討されるに至ったと評価する論者もいる（清水 2005: 11）。

1992)という文言が盛り込まれた。このことから,通産省が「ルールに基づき,ルールに働きかける通商政策」[18]を標榜していたことが窺える。

　その後の『通商白書』でも,毎年FTAに関する言及は見られるが,一貫して否定的な論調であった。当時すでに政府の一部から,政策立案で考慮すべき1つの枠組みとしてFTAを考えるべきであるという見解が出されていたが,これは受け入れられなかった(通商白書 1996: 87)。例えば,98年版の『通商白書』では,日本の経済発展を持続させる上で「WTOを軸とした無差別で自由な多角的通商システムの維持はその前提となる基盤である」と述べており,「日本は制度的枠組みを持つ地域統合に参加していない数少ない先進国であり,それらの地域統合が通商制限的措置をとらないよう監視していく必要がある」,「世界には保護主義圧力の台頭や地域主義がもたらすブロック化の危険性が常に存在しており,そのシステムは盤石なものとは言えない」,「各国の保護主義的動きを常に監視し,それに対応していくことが通商政策に求められる第一の課題」とされていた(通商白書 1998: 322)。つまり,ここでは日本は地域統合に対する監視役であるとの認識が表れている。

　また,対外政策立案のもう一方の主体である外務省も,この時期,RTAについて一貫して懐疑的かつ消極的な姿勢であった。外務省のこのような立場は99年頃まで続いている。例えば,97年版の『外交青書』で,「地域統合・地域協力の進展が域外差別的となるおそれもあり,日本としては,地域統合などがWTO協定に整合的であり,かつ多角的自由貿易体制を強化・補完するものであることを確保する必要がある」(外交青書 1997: 94)と述べているように,外務省は通産省以上にWTO中心主義であり,FTAに対して否定的であった。当時の外務省外務審議官であった野上義二は,その背景として,第1にWTOの優等生としての自負があったこと,第2に,FTAが経済ブロックにつながることに対する危機感があったこと,第3にこれまで地域貿易協定委員会で第24条4項・5項をめぐり,特にEUに対して厳しい立場で対応してきた経緯があったことを挙げている[19]。98年版『外交青書』では,「WTOが多角的貿易体制の強化に向けて総じて有効に機能している」(外交青書 1998: 80-82)と述べ,

---
18) 同上。
19) 荒井ほか(2000:40)。

「地域経済協力は多角的自由貿易体制を補完する可能性をもつ一方で，世界経済の保護ブロック化につながる危険を伴う」（外交青書 1998: 88）とし，地域経済協力の両義性，すなわち WTO を補完する可能性との双方に触れていた。なお，大蔵省（当時）と農水省に関しては，白書で見る限り，その立場は明らかではない。

このように，日本政府の FTA に対する態度は一貫して否定的であった。それはウルグアイ・ラウンドで GATT 第 23 条規範の強化を提唱したことからも明らかであった。このような態度は，90 年代の日本の通商政策が「国際的規範を尊重する通商政策」路線にあることを如実に表していた（イ，キム 2003: 31）。

産業界も同様の立場に立っていた。例えば，98 年 3 月 17 日，経団連が発表した「WTO の更なる強化を望む～国際ルールに則った多角的貿易体制の一層の推進に向けて～」という提言においては，「GATT・WTO 体制は，自由で多角的な貿易体制の構築を通じ，戦後の世界経済の健全な発展や平和の構築に大きく貢献してきた」と前置きした上で，「21 世紀に向け，引き続き二国間至上主義や保護主義を排し，フリー，フェア，グローバルという基本理念の下，国際ルールに則った多角的貿易体制の更なる推進が求められる。その担い手として WTO が中心的役割を果たしていくことを我々産業界は強く期待し，これに向けた WTO の機能，体制，組織の強化を強く支持する」[20]と述べ，WTO 中心主義（Multilateralism）を掲げていた。そこでは，FTA は「二国間至上主義」や「保護主義」と批判的に表現されている。

さらに同提言では，「WTO は無差別を原則としており，地域貿易協定による例外扱いは，本来限定的にのみ認められるべきであると考える。しかし，1990 年代に入り地域貿易協定がさらに急速な広がりを見せており，特に欧米の動きは差別的特恵地域の拡大競争の様相すら帯びている。こうした動きが行き過ぎ，多角的貿易体制の崩壊や後退につながることのないよう，WTO が防波堤としての役割を果たすことを期待する」[21]と述べられており，地域貿易協定を推進することに対して否定的であった。

---

20) 経団連（1998）。
21) 同上。

通産省がFTA締結を主張することは，事実上，農業の市場開放を政府内部において主張することを意味した。これは政府内部の分裂と政治家からの反発を招くことになるために，とりにくい選択肢であった（関沢 2008: 27）。通産省には，日米通商交渉を背景としてバイからマルチへの流れを形成していたことに加え，農産品を市場開放することが極めて困難だったという認識から，多国間主義を主張する強いインセンティブがあった。そのために，差別的な性格の強いFTAを他国が結ぶことを牽制する以外の方法はとらなかった（関沢 2008: 27-28）。

　このように日本は，政策的には多角的自由貿易主義を掲げ，FTAなどの地域的枠組みには批判的な方針をとってきた。その理由として，日本の貿易パターンが対米，対欧，対アジアと多岐にわたり，一地域に特化できなかった点や，国際的に弱体である日本の農業をいかに守るかという，国内政治上の極めて重要な問題があり，安易にFTA締結に踏み出せなかった点も指摘されている（谷口 2004: 29）。GATT・WTOレジームの下で貿易の拡大が実現していた日本政府は，日本やアジア諸国の経済発展に直面した欧米諸国がNAFTAやEU[22]を結成すると，それを保護貿易主義の現われと見なして批判した。事実，80年代末にAPECを推進し始める際に掲げたのも，「開かれた地域主義」であった。90年代初めの対米摩擦において，クリントン政権が強硬姿勢をとったときにも，日本政府は多国間主義を正面に出してこれに対抗した（大矢根 2004: 58）。

2　WTO中心から二国間FTAへと転換
(1)　各アクターの選好：FTAへの肯定的認識

　98年末以降，このような否定的態度は一変し，日本政府はFTA締結を積極的に検討し始めた。それは，以下の白書における論調の変化からも明らかである。

　99年版『通商白書』は，FTAを肯定的に評価している。すなわち，「多角的

---

22) 欧州でFTA締結が盛んな理由は，単に経済的な利益の追求だけではない。「第二次世界大戦の反省から，フランスとドイツを一つの枠組みに入れる」ことによる地域の安定を図るという政治的動機がEU設立の大きな目的であったとの見方もある。(木村・鈴木 2003: 194-195)。

通商システムを補完する観点から，世界の中で唯一地域統合の動きの乏しい北東アジア地域等において，域内の相互交流・相互理解を深めつつ，より積極的に地域連携・統合に取り組み，多角的通商システム強化に積極的に寄与するモデルを示していくことが必要」（通商白書1999: 300-301）としている。当時の通産省審議官だった荒井寿光によると，99年版の『通商白書』は，「日本政府の公式文書として，地域統合の取り組みについて前向きな提言を行った初めてのもの」であり，「それより前は，日本においてFTAはタブー」であった（荒井ほか 2000: 40）。

2000年版の『通商白書』では，「重層的な通商政策の一環として，多角的貿易体制と地域協力は連携し得る」（通商白書2000：119）との認識の下に，多角的貿易体制と二国間FTAの連携を強調している。2001年版の『通商白書』には，「世界で113件のFTA」があると前置きし，「FTAによる域内障壁の撤廃は，競争を促進させ，国内構造改革につながる」とし，「WTOを主軸に据えながらも，地域あるいは二国間における各フォーラムを重層的に活用する必要がある」[23]（通商白書2001: 174-175）と記されている。

このような変化は，通産省のみならず外務省にも見られた。例えば，2000年版の『外交青書』は，「地域貿易協定は，WTO協定に整合的であれば，域外国に対する障壁ではなく開放的な貿易の推進力となり，また，世界貿易の拡大に貢献するものであり，多角的貿易体制を補完するものとなると考えられる」（外交青書 2000: 92）としている。2002年版『外交青書』では，「二国間や地域内において，WTOで定められた水準を超える貿易自由化や，現在のWTO協定では十分規律が及んでいない分野でのルール作りを推進することによって，こうした多角的貿易体制を補完し，強化していくべきであるとの考えから，近年，地域間，地域内，二国間での経済連携の強化も検討するようになっている」（外交青書 2002a: 110-111）とし，「日本は，WTOを中心とする多角的貿易体制を維持し，強化していくことを基本とし，WTOとの整合性を確保しながら，相手国・地域の特質や日本との関係を十分に踏まえて，日本にと

---

23) 二国間による対外経済政策を展開する必要がある理由として，「①新たな通商ルールの迅速な策定，②多国間自由化のモメンタムを維持する手段，③国際的な制度構築の経験の蓄積と多角的通商ルールへのフィードバック，④FTA/EPAを締結しないことによる不利益の回避，⑤国内構造改革の促進剤」の5点を挙げている。

り最も望ましい形で柔軟な経済外交戦略をとっていく考えである」(外交青書 2002a: 111)と述べ，FTA を WTO の補完として位置づけている。

2003 年版の『外交青書』では，「多角的自由貿易体制の維持・強化は死活的に重要」(外交青書 2003: 155) であるとしつつも，「FTA/EPA は，WTO で実現できる水準を超えた，あるいは，WTO では取り扱われていない分野における連携を強化する手段として有効であり，WTO を中心とする多角的自由貿易体制を補完・強化するものとして，近年急速に拡大している」(外交青書 2003: 160) とし，WTO から FTA を重視する姿勢への変化を表わしている。2004 年版の『外交青書』でも，地域経済協力の必要性が強調されている。このように，FTA は日本の対外通商政策の重要な課題となったのである。

(2) 東アジア中心の FTA への傾倒

日本の対外政策において，二国間や地域的な枠組みを多国間の枠組みと両立するものとして捉えるべきだとする考え方は，例えば，当時の経済審議会答申である「経済社会のあるべき姿と経済新生の政策方針」[24] (1999 年 7 月 8 日閣議決定) に示されている (堤 2004: 33)[25]。そこでは，「地域毎の経済共同体形成が多角的貿易体制を補完する機能を果たすという側面もある」という認識を示した上で，日本が「APEC の場等も活用し，アジア地域の経済連携の促進に積極的な役割を果たすべき」だと提言がなされている。

さらに，2002 年 1 月，小泉首相は，東南アジア諸国を歴訪した際の政策演説の中で，日本政府として初めて「東アジア・コミュニティ」構想を打ち出した。この構想は，日本が多角的自由化政策から東アジア地域主義へと一大政策転換を行ったものとして評価されている。2003 年 12 月には，日本・ASEAN 特別首脳会議において，「東京宣言」[26] を発表し，「共同体に向けた東アジア協

---

24) 経済審議会 (1999)。
25) 堤は，90 年代後半の地域的な枠組みへの傾倒は，単に通商政策だけでなく，通貨・金融政策等を含めた総合的な転換として捉えるべきであると指摘する。
26) 東京宣言は，「前文」，「基本原則と価値観」，「行動の共通戦略」，「実施のための制度的および資金の措置」の 4 部からなっている。「基本原則と価値観」においては，東南アジア友好協力条約の目的，原則および精神を評価し，公正で民主的で調和のとれた環境での平和な東アジア地域の創設を謳っている。「実施のための制度的および資金的措置」では，包括的経済連携と金融・財政協力の強化，経済発展と繁栄のための基礎の強化，政

図 0-2　東アジア EPA のロードマップ

全体の動き	ASEAN		中国・韓国		印・豪	
これまで	二国間協定 シンガポール（発効）07年　見直し マレーシア（署名）06年夏発効目標 タイ（合意）06年内発効目標 フィリピン（合意）06年夏署名目標	地域協定 ASEAN 全体との 交渉	日中韓 投資協定 交渉入りを協議中 日中韓FTA 民間研究実施中	日韓 EPA 「04年～ 交渉中断」	日印 共同研究 05年～	日豪 共同研究 05年～
2006年～ 2006年8月 ・東アジアFTA 研究報告書完成 （首脳報告の見込み） 2007年12月 ・東アジア協力 第2共同宣言	インドネシア　06年央合意目標 ベトナム　早期交渉を目指す ブルネイ　早期交渉を目指す 日ASEAN経済連携の完成 ○デジタル家電等戦略産業を含む貿易自由化 ○共通投資ルールの策定 ○知的財産保護について共通目標の設定 ○二国間で質の高いEPAを実現	05年4月 ↓ 07年3月	投資協定 交渉入り	日韓EPA 交渉再開	EPA交渉 を検討 06～07年	EPA交渉 の可能性 を検討 07年～ 拡大東アジア、資源 エネルギー・食料の 安定確保の観点から もEPAを推進
2008年～ 2010年 ・「ボゴール宣言」 目標年（先進国） ・APEC日本開催	東アジアEPA 日ASEAN協定を足がかりに， 包括的な経済連携協定を目指す ○ASEANおよび日・中・韓・印・豪・NZの計16カ国をメンバーとする ○関税削減のほか，投資，知的財産，経済協力などの分野を含む		日中韓EPAを検討 東アジアの範となるハイ レベルな協定を目指す			

出所）経産省（2006b）「グローバル経済戦略」より引用。

力の深化」を明確に謳い，東アジア共同体形成に積極的な姿勢を示した。2004年のジャカルタでの ASEAN + 3 外相会議で，日本は東アジア共同体構築のため，各種の機能的協力の推進，ASEAN の中心的役割，ASEAN の域内格差の是正，米国の関与の必要性などを強調し，具体的提案を行った（外交青書 2005: 66）[27]。2006 年 4 月には，経産省が策定した「グローバル経済戦略」[28]において「東アジア EPA」構想が示された[29]（図 0-2 参照）。

治・安全保障の協力とパートナーシップの強化，人的交流・人材育成の円滑化と強化，東アジア共同体の構築に向けた東アジア協力の深化などを確認し合った（外務省〈2003b〉）。
27）日本政府は，「東アジア共同体」，「機能的協力」，「東アジア・サミット」に関する 3 本の論点ペーパーを提出している。
28）経済産業省（2006b）。
29）日本政府は 2006 年 5 月 18 日，経済財政諮問会議で決定した「グローバル戦略」で「東アジア EPA 構想も含めて，東アジア共同体の在り方について，我が国がとるべき外交・経済戦略上の観点から，今後，主要閣僚による打合わせや事務レベルの省庁間会議の場などを通じて，政府内で十分議論していく」と表明した（経済財政諮問会議 2006a）。

序章 21

　以上のプロセスの集大成として，2006年7月7日の経済財政諮問会議で「経済財政運営と構造改革に関する基本方針2006」[30]，別名，「骨太の方針2006」が発表された。内容は，「『グローバル戦略』の工程表に沿ってアジア諸国を中心としたEPA交渉を進める．（略）中長期的には，開かれた東アジア経済圏の構築に向けた経済連携の取組を進める」というものであった。

　このように，2006年の「骨太の方針」には，FTAの今後の方向性としてアジアとの連携強化が盛り込まれた。すなわち，日本の通商政策がアジア中心にFTAを強化する方向に舵を取ったことが明示されたのである。

第4節　日本のFTAの全体像

1　FTAの経済的・政治的解釈
(1)　「伝統的FTA」と「新世代FTA」

　従来のFTAは，関税や非関税障壁の撤廃を中心に，原産地規則をはじめ，緊急輸入制限（セーフガード）や反ダンピング措置，補助金と相殺措置などの通商規則をその内容に含んでいた。このような「伝統的FTA」に対し，近年締結されたFTAは，サービス貿易や投資保護，基準認証に関する相互承認協定，関税手続きの簡素化やデータベース整備など，貿易促進と円滑化に向けた取り決め，競争政策の調和といった幅広い分野における協調と協力をその内容としている。さらに日星FTAのように，人材交流や社会・文化交流などにまで踏み込むFTAも締結されるようになってきた。このような協定は，従来型FTAと区別され「新世代FTA」と呼ばれる（渡邊 2004: 8）。

　アジア諸国が締結しているFTAの特徴として，以下の2つが挙げられる（菊池 2005a: 52）。第1に，それぞれのFTAの対象範囲・内容・基準・経済統合の程度の多様性である。日星FTAのような「深い統合」を実現するものもあれば，多くの自由化例外品目を有する限定的な自由化を約束しただけのFTAもある。この結果，今後より大きな経済統合を実現する際に，異なるFTA間の調整が困難になる可能性もある。また，国境を越えて活動する企業のコスト[31]

---

30)　経済財政諮問会議（2006b）。
31)　例えば，原産地規則などがそれぞれのFTAで異なる場合，事務上の手間が格段にかか

が大きくなることも考えられる。第2に，FTAのもたらす直接的な経済効果が必ずしも大きくないことである。逆に，FTAによって発生する非加盟国への経済的打撃もきわめて小さい場合もあると推測されている（Scollay and Gilbert 2001）[32]。

(2) FTAの目的

FTAを締結する目的としては，主に以下の8点が挙げられる（大矢根 2004: 54）。政治的目的から経済的目的へと順に見ていくと，安全保障（例えば米国・イスラエルFTA[33]，イラク戦争後の米国・中東FTA構想），外交関係の強化（日韓FTA），民主化の促進[34]（NAFTAにおけるメキシコの改革），GATT・WTOレジームにおけるルール・メイキングの先導・迅速化[35]（NAFTA，米国・ヨルダンFTAの環境・労働ルール，他国への規制緩和），自国内の経済改革（日本政府の掲げる目的），国内における自由貿易派の維持・強化（米国通商代表部の掲げる目的），他国のFTAによる自国産業の不利益回避（AFTA，日墨FTA），自国産業に対する市場拡大の効果である[36]。

また，目的の多様性を反映してFTAの内容も様々である。従来型の貿易分

ることが挙げられる。
32) 菊池（2005a: 52）から再引用。
33) 米国は，1985年にイスラエルと，89年にカナダとの二国間FTAを締結した。後者は，92年のNAFTAに発展している。米国が政策を転換した理由としては，80年代の初頭にGATTの下で新ラウンドの貿易自由化交渉を始める際，そのプロセスに対して不満が残ったことが挙げられる（浅川 2005: 274-275）。
34) 米国とヨルダンのFTAのように，民主化条項が含まれ，自国の民主化の進展が相手国の関税引き下げの要件となっているようなケースもある。
35) 161カ国・地域が加盟しているWTO（2015年9月現時点）では，利害の調整が極めて難しく，合意形成には時間がかかる。また，全会一致を原則としているWTOの意思決定方式が合意を困難にしている。それは2003年9月にメキシコのカンクンで開催されたWTOの閣僚会議が，先進国と途上国との対立から決裂したことからも窺える。これに対し，FTAは短期間で成果を上げることが可能である。FTAでの自由化交渉・貿易ルールの創設の成果をWTOへつなげていけば，WTOでの交渉を加速化させる糸口を開くことができる。
36) このほかにも，FTAを結ぶメリットとして，FTA締結国間の非常事態や自然災害などの緊急事態が発生した際に，公式な協力体制を通じて迅速な支援を受けられる点が挙げられる。例えば，94年12月，メキシコの第二次金融危機が発生した際に，米国のクリントン大統領は，同年1月から発効中であったNAFTAを成功させるために，議会の反対にもかかわらず，外貨安定基金200億ドルをメキシコに緊急支援している（ジョン 2001: 48）。

野中心の FTA, WTO と親和的な FTA, さらには広く開発協力, 安全保障上の対話[37] などの規定を持つ FTA などもある (ジョン 2001: 48)[38]。

(3) FTA 締結の効果

FTA の経済効果として,「静学的効果」と「動学的効果」が挙げられる。まず, 静学的効果には, 貿易創出効果と貿易転換効果の 2 つがある。貿易創出効果とは, 関税撤廃による価格低下によって新たな需要が創出され, その結果, FTA 締結国間の貿易が拡大する効果である。もう一方の貿易転換効果とは, 関税撤廃の対象国が域内のみに限定されるため, 域外国からの輸入国が, 関税が賦課されない域内国からの輸入に転換される効果である。動学的効果としては, 市場の拡大による規模の経済の実現, 競争の促進による技術の改善, 貿易を通じた技術の伝播等による生産性の向上がある (通商白書 2006a: 180)[39]。

FTA を締結する動機としては,「組織効果 (グループ形成に伴う交渉力の強化)」や「バンドワゴニング効果 (グループへの不参加, 乗り遅れに伴う焦燥感)」などがある。ASEAN は, 前者の組織効果を活かした適例である。また「実験室効果」として, EU のように近隣諸国のみで自由化・円滑化を試みるものもある。これらの効果の数値化は難しいが, 静学的効果よりも動学的効果のほうが大きいと見る論者が多い (山澤 2001: 8)。

(4) WTO における FTA

WTO は恣意的・保護主義的な地域統合の成立を防ぐため, 自由貿易地域あるいは関税同盟を設定する際に,「妥当な期間内 (within a reasonable length of time)」に「実質上のすべての貿易 (substantially all the trade)」において, 関税

---

37) WTO で自由化の対象となっていない分野におけるルール作りが FTA では可能であることが, FTA への関心を高めている 1 つの理由である。例えば, 環境, 労働, 貿易円滑化, 投資自由化, 競争政策などの, WTO では反対が多く議論が進んでいない分野に関する取決めを含んだ FTA が増えている。さらに, 近年東アジアにおいて検討されている FTA には, 人材育成や中小企業振興といった協力も含まれるようになった。
38) 日本貿易振興会 (2001)。
39) 堤 (2000) は, FTA が経済全体や国内産業に与える影響・効果について「CGE モデル」という手法で分析している。これによると, 日星 FTA によって日本の国内総生産 (GDP) はほとんど変化しないが, 等価変分で評価した場合には, 日本に 1 億 4,500 万ドル, シンガポールには 5 億 7,200 万ドル程度の厚生改善利益が発生する。

図 0-3　WTO と FTA の関係

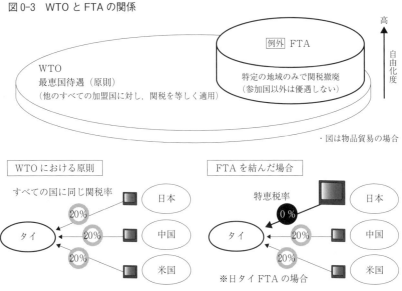

出所）外務省経済局（2013）「日本の EPA・FTA について」より引用。

その他の制限的通商規則を廃止することを義務づけている（表 0-2 参照）[40]。つまり，一部の品目の関税のみを撤廃することは GATT の下では許容されておらず，相当程度の自由化が行われなければならない（図 0-3 参照）[41]。日本の FTA 交渉者の間では，「実質上のすべての貿易」という条件を満たすためには，第 1 に，貿易額の 90% 以上を無税で譲許すること，第 2 に，特定セクターを一括除外しないということが必要だという解釈がなされる場合が多い（関沢 2006）[42]。

WTO が地域統合に対して課している政策規律は，GATT 第 24 条，「サービスの貿易に関する一般協定（GATS: General Agreement on Trade in Services）」第 5 条，および途上国向けの「授権条項[43]」からなる。地域統合の本質は参加国と

---

40)　途上国間で締結する FTA については，このような義務はないとされる。
41)　WTO のメリットは，合意されたルールが WTO 加盟国全員に適用されることである。実際，FTA によって発生する FTA 非加盟国への貿易転換効果による不利益の解消には，WTO での多角的自由化が最も有効である（浦田 2004b: 30）。
42)　この 2 つの要件は EU 事務局によって示されたものであり，日墨共同研究会報告書（2002 年 7 月）においても引用されている（関沢 2006）。
43)　授権条項に基づく RTA は審査の対象外とすべきであると主張する途上国と，授権条項

表 0-2 WTO 協定上の RTA の要件

		要件	要件充足期間
GATT 第 24 条	関税同盟および自由貿易地域	(1) 域内原産品の、域内における実質上すべての貿易について、関税その他の制限的通商規則を廃止 (2) 域外国に対する関税その他の通商規則をより制限的なものにしない	明文規定はない（自由貿易地域等を組織するための暫定協定〈中間協定〉については、解釈了解により移行期間が原則 10 年以内とされており、一般にはこれを類推）
GATS 第 5 条	経済統合	(1) 相当な範囲の分野につき、実質的にすべての差別の撤廃 (2) 域外国とのサービス貿易に対する障害の一般的水準を引き上げない	合理的な期間 （具体的に何年かについて統一的なコンセンサスは形成されていない） ＊「実質上すべての貿易」、「合理的な期間」などについて定義はなく、WTOにおいて現在議論が行われている

出所）通商白書（2006a: 181）

非参加国との間に差別を設けるという点にあり、WTO の最も重要な政策原則である最恵国待遇とは本来、原理的に相容れないものである（木村・安藤 2002: 115）。GATT 第 24 条はこれらを両立させるため、GATT 第 1 条の最恵国待遇の例外として、自由貿易地域・関税同盟の設立を認め、その際の要件を定めている。しかし、もともと相反する論理の整合性を求めた上に、規定制定にあたっての政治的駆け引きも影響し、地域統合についての WTO 規律は、内容的にも運用面でも様々な問題を抱えた不完全なものとなっているとの批判が多い（木村・安藤 2002：115）。

この規定は、各国の FTA 推進に向けた動きを制約している。FTA によって自由化を行えば、国際競争力のあるセクターは、自国の関税をほとんど下げる必要がない一方で、相手国の関税撤廃によるメリットを享受して成長することができる。しかし、国際競争力のないセクターは、反対に自国の関税を引き下げることによって、相手国からの輸入品の浸透や価格引下げ圧力に直面することになり、むしろ縮小していくことになる。このように、FTA を結ぶことに

に基づく RTA にも GATT 第 24 条の RTA と同様のルールを適用すべきとする先進国との間で意見が対立している（通商白書 2006a: 181）。WTO は FTA 締結の際に、「殆ど全ての貿易」を約 10 年以内に自由化することを定めているが、授権条項を持つ途上国はこの適用を受けない。発展途上国間の FTA の多くは、この授権条項適用により低いレベルの FTA に留まっている（深川 2005: 39）。

よって，成長が見込まれるセクターおよび縮小が見込まれるセクターが出てくる（浦田 1997）[44]。

例えば，堤（2004）は，産業別の生産量変化を単純に評価した結果として，他の事情が等しい限り，相対的ではあるもののマイナスの影響を被るため，FTAに反対する産業として，農業，林業，水産業，鉱業，食品加工業，繊維・アパレル業，その他製造業，木材・パルプ業，そして電気機械業を挙げている。逆に，プラスの効果を享受することから，FTAに賛成する産業として，石油化学，鉄鋼，一般機械，各サービス業を挙げている（堤 2004: 42）。

このようなセクターごとの効果の相違は，二国間の交渉によって合意に至るというFTAの性質によって，一層顕著なものになる。多くの場合，FTA交渉当事国は，交渉相手国の関税撤廃による輸出利益の拡大を求めようとする。関税率の高い品目のほうがFTA締結によって輸出拡大につながる可能性が高いので，たとえGATT上の要件は満たしたとしても，それに加えて交渉相手国から国際競争力が弱く，関税率の高い品目の市場開放を求められやすくなる。

FTAを推進しようとする多くの国にとって，このようなセクターごとの効果の相違は，いくつかの問題を引き起こしている。1つは，利益が縮小するセクターを代表する集団からの反発[45]であり，もう1つは，政策的に見て縮小することは適切でないと判断されるセクターが縮小してしまうことである。この問題が政治問題化することも，しばしば指摘される（Koo 2006; 金 2008）[46]。

2　日本のFTA戦略

(1)　FTAとEPA

従来のFTAと比べて，日本のFTAは，貿易の自由化だけでなく，投資の自

---

44) 貿易自由化は，それがFTAという形態であれ，WTOでの自由化という形態であれ，競争力のある分野の生産を伸ばすのに対して，競争力のない分野の生産を縮小させる効果を持つ（浦田 1997）。このような効果を通して，労働や資本などの生産要素の効率的使用を可能にすることで，経済全体にプラスの効果がもたらされる。

45) FTAに対して，競争力のない部門に従事する経営者や労働者からの抵抗は強い。WTOの貿易自由化は段階的な自由化が一般的であるのに対して，FTAは貿易障壁撤廃であるため，FTAのほうが調整コストは大きく，それゆえに反対も強い。

46) 例えば，韓国がチリとのFTAを批准した際には，農業関係者の反対によって議会が数回にわたり批准に失敗している。

図0-4 自由貿易協定（FTA）と経済連携協定（EPA）

出所）外務省（n.d.）「経済連携協定／自由貿易協定」より引用。

由化，サービス貿易，知的財産権，人の移動，環境問題，政府調達など，幅広い包括的な取組みを目指している（図0-4参照）。日本政府はWTOと整合性の高いFTAを目指す一方，最初から質の高いFTAを推進することを地域経済統合のモデルとして位置づけている。

(2) 戦略的意義

外務省が発表したペーパー「日本のFTA戦略」[47]（2002年10月）は，FTAを推進する具体的なメリットとして，経済上のメリットと政治外交上のメリットの2つを挙げている。経済上のメリットは，輸出入市場の拡大，より効率的な産業構造への転換，競争条件の改善のほか，経済問題の政治問題化を最小化

---

47) 外務省（2002b）。
FTA相手国との交渉の進め方については，外務省と経産省の間でズレが目立つ。ASEAN，韓国，メキシコを最優先することでは一致するが，外務省はASEANについて，まず，タイやフィリピンなど二国間で結ぶことを優先するのに対し，経産省では地域一体での発展を目指す立場から「二国間優先は地域を分断し不安定にする可能性があり，日本企業にとってもマイナス」としてASEAN全体との交渉を重視する。

し，制度の拡大やハーモニゼーションをもたらす点である。政治外交上のメリットとしては，WTO 交渉における交渉力を増大させるとともに，FTA 交渉の結果を WTO へ広げ，WTO の加速化につなげる点を挙げている。また，経済の相互依存を深めることによって相手国との政治的信頼感が生まれ，日本のグローバルな外交的影響力・利益を拡大することにつながる点にも言及している。

同ペーパーによれば，日本製品に課される関税率という観点からみて，日本がアジアと FTA を結ぶ戦略的理由はより大きい。実際に，米州，欧州およびアジアの3つの地域の単純平均関税率は，米国が3.6%，EU が4.1%だが，中国は10%，マレーシア14.5%，韓国が16.1%，フィリピンが25.6%，インドネシアが37.5%である（外務省 2002b）。日本の商品は，貿易額の一番多い東アジア地域で一番高い関税を賦課されている。そのため，日本の FTA 締結の相手国としては，米国や欧州よりも東アジアの優先順位が高くなると結論づけている[48]。

また，日本の地域別輸出入構造の推移を見ると，アジア諸国のシェアが高くなっていることが示されている。アジア諸国のシェアは，輸出で90年に31.1%であったものが，2005 年には48.4%と，17%以上も拡大している（図0-5参照）。また，輸入も同じく28.8%が44.4%と，15%以上も拡大した（図0-6参照）。この結果，相対的に米国，EU 等のシェアは低下している。

地域的なシステムの整備が遅れている東アジアにおいて，日本が主導的な形で地域の経済システムを構築・整備することが，日本および東アジア地域の安定的発展において重要である[49]。そのほかの政治外交的なメリットとして，国家の国際的クレディビリティーが再考され，締結国との外交関係が改善されること（Kim 2010a），国内政治的には困難な経済改革を成し遂げ，これを容易に逆転できないようにする「ロックイン効果（lock-in effect）」（チェ 2003b: 193）もある。このように，日本は FTA に関して，WTO を補完するものと規定し，FTA の経済的側面のみならず政治外交面での戦略的意義を重要視している。

---

48) 2003 年2月に外務省が外部委託で行った国民意識調査によれば，日本が FTA 締結対象国として関心のある国は，1位が中国（35.4%），2位が米国（31%）であった（小原 2005: 80）。

49) 前掲，外務省（2002b）。

図 0-5 日本の地域別輸出構造の推移

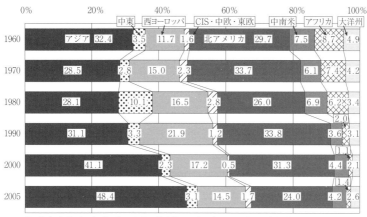

出所）経産省（n.d.）「日本の地域別輸出構造の推移」の図をもとに筆者作成。

図 0-6 日本の地域別輸入構造の推移

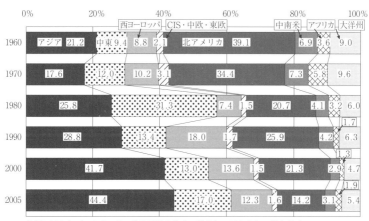

出所）経産省（n.d.）「日本の地域別輸入構造の推移」の図をもとに筆者作成。

2000年以降，日本はFTA推進にさらなる拍車をかけ，「東アジア包括的経済連携（CEPEA: Comprehensive Economic Partnership in East Asia）」をも提唱するようになった。それは，従来の日本の通商政策，さらには対アジア政策をも覆す画期的変化であった。日本が積極的な対アジア政策へと転換した要因は何

だったのだろうか。
　これらの歴史的背景を念頭に置き，次章では本書の問題提起と先行研究を提示する。

第1章　問題提起と先行研究

第1節　問題提起・設定

　本書では，多国間主義を中核としてきた日本の通商政策の転機を，日本における2度目のFTA締結となった日墨FTAの発効と捉える。日本初のFTAである日星FTAは，FTAにおける最重要課題である農業問題をほとんど扱っておらず，最初のFTA締結という象徴の域を超えていない。これに対して日墨FTAは，農業問題を含む実質的なFTAとして国内の利益集団を含むアクター間の選好が浮き彫りになり，一度は決裂したものの，最終的に締結に至り，これ以降の日本の対アジアFTAの先駆的役割をしたという点で，それまで多国間主義を遵守してきた日本の通商政策の転換点であると見る。
　このような視角に基づいて，本書では次の3点を明らかにしたい。
　第1に，これまでWTO体制に基づく多国間主義を支持してきた日本が，FTAに代表される経済地域主義を通商政策の重要な柱とするように，経済外交を転換させたのはなぜか。
　日本は従来WTOでの多角的自由化を追求してきた。例えば，1998年のAPECでのEVSL交渉において，林産品と水産品の自由化に反対した際には，これらの問題はWTOでの協議に委ねるべきであると主張した。この日本の主張によって，両品目の貿易自由化についてはWTOで交渉することで合意され，日本は自由化を回避した。日本はWTO体制に基づく多国間主義に軸足を置いていたのである。
　しかし，序章で見たように，日本政府は1998年末以降FTA締結を積極的に検討し始め，2002年11月にシンガポールとのFTAを発効させたのを皮切りに，多くのFTAを締結している。2002年10月外務省の「日本のFTA戦略」

発表に続いて，2004年12月に発表された「今後の経済連携協定（EPA）の推進についての基本方針」では日本の対外経済政策の転換を明らかにしている。FTAはWTOを通じた義務的関税撤廃とは異なり，その締結が強制されているわけではないにもかかわらず，日本の政策決定者らが市場開放に抵抗している農業部門の反対を押し切ってまでして，FTAを推進したのはなぜだろうか。

この問題を明らかにすることは，グローバリゼーションが進む中で地域主義はどのような意味を持つのか，また，二国間主義と多国間主義との関係にどのように整合性を持たせるのか，という2つの問いに対して示唆を与えることができる。FTAは，地域主義あるいは地域経済統合を考える場合，その最初の段階である自由貿易地域の形成にあたる。このような地域主義の台頭が目覚ましいのが，アジア通貨危機後の東アジアにおける大きな特徴の1つである。これは，「東アジア地域主義」，さらには「東アジア共同体」[1]の議論をも活発化させている。そうした中で，FTAにおいて「遅れて来た国」と称される日本が，経済地域主義の取り組みに関して大きな転換を果たした背景を検証することは，なぜ国家が二国間FTAを選択するのかという問いに対して，示唆を与えるだろう。

第2に，従来日本の通商交渉の足かせとされてきた国内問題が克服されたのはなぜか。2003年10月の日本とメキシコのFTA交渉の決裂[2]から，2004年3月に大筋合意に至るまでに，どういった経緯があったのだろうか。

2002年，日墨首脳会談で「交渉開始後1年程度を目標に，できる限り早期に交渉を実質的に終了するよう最大限の努力を払う」との合意[3]があり，

---

1) 「東アジア共同体」は，必ずしも定義がはっきりしておらず，EU型の経済統合を前提とした議論もあれば，「地域協力の場」という程度の緩やかな枠組みを想定した議論もある。「共同体」という用語は，機構や組織をイメージさせ誤解を招きかねないため，むしろ「コミュニティ」という用語をそのまま使うほうが適切ではないかとの指摘もある（『日本経済新聞』2004年8月17日）。

東アジア共同体形成の過程には，「制度的アプローチ」（制度枠組みの構築）と「機能的アプローチ」（分野ごとの協力の深化を有機的に関連づける）の2つの方向性がある。東アジア共同体の議論については，浦田・金（2012），谷口（2004），山本・天児ほか（2007），浦田・毛里・深川（2007），Pempel（2005），Katzenstein and Shiraishi（2006），Amako, Matsuoka, and Horiuchi（2013）を参照のこと。

2) 経団連の「経済連携協定（EPA）推進合同タスクフォース」が2003年11月に発足した背景要因として，この交渉決裂が重要であったとの見方については，柳原（2004: 105）を参照のこと。

フォックス大統領の訪日を機に実質合意することを目指していた。両首脳は最後まで合意に向けての意欲を表明していたにもかかわらず、メキシコ側の農産品市場アクセス要求を巡り、閣僚級協議は不調に終わっている。しかしその後、交渉は再開され、2004 年 3 月に大筋合意に至った[4]。それはなぜか。

　国内の政策アクターに注目すると、それまで、農水省および自民党、JA 全中は、FTA 交渉における争点である「農業問題」がネックとなっていたために、FTA 推進に関して否定的であり、経産省、外務省、経団連と対立していた。しかし、日本初の FTA である日星 FTA および農業問題を本格的に扱った日墨 FTA の締結交渉過程で大きく態度を変え、締結に合意するに至った。

　例えば、2001 年 9 月 3 日、自民党農林水産物貿易調査会は「(1)国内農林水産業に悪影響が生じないよう十分配慮すること、(2)特に、農林水産品の関税については、WTO の場で議論すべきものであることから、二国間の協定において更なる削減・撤廃を行わないことを基本方針とするとともに、今後検討される同種の二国間協定についても同様の考え方で対応する」[5]との決定を下している。しかし、2003 年 8 月末、農水省は態度を一変させ、「9 割以上を無税とする思い切った関税撤廃案」を提示した。なぜ、農業関係者は態度を変えたのか。それはどのような要因によるものか。

　第 3 に、FTA を巡る日本の通商交渉プロセスにおいて、アクター間の対立と妥協のパターンはどのようなものか。1997 年のアジア通貨危機以降、日本の通商政策の重点は、WTO を中心とした「多角主義 (Multilateralism)」から、「二国間主義 (Bilateralism)」へとシフトした。日本がそれまで否定的であった FTA を通商外交の重要な柱にしたことは、画期的な政策転換であった。さらに近年、日本政府は、「地域的な多国間主義」を本格的に進めようとする姿勢を見せている。すなわち、近年の TPP 参加表明に見られるように日本の通商政策は、二国間 FTA を中心としたものから、多国間 FTA の実現をも目指すダブルレイヤー（二層式）通商政策へとシフトする兆しが見られる。この点に着目し、本書では上記のリサーチ・クエスチョン 1 と 2 の検証結果に依拠しつ

---

3)　首相官邸（2002）。
4)　外務省、財務省、農水省、経産省（2004）。
5)　外務省（2002d: 17）。

つ，日本がこうした新たな政策シフトの中でいかなる阻害要因に直面し，それがどのように克服されるかについて考察する。

TPP や ASEAN + 3 の FTA に関しては，多くの先行研究がある。しかし，その多くは経済的アプローチによる説明である（木村 2011; 馬田・浦田・木村 2012; 深川 2007; Petri, Plummer and Zhai 2012; 石川・馬田・渡邊 2014; 中川 2014 など多数）。他方，政治的アプローチによる研究のほとんどは，国際要因の研究（Solis 2010; Solis and Katada 2015; Krauss and Naoi 2011; ソン 2011）であり，国内要因から分析した研究は十分になされているとはいえない（大矢根 2004; 金 2012; 寺田 2011）。このため，国内要因の視点を包括的に組み入れる本書は，重要な試みである。

第 2 節　IPE 理論と東アジア地域統合

まず，先行研究を分析する前に，「地域主義 (regionalism)」と「地域化 (regionalization)」の定義について言及しておく。「地域主義」と「地域化」は同じ意味合いで議論される場合が多いが，これらの概念は明らかに異なるものであり，明確に区別する必要がある。本書が論じるのは「地域主義」である。

1　「地域主義」と「地域化」の概念を巡って

ペンペル（Pempel T.）によると，「地域化」は，社会的アクターの経済的な連携によって促進される「ボトムアップ・プロセス」である（Pempel 2005）。これは経済交流が地域的に集中する現象を意味し，域内の「経済相互依存」に近い概念である。またハレル（Hurrell, A.）によれば，「地域化」とは，一定地域内の社会統合が発展し，社会的・経済的相互作用が統合に向かっていく，その意図せざるプロセスを意味する。そこでハレルが注目するのは，特定の地域内において，より高いレベルの経済的相互依存を導く経済プロセスという側面である（Hurrell 1995: 339）。

これに対して「地域主義」は，制度化に伴う「トップダウンの政治的プロセス」を意味する。これは，経済政策の協調や調整を基本内容とする政治的プロセスとして理解できる（Haggard 1997: 47）。つまり地域主義とは，国家もしく

は地方自治体などが，一定の地域内で互いに自らの行動を協調的に調整しようとする意図的な政策を意味する。

地域主義の形態は多様である。伝統的な貿易の自由化を中心とする「浅い統合」もあれば，国内規制制度の調和という課題に取り組む「深い統合」もある。アジアにおいては，経済発展という目標の実現に向けて国家と企業との緊密な提携を基本とする開発モデルが存在し，これは，国家の主権の一部を超国家レジームに委譲する欧州型の深い統合にはなじまない（菊池 2004: 209）。

このような概念を念頭に置いて，日本の通商政策転換に関する議論を検討していくが，その前に，まず東アジアの経済統合の現状に関する研究に触れておく必要があるだろう。

今日の東アジアで最も進んでいるのは，二国間の FTA である。他方，ASEAN＋3 などをベースにした多国間・地域 FTA は進んでいない。中国主導の「東アジア地域包括的経済連携（RCEP: Regional Comprehensive Economic Partnership）」も提唱されているが，実際の交渉妥結には至っていない。欧州では EU を中心に FTA が結ばれており，北米でも NAFTA の推進によって地域 FTA が進む傾向にある。なぜ，東アジアでは多国間・地域 FTA が進んでいないのだろうか。はたして，どのような要因が阻害要因になっているのだろうか。この問題を明らかにすることは，本書の中心課題である日本の通商政策転換を見る上でも重要であろう。

以下では，IPE 理論の中でも特に国際要因に関心を注ぐ理論は，この問いにどのように答えられるかを検討する。地域統合に関する主な理論として，リアリスト，リベラリスト，コンストラクティヴィストのアプローチを総合的に検討する。

2　リアリストのアプローチ（覇権安定論）

リアリストは，国際システムにおけるパワーの配分を重要視し，国家は絶え間なく「相対的利得（relative gain）」を獲得しようとする，との見方を掲げる。そのような前提に立ち，「覇権（hegemony）」という要因が国際システムの安定を決めると提唱する。覇権に注目する代表的な議論としては，ギルピン（Gilpin, R.），クラズナー（Krasner, S.），キンドルバーガー（Kindleberger, C.）の研究

がある (Gilpin 1981; Krasner 1976; Kindleberger 1973, 1981)。彼らの議論では，覇権国が他の国々に対して利益を提供できる国際システムを構築・維持する点が重要である。このシステムが有益なものである限り，覇権国以外の国は自ら国際システムを築くことなく，円滑な経済活動を行うことができるのである。

以上のような覇権安定論 (hegemonic stability theory) の視点を援用して，マンスフィールド (Mansfield, E.) は，アメリカの覇権の衰退に伴い「特恵的貿易協定 (PTA: Preferential Trade Agreement)」の数と，これに加入する国の数が増加したことを実証的に示している (Mansfield 1998)。国際経済システムの安定には覇権国家の存在が必要になるため，覇権の衰退は経済の不安定化と差別的貿易協定の氾濫を招く。マンスフィールドによれば，覇権の衰退が，二国間FTA, さらには多国間・地域FTAを増加させる。すなわち，地域の「凝集性 (cohesion)」が強化されるという。

今日の東アジアでは，アメリカの覇権は相対的に衰退している。これについては，特に最近，中国の存在感の高まりが，有識者層の関心にも影響を与えている (Gries 2005; 天児 2006; Mearsheimer and Walt 2003)。英『フィナンシャル・タイムズ』は2010年3月16日，「台頭する中国は真の競争者」と題された論説を掲載し，「アメリカの覇権に対する中国の挑戦は日本を大きく超える。中国が急成長を続ければ，その経済力は最終的にアメリカを超え，世界の力のバランスを変えることになる」と記している。また，アメリカの金融機関であるゴールドマンサックスは，2050年には中国のGDPが500兆ドルとなり，アメリカの350兆ドルを大きく超えることになると予測している。このデータは，アメリカの覇権の衰退を表している。

覇権安定論は，このような条件の下では，地域FTAの形成が促されると予想する。しかし，東アジアでは，覇権安定論の予測とは異なり，実際には地域FTAは進んでいない。したがって，覇権安定論の議論には限界があると考えられる。

3　リベラリストのアプローチ（新機能主義）

では，リベラリストの視点からは，本節の問いに答えられるだろうか。リベラリトの代表的な議論である「新機能主義 (neo-functionalism)」は，超国家的

機構や企業などの非政府アクターの役割に注目する（Dougherty and Pfaltzgraff 1981: 430-434）。新機能主義は「セクター間のスピルオーバー（sectoral spillover）[6]」を論じる（Caporaso 1998; Choi and Caporaso 2002）。1つの分野の統合が別の分野に波及することに着目するものであり，経済的な統合は政治的な統合へと進むという見解をとる。例えば，代表的研究として，ハース（Haas, E.B.）の「欧州石炭鉄鋼共同体（ECSC: European Coal and Steel Community）」の実証研究がある。ハースは，戦略的に重要な石炭と鉄鋼部門の統合は，必然的にそれに関連する分野への統合を促し，政治統合に至ると論じた。新機能主義者は，1つの分野における協力の習慣が他の分野に波及する「学習プロセス（learning process）」を強調した（Haas 1961）。

　このような新機能主義の「セクター間のスピルオーバー」論は，東アジアの事例に適用できるのだろうか。東アジアの経済を見ると，貿易における域内依存度は，1990年には43.1％，95年には50％を超え，2000年代に入ってからは50％前後で推移している（経産省 2011）。このようなデータは経済交流が盛んであることを示している。アジア域内における人的交流に関しても，ビザの免除や，介護士や看護師の受け入れなどで人的移動が盛んであり，社会交流は進んでいる。新機能主義の予想では，このような条件の下では，スピルオーバーが生じて，経済・社会的な交流を通じた地域FTAが可能になるはずである。しかし，実際には東アジアでは，様々なチャンネルでの交流が，政治的な意味合いを持つ東アジア多国間FTAには進展していない。したがって，リベラリストの議論も，本節の問いに答えるには不十分だといえる。

4　コンストラクティヴィストのアプローチ

　構成主義（constructivism）は，アイディア（ideas），規範（norms），アイデンティティ（identities）といった要因の重要性を強調する。合理主義はアクターの選好を，アナキー（無政府）である国際システムによって規定された不変の

---

6)　「スピルオーバー（spillover）」とは，いったん統合が1つの領域で始まると，協力の習慣が他の領域に拡大する可能性が生まれることを意味する。これは，貿易部門での交流と協力が通貨部門の政策調整を必要とする場合と同じく，各部門の利害を代弁するアクター間の「戦略的連携（tactical linkage）」によって発生する。より詳しい議論については，Choi and Caporaso（2002: 485-486）を参照のこと。

ものとして想定する。これに対して、構成主義は、アクターの選好は内生的に形成されると仮定する。アクターが社会化プロセスと学習を通じて、新しい規範や価値システムを獲得し、新しいアイデンティティを形成することによって、自らの選好を変えることが可能であるとするのである[7]。

統合過程を見る上でも、構成主義はアイディア、規範、制度、アイデンティティを強調する。構成主義によると、諸国家がアイディアと規範（特に政策に関する規範）を共有することで制度化が進み、新しいアイデンティティが形成される。構成主義は、このような新しいアイデンティティの形成が、統合を加速し政治統合を実現するためには必要不可欠な要素であると強調する。端的に言えば、政策規範の共有があると、アイデンティティが強化され、統合が進むのである（詳しくは Wendt 1992, 1999; Mack and Ravenhill 1995; Katzenstein 1997; Katzenstein and Shiraishi 2006; Mansfield and Milner 1999; 大矢根 2004 を参照のこと）。

このような構成主義の議論は、本節の問いに答えられるのだろうか。換言すれば、国家が政策規範を共有すれば制度化・統合が進むという構成主義の議論は、東アジアに適用可能であろうか。日本の経産省と外務省、および韓国の外交通商部に所属する政策決定者に対して筆者が実施したインタビューによると、彼らはFTAに向けた強い政策規範を抱いている（金 2008）。代表的な事例を挙げるなら、日本の場合、経産省の通商政策局の日墨FTA交渉担当であった今野秀洋局長は、FTAを政策に取り込むべきだとの考えの下で、通商政策局貿易局の連絡会議を幾度も開催し、産業調査員が各国のFTA理念の捉え方、運用法などを報告する場を設けている[8]。韓国の場合、外交通商部のFTA担当者は、FTAを単なる経済的な意味での貿易協定というよりも、国際規範を念頭に置いた韓国の国際信用度を高めるための政策として、認識している[9]。

日本や韓国の政策決定者がFTAに向けた強い政策規範を抱いているという

---

7) チェッケル（Checkel, J. T.）は、アイディア、規範、アイデンティティなどは単にアクターに対する外的な制約要素として作用するのではなく、アクターを構成する要素になるという（Checkel 1999：545-560）。構成主義のより詳細な議論に関しては、石田（2000）, Ruggie（1998）, Onuf（1989）, Adler（1997）, Wendt（2002）, Finnemore and Sikkink（1998）, Checkel（2001）を参照のこと。
8) 外務省関係者に対する筆者のインタビュー、2007年11月27日。
9) 外交通商部担当者に対する筆者のインタビュー、2009年7月14日。詳細については、金 2008, 2010 を参照のこと。

状況があるならば，構成主義者は，多国間 FTA が進むと予想するだろう。だが，実際には多国間 FTA は進んでいない。したがって，構成主義のアプローチでも，本節の問いに対して十分に答えることができないといえる。

第3節　日本の通商政策転換に関するこれまでの議論と問題点の改善

前節では，国際要因に関心を注ぐ IPE 理論では，なぜ東アジアで多国間 FTA が進まないのか，という問いに答えられないことが判明した。このような結果を念頭に置いて，以下では，日本の FTA への政策転換に関するこれまでの議論を検討する。それは，国際要因，国内要因，制度要因（レジーム，ネットワーク），理念要因の4つのアプローチに分けられる。

以下，それらの議論を検討し，それぞれの議論の長所と問題点を指摘し，先行研究の改善を試みる。

1　国際要因（外圧型）
(1) WTO，米国要因，アジア通貨危機，EU の発展に注目したアプローチ

マンスフィールド（Mansfield, E.）とラインハルト（Reinhardt, E.）によれば，WTO の多角的貿易交渉の不調が二国間の FTA 協定を推進させる要因となった（Mansfield and Reinhardt 2003）。クラウス（Krauss, E.）の研究では，米国の政策変化と日米関係の発展，経済のグローバル化に注目し，これらの要因が日本の国内政策のプロセスに影響を与えた結果，日本の政策転換が可能となったとする。クラウスは「戦略的相互作用理論（strategic interaction theory）」のアプローチから，日本の外交政策における継続性を強調する（Krauss 2003）。

浦田（2002a, 2002b），キム・ホソプ（2001b）は，日本がアジア地域で FTA という差別的地域主義を積極的に推進するように政策を転換した契機は，97年のアジア通貨危機であると指摘する。日本の政府報告書によれば，通貨危機に対処するにおいて APEC と ASEAN は無力であった[10]。また宗像（2001: 124）によれば，アジア通貨危機の際には，日本経済の悪化がアジア危機をさらに深刻

---
10)　大蔵省外国為替等審議会アジア金融・資本市場専門部会（1998）。

化させるのではないかとの懸念が広がり，むしろ日本のアジア経済の立て直しを図るためのリーダーシップが欠如していたことが問題視[11]されるようになった。

キム・ソンフとパク・キョンヨル（1999）の研究，イ・ホンベ（2000）の研究は，EUとNAFTAの発展を日本の政策変化の主な要因として挙げている。EUとNAFTAの登場で貿易転換効果[12]を伴う地域主義が強化され，日本からの欧州や北米地域への輸出に問題が浮上するようになった。これにより，海外依存度の高い経済構造を持つ日本は輸出市場の縮小を憂慮するようになり，新たな輸出市場の確保への必要性が高まった。さらに，米州や欧州の地域主義への対抗・牽制のため，東アジア地域主義へと傾倒していったのだという。

(2) 国際要因アプローチの評価

米国要因やアジア通貨危機，EUやNAFTAの発展といった外圧による説明は，日本の「国益」に焦点を当てる説明である。しかし，アジア通貨危機という要因以外は，すべて90年代の初めにすでに現れている現象であった。例えば，EUやNAFTAを含む全世界的な地域主義の深化，拡大傾向は，80年代末から90年代初めにすでに現れていた。米国は88年にカナダとFTAを締結し，メキシコを含む3カ国間のNAFTA合意に至ったのは92年のことであった。また，南米南部共同市場（MERCOSUR: Mercado Común del Cono Sur）は91年にすでに形成されている。東南アジア諸国で構成された自由貿易地帯であるAFTAの推進決定も，92年のことであった。すなわち，これらの説明では，なぜ日本が90年代の後半になって政策転換したのかという問いに答えられない。

また，クラウスのいう米国の政策変化要因に関しては，むしろ中国・

---

11) 例えば，*The Washington Post*（1998年1月18日）の社説（"Where's Japan?"）は，内需拡大により対世界の経常黒字を削減し東南アジアからの輸入を拡大することが世界の主要国としての日本の責務だと述べる（宗像 2001: 124）。
The Straits Times（1998年2月14日）の社説（"Asia Will Not Forget"）は，日本がアジアのリーダーとして行動すればアジア経済への信頼回復は早まるが，日本にアジア諸国を支援しようという誠意や熱意が欠けているなら，アジアはそれを忘れないという。
12) 他国のFTAによる貿易転換効果を回避するために，日本と韓国はFTAへとシフトしたという議論については，深川（2009），Yoshimatsu（2012）を参照のこと。

ASEAN の FTA 締結が一要因として挙げられるのではないだろうか。さらに，アジア通貨危機という単一変数だけで日本の政策変化のすべてを説明するのは説得力に欠ける。EU や NAFTA の発展，米国への貿易依存度の減少のようなシステム変数では政策転換しなかった日本が，アジア通貨危機後に急激な変化を見せたというのはなぜなのか，説明できない。逆に，対米貿易依存度が高かった 80 年代半ば以降，「スーパー301条」を含む持続的なアメリカの報復的政策がとられたが，これに対して日本に明らかな政策の変化が見られなかったという点も，このアプローチの限界を示すものである。

以上のように，「国際要因（外圧）」による説明は，日本が 90 代後半になって政策転換したことの因果関係を説明する上では説得力に欠ける。

2　国内要因（内圧型）

(1)　国内利益集団という内圧によるアプローチ

グロスマン（Grossman, G.）とヘルプマン（Helpman, E.）は，FTA 政策を進めるのは国内利益集団だと論じる（Grossman and Helpman 1995）。彼らは，一国が FTA を締結するとき，個々の利益集団らがどの程度影響力を及ぼすのか，また，政府が有権者の福祉にどの程度の関心を持っているのかによって決定されると主張する。FTA のような自由貿易政策を追求する交渉では，経済利益団体らが自らの利益の追求のために政策決定者らに政治的圧力を行使する[13]。その中で互いの利益が一致する集団は相互に連合し，一致しない集団間では葛藤関係になる。国内利益集団は海外での競争機会を失うことへの懸念から，政府に組織化した圧力を行使し，FTA 形成に賛成する政治家に献金するという（Grossman and Helpman 1995）。

ボルドウィン（Baldwin, R.）は，経済的不利益を被りかねない産業エリートが，政府官僚に FTA 形成のための圧力をかけると論じる（Baldwin 1995）。EC の拡大によって EC の非メンバー国の輸出産業の不利益が拡大し，その結果として EC 加盟へのインセンティブが高まり，これらの非メンバー国が EC に加

---

13)　利益集団が政策決定過程に影響を及ぼす方法には，キャンペーン寄附と代表承認がある。グロスマンとヘルプマンは，これを貿易政策決定に適用して，中小大国の関税政策や FTA の実行可能性，多国間貿易交渉の行動に関する分析枠組みを提供することができると主張する。より詳しい議論については，Grossman and Helpman（2002）を参照のこと。

盟するという（Baldwin 1993）。ペッカネン（Pekkanen, S.），ヨシマツ（Yoshimatsu, H.），ソリス（Solis, M.）とカタダ（Katada, S.）は，日本がFTAに熱心になったことは，産業界の懸念に根ざしているとし，産業界の圧力の重要さに言及している（Pekkanen 2005; Yoshimatsu 2005; Solis and Katada 2007）。チェイス（Chase, K.）はNAFTAを例にとって，規模の経済の利益を享受する企業と企業内部における国境を越えた生産分業を行う企業によるロビー活動の存在を指摘している（Chase 2003）。

松石（2005）は，日本の政策転換をFTA未締結による損害，すなわち貿易転換効果の顕在化（日墨FTAの未締結によるメキシコでの損失年間400億円），財界からの強い要望（FTAを通じた貿易自由化を「外圧」として日本経済の長期低迷からの脱出を期待）から説明する。

(2) 政治エリートと産業資本の連携政治によるアプローチ

ブッシュ（Busch, M.）とミルナー（Milner, H.）は，地域主義への動きが加速している要因として，国際経済の構造変化を反映した国内政治過程の変化を挙げる（Busch and Milner 1994）。域外諸国との緊密な相互依存関係を通じた国内経済の発展は，国内の様々な政治集団間の政治的な力関係を変える。例えば，国際貿易を積極的に推進する企業の政治的影響力が高まり，国家の意思決定過程において強力な圧力グループになる。そして，保護主義的な政治勢力に対して，国際社会との緊密な関係強化を支持する勢力の政治的影響力が強化され，自国経済を国際社会に開放する力が生まれる。

菊池は，こうした外部志向的な開発戦略を支持する政治勢力の国内的政治基盤の強化（政治エリートと産業資本の協調）こそが，日本のFTAを推進したと説明する（菊池 2004）。そこでは，「競争国家」の概念を手がかりに，地域主義の経済外交の背後にある国家の新しい役割と戦略が論じられている。地域主義戦略の採用は，国際的な経済競争の激化に伴う国家機能の変化を如実に反映している。日本で東アジアFTA[14]などの地域主義が提唱されている背景に，国際

---

14) 「第三の波のFTA」の特徴としては，「競争（competitiveness）による拡散」，「ドミノ効果（domino effect）」（Baldwin 1995），「伝染効果（contagion effect）」（Mansfield and Milner 1999），「スパゲッティ・ボウル効果（spaghetti bowl effect）」（Bhagwati 1995）等がある。特に，ドミノ効果はFTAの増加要因として頻繁に用いられている。ドミノ効果

的な生産・販売活動を展開している有力企業からなる日本経団連がいる。

(3) 国内制度改革からのアプローチ

浦田は，日本が経済構造改革のためにFTA政策に転換したと主張する（浦田 2004b, 2011a）。日本国内の政治の力では，構造改革を推し進めることができない。FTA交渉は，自らが起こした改革を後戻りさせない効果を持つので，その積極的な開始が必要である。これはFTAの「冷水効果」（兼光 1991）に該当する。すなわち，非効率的な国内制度の持続を困難にする国外からの圧力によって，改革のための正統性が与えられる[15]。こうして，FTAの拡大は，国内で停滞している構造改革や規制緩和の推進力になる（浦田 2002b: 102）。改革の動機を誘発し，改革を具体的に進めるための「外圧」としてFTAが積極的に活用されたのである。

交渉の対象分野が多様化し専門化すると，それに伴って交渉の実権も国内官庁によって握られ，逆に経産省と外務省の相対的な地位の低下は避けがたくなる。こうした中で，両省が交渉の主導権を回復し，国内市場へ向けた開放圧力を高める枠組みとして，FTAの存在が必要となる（浦田 2002b）。なぜならFTAは二国間の交渉であるがゆえに，交渉範囲が柔軟に調整でき，交渉対象もWTOを先取りする包括的な分野をカバーしており，通産担当省の主導で規制緩和を前進させるツールとして機能することが期待できるからである（浦田 2002b: 102）。

(4) 多元主義とエリート主義の融合からのアプローチ

柳原は，日本の通商政策の転換に関して，多元主義とエリート主義を融合した観点から分析する（柳原 2004）。日本の経済界におけるFTAへの関心の高ま

とは，域内貿易自由化による域内貿易コストの減少が域外国にとって未加盟であることのコストを増加させ，域外国にRTAに加盟することを選択させ，それがさらなる域内貿易コストの減少と加盟国の増大をもたらすことを意味する。ドミノ効果に関する詳細な議論は，Baldwin（1993, 1995, 1997），Levy（1997），Krishna（1998）を参照のこと。

[15] 地域主義を国内改革推進の手段として捉え，日本国内での保護されてきた産業の自由化，さらには日本改革までをも唱える議論については，Munakata（2001）を参照のこと。FTAを巡る国内制度改革や投資促進効果をはじめとする間接的な効果など，貿易以外の分野に注目する議論については，小尾（2005）を参照のこと。

りが,FTA戦略形成期に二国間 FTA 政策への転換に重要な影響を及ぼした。中でも経団連は,持続的な FTA 政策志向を表明し,外交政策を担当する官僚らの政策転換と重なり,積極的な FTA 政策推進への転換が可能になった。特に国内の利害関係対立が本格化した日墨 FTA 交渉プロセスでは,小泉首相の官邸主導外交が決定的な交渉決裂を防いだという(柳原 2004)。

(5) 国内要因アプローチの評価

筆者は,国内要因アプローチ(内圧型)の研究には2つの問題点があると考える。第1に,「内圧」としての利益集団のみに注目する研究では,一国の政策転換を説明できない。なぜなら,同一の利益を共有する利益集団で構成された政策連合だとしても,政府との関係を規定している政治制度がどのようなものかによって,その政策連合間の政治的影響力には大きな差が出るからである。例えば,同じ程度の政策選好度と結集力,規模を持つ労働組合だとしても,それが活動する政治体制が民主的か,権威的か,その国の政党制度が労働者の利益を代弁する有効的なツールとして機能しているか,または選挙制度が労働者の政治意思をうまく反映するように整っているかといった制度的要因によって,実質的な政治力は異なる。すなわち,グーレビッチ(Gourevitch, P.),ロゴウスキ(Rogowski, R.),ミルナー(Milner, H.)とコヘイン(Keohane, R.)らも指摘するように,制度に関する分析なしに,利益集団の特徴と競争だけでは政策結果を説明できないという問題がある(Gourevitch 1977; Rogowski 1989; Milner and Keohane 1996)。

第2に,国内要因アプローチにおいて経済利益集団の影響力や FTA 政策を推進する官僚の役割のみに注目した研究は,改善が必要である。利益集団と FTA 推進省庁の連携を扱った研究,または利益集団間の対立を FTA 推進省庁が協調へと導いたという研究は,今や主流になっている[16]。しかし,従来言わ

---

16) 日本の農水産業の政治的な発言力を指摘する研究については,ムルガン(Mulgan 2008)と本間(2010)を参照のこと。ムルガンは,日本政府が FTA における農業の譲歩の範囲を制限するための様々なメカニズムを用いており,FTA は WTO よりも農業市場開放のための効果的な手段であると指摘する(Mulgan 2008)。また,本間は,自民党農林水産部会など国会審議前の党による政策審議により,農業保護的な政策が進められたという(本間 2010)。

れてきたように，はたして農業関係集団は外務省や経団連に説得されてFTA推進へと態度を変えたのであろうか。農業関係集団の選好が一致してFTA反対だったと単純化できるのだろうか。農業集団における内部アクターの選好の多様性を考慮すべきではないのだろうか。

筆者は，抵抗集団とされる農業関係集団の内部で実際にどのような対立や妥協があったのかを見る必要があると考える。そこで，本書では国内要因アプローチを改良し，抵抗集団内部のアクター間の調整に着目して，実証研究を行う。詳細は，次章の分析枠組みで述べる。

3 制度要因（レジーム，ネットワーク型）
(1) ネットワークに焦点を当てたアプローチ

デント（Dent, C.）は，日本の二国間FTAへの政策転換は，アジア太平洋諸国との同盟によるネットワーク作りという目的のためだと論じる（Dent 2003）。1997年にアジア通貨危機が起こった際，それに対処すべき既存の地域協力機構としてあったAPECとASEANがほとんど機能しなかった。また，アジア全域に経済危機が波及することにより，アジア諸国が共通の経験をし，それが一体感を醸成した。アメリカとIMFに対する不信と反発も高まった（Higgott 1998）[17]。アジア通貨危機が，アジアにおける新たな地域協力機構を制度化するための主な触媒になったとの議論である。

菊池は，地域主義が貿易や投資の自由化とともに，国境を越えた国内制度調整の1つの手段となっていると論じる（菊池 2004）。一例として，NAFTAにおけるサービス貿易の自由化や環境・労働問題などを挙げ，地域主義はより深い経済統合を促す諸課題に取り組んできたと述べる。従来，GATTの多国間主義に基づいた通商政策を進めてきた日本が地域主義を取り入れた背景にも，80年代半ばから続く日本企業の海外移転の結果，国境を越えた企業内取引を円滑に行うための地域的な枠組みの構築が急務になっているという要因があった。地域主義は，相互学習の機会を提供し，共通の知識を持った人々の地域的なネットワークを形成する。このネットワークを通じて，国際的なルールと規範を途上国に浸透させ，途上国のガバナンス強化に寄与することも可能であると

---

17) ヒゴットはそれを「憤怒の政治学」と名づけている。

いう（菊池 2004: 202-209）。

(2) 政治制度に焦点を当てた研究

チェは，日本の通商政策の転換を制度的概念を媒介として説明する（チェ 2001a）。すなわち，国際的な政治経済環境の変化が，日本の政策決定者の選好を変化させ，それが制度の変化につながり，この制度変化が政策決定者の連合の構図に変化をもたらした。日本の FTA 政策推進は，90 年代半ばの選挙法の改正により，政治制度が改変されたからこそ可能であった。小選挙区比例代表並立制を導入した 94 年の選挙法改正と自民党一党優位体制の崩壊が，日本における国際主義者の影響力を強め，通商政策の変化をもたらし，その結果，日本が積極的に FTA を推進するようになったのである（チェ 2002）。

ゴールドスタイン（Goldstein, J.）は，国際制度が国内政治を拘束することを前提とし，国内政治制度が国際的合意の形態に影響を与えるとともに，経済的には大きな利得が見込めないような国際合意を，自ら国家に選択させる要因となると論じる（Goldstein 1996）。米・カナダ FTA の事例を挙げ，米国が経済的に大きな利得が見込めないカナダと協定を結んだのは，大統領の長期的な政策目標と合致したからだとする。すなわち，貿易の自由化を政策の長期目標としてきた大統領は，国内政治では制定が困難な貿易の紛争解決手続きを，アメリカの国内法を変えずに協定による国際制度によって創り上げることが可能であると考え，実行に移したのである（Goldstein 1996）。

(3) 制度型アプローチの評価

まず，デントが日本の FTA への政策転換の要因だと主張する WTO 信頼低下に大きく影響したのは，99 年 12 月の WTO シアトル閣僚会議の失敗である。しかし，それは日本の政策転換が始まった 98 年 7 月より後のことである。したがって，これは政策転換の契機というよりは，促進要因として捉えられる。

制度に注目するアプローチでは，利益集団間の競争パターンを変数として扱わなければ，政策の結果を説明できないという問題が生じる。例えば，同一制度の下での政策変化がある。市場自由化のための構造調整に反対し，保護主義

に固執してきた利益集団に十分な補償が与えられる場合などは，その集団の既存の政策に対する選好は弱くなり，組織の結束力も弱くなりかねない。また，世論という要因によって一般市民の潜在的な政策要求が表出する場合には，保護主義集団の立場が弱くなりかねない。このように，制度のアプローチだけでは説得力に欠けるので，ミルナーとコヘインの研究も指摘するように，利益集団と制度要因を同時に考慮することが必要となる（Milner and Keohane 1996）。

チェは，日本の政治制度が改変され選挙法が変化したために，FTA 政策への転換が可能であったと主張する。たしかに，2003 年 10 月の選挙での大物農水族議員の引退が，政策の流れを変えるのに影響したかもしれない。また，農水族は抵抗勢力としてのレッテルを貼られるのを懸念したかもしれない。しかし，これらはもっと掘り下げて考える必要があるだろう。

関沢も指摘する通り，農業を巡る 90 年代の構造変化について，下記の 3 点が考えられる（関沢 2008）[18]。まず，衆議院が原則として小選挙区制になったため，農業関係者の票だけで当選することが難しくなった。次に，最高裁判例などを背景に，1 票の格差の是正が進み，都市住民の政治的影響力が増した。最後に，農業関係者の高齢化が進み，農業人口そのものが減少した（関沢 2008: 63）。

しかし，上記の説明のみでは不十分である。農業に限らず，90 年代の終わり頃から，既得権益を激しく非難するタイプの「新しい政治勢力」が，頻繁に見られるようになっている。これは次の 3 つの事情によるだろう（戸矢 2003）。第 1 に，冷戦が終わったため，自民党に投票する必然性が減った。すなわち，かつては，野党第一党である社会党に政権を取らせてはいけないという意識が多くの国民にあったが，民主党が自民党への抵抗政党として現れてからはそれがなくなった。第 2 に，90 年代の長期不況によって，政府に対する国民の信頼が薄れた。第 3 に，90 年代の長期不況は上記に加えて，国民の自信を喪失させ，他国に対する日本の地位が低下することへの不安が高まった（戸矢 2003）。

94 年の政治制度改革によって明らかに変化があったのは，次の 2 点である

---

18) この点に関して，関沢洋一・元経産省通商政策局調査員から重要なコメントを得ている。本書においては，関沢から多くの示唆を得ることができた。

(竹中 2006)。まず、首相のイメージが重要になった。すなわち、小選挙区制のため、同じ政党から複数の候補が立候補することがなくなり、党のブランドが重要になった。また、首相を含む自民党執行部の権力が強化された[19]（候補者を決める権限が自民党執行部に一元化されたことや、政党助成金が党本部に渡ることになったことなどによる）。このような変化から農業関係者のパワーの弱まりを導き、論理的に結び付けるのは容易ではない。

チェの研究によれば、中選挙区制の下ではFTA推進は起こらなかったということになるが、中選挙区制の時代にもアメリカの外圧があれば農業の市場開放は行われており、1票の格差の是正や農業関係者の離職は選挙制度改革とは無関係に生じていることなどからも、因果関係は断定できない（関沢2008）[20]。

4 理念要因（信条モデル）

(1) 理念に焦点を当てた研究

オギタ（Ogita）は、FTAの「政治同盟としての効果[21]」に注目する。すなわち、日米安保以外の同盟を否定する外務省に対し、経産省の役割が増したという観点から、FTA政策へ傾斜した要因を論じている（Ogita 2003）。官僚による政策転換の目的は、輸出市場の拡大や貿易転換効果の抑止のようなFTA本来の経済的効果よりも、東アジアにおける同盟の形成という政治的・戦略的な側面にあるという[22]。経産省主導のFTA推進は、「対米関係還元主義（American reduction）」から「東アジア連携中心主義」への包括的外交原理の理念的・相対的シフトと、経産省の外務省に対する異議申立てという、2つの仮説で説明

---

19) より詳しい議論は、竹中（2006）を参照のこと。
20) 関沢に対する筆者のインタビュー、2007年11月22日。
21) 例えば、オギタは「東アジア域内での同盟形成」という志向性は、日韓FTA構想に初めて言及したのがアジア重視で知られた当時の小倉駐韓大使であったという事実と、また、アジア金融危機を受けてアジア通貨基金（AMF）構想を追求しながら米国の反対により挫折していた大蔵省（当時）が、経産省のFTA推進方針に早くから同調していたという事実とも整合的であると指摘する。
22) 例えば、98年10月、今野局長が局内協議の結果を当時の与謝野通産相に報告し、政策転換を進言した際（オギタによれば、与謝野大臣が進言を容れてさらなる検討を指示したことが、通産省の実質的な政策転換をもたらす転機となった）、提出したレジュメにおいて、地域貿易協定の意義としてまず挙げられていたのが、「政治同盟としての効果」であったという。

表1-1 日本外交における諸要素のシフト軸：理念型による仮説

	（旧）	（新）
包括的外交原理	対米関係還元主義 ⇔	東アジア連携中心主義
外交主題	安全保障 ⇔	経済
貿易政策原理	専一的多国間主義 ⇔	選択的二国間主義／地域主義
主導的官庁	外務省 ⇔	通産省／経産省

出所）Ogita（2003: 245）。

図1-1 政策バンドワゴニング・プロセス

出所）筆者作成。

することができると主張する（表1-1参照）。

大矢根は，日本のFTA政策への転換要因として，FTAの政策理念に注目する（大矢根 2004）。とりわけ構成主義の観点から，各国にFTAの政策理念が浸透する中で正統性を獲得する政治過程として，日本のFTAを検証する。日本はFTA理念の国際的な「政策バンドワゴニング」過程の中で，FTA政策へと転換した（大矢根 2004）。すなわち，日本がFTAの政策理念を受容することで政策転換が行われ，それが地域構想へと展開されたと論じる。それをモデル化すると図1-1のようになる。

ラベンヒル（Ravenhill, J.）は，協定の有効性に関する政府認識，すなわち，交渉力を増大させるという認識からPTA締結を説明する。新しいPTAの交渉は，グローバルな経済におけるその有効性に関する政府の認識と，交渉力を増大させたい政府の要望から説明可能だと論じる。ラベンヒルは，地域主義を「地理的に限定されたベースでの政府間協調（intergovernmental collaboration on a geographically limited basis）」であると定義する（Ravenhill 2002: 168）。

(2) 理念型アプローチの評価

構成主義のアプローチから，日本のFTA政策への転換の要因として「理念」に注目したオギタや大矢根の研究は，因果関係の実証が難しいという難点があ

る。オギタは，理念のシフトによる政策転換を説きながらも，政策起業家としての官僚の役割のみに注目しており，経済団体間や省庁間の対立，とりわけ実際のFTAの推進過程で一番のネックとされる農業問題にからむJA全中などとFTA推進勢力との対立が，どのように協調へと転換したのかに関しては実証研究がされていない。大矢根は，日本がFTAの政策理念を受容することで政策転換し，それを地域構想へと展開したと論じるが，政策理念がどのような条件の下で作用し政治的革新をもたらしうるのかについては明示していない。いかなる条件がそろえば新たな政策理念が浮上し，行為主体を社会化するのかという点にさらなる考察が望まれる。

　以上，日本の通商政策の転換要因に関する議論を，国際要因（外圧型），国内要因（内圧型），制度要因，理念要因の観点から検討した。本書では，先行研究の検証から最も説得力があると判断された，国内要因アプローチに焦点を当て，その改善を試みる。

第2章　分析の枠組みと研究の意義

　本章では，分析の視点，および研究の意義を提示する。第1節では，分析の目的と視点，分析対象，資料を提示する。分析の視点については次の3点を提示する。まず，日本の通商政策の転換を，単なるマルチからバイへの転換としてではなく，アジア通貨危機以降に日本が消極的アジア政策から積極的アジア政策推進へとシフトする過程の一環として捉える。その際，2006年の「骨太の方針」が，政策シフトの転換点として重要であったことを示す。次に，日本の通商政策決定において登場する各アクター，およびアクター間の構図を提示する。最後に，「農業関係集団の内部調整」をキーコンセプトとして提示する。日本の通商政策の決定過程に関して，従来，省庁間の対立に注目する研究が多かった。しかし，本書では，農業集団内部の調整に焦点を当てる。

　まず第1節では，分析対象として日星FTAと日墨FTAを取り上げる理由と意義を明らかにする。そして，本書の分析資料として採用したインタビューの重要性について触れる。第2節では，本書の意義として，国際関係理論への貢献と東アジア研究への貢献について述べる。

第1節　研究の方法

1　分析の目的と視点

　本書の目的は，日本の通商政策が転換した際の国内政治力学を解明することである。なぜ日本の通商政策は，従来の多国間主義に基づいた通商政策から，二国間FTAを重視する政策へと転換したのか，それはどのような政治的構図の下で決定されたのか，日本の対外経済政策にどのようなインパクトを与えたのかといった問題を考察する。そのプロセスにおいて，国内アクター間でどの

ような対立と妥協があり，それがどのようにして1つの政治的均衡点に収斂していくのかを明らかにする。すなわち，FTA締結に至るまでの交渉プロセスを，相克する内外の利害が政治的均衡点に向けて収斂していく1つのプロセスとして捉える。特に，FTA締結という政策決定において，主にどの組織または個人が政策の決定過程に関わったかというアクター論を重視する[1]。

したがって，本書の分析手法は単一のモデルに依拠したものではない。主要アクターの状況認知，利害，アクターを取り巻く環境との相互作用，アクター間の合従連衡を解明するために，基本的に政治過程論（野林 1987: 1-5）の立場に立っている。本書では，特定の事例を通してアクターの認識と行動，政治化のダイナミックス，通商秩序再編に関わる政治力学などを的確に抽出することに焦点を当てる。FTA政策の政治プロセスをモデル化する作業は，今後の研究課題として残すことにする。

前章では，国際要因に関心を注ぐ既存の研究では，本書の問いに答えられないことが明らかとなった。このため，本書では内圧型アプローチを採用する。国内政治に焦点を当てた代表的な研究として，マンスフィールド（Mansfield, E.）とミルナー（Milner, H.）の研究がある。彼らは地域主義に関する議論を，国内要因を強調するものと国際システム要因を強調するものに分け，国内政治分析の重要性を説いている（Mansfield and Milner 1999: 602-615）。特に，利益団体の影響力に関心を注ぎ，国家の選好形成プロセスに焦点を当てる。彼らは，FTA政策を進めるのも阻害するのも国内の利益団体だと述べる。FTA締結は，利益団体がどの程度影響力を及ぼすのか，また，政府が有権者の福祉にどの程度の関心を持っているのかによって決定されると論じる。FTA交渉では，互いの利益が一致する団体は相互に連合し，反対に，利益が一致しない団体は葛藤関係になる（Mansfield and Milner 1999; 次も参照のこと。Gourevitch 1977; Milner 1987; Rogowski 1987; Grossman and Helpman 1995; Baldwin 1995; Pekkanen 2005; Solis and Katada 2007; Moravcsik 1993a, 1993b, 1998）。

東アジアのFTA事例研究の大多数は，国際システム変数に関心を注いでいる。国際システム以外に関心を注ぐ研究の焦点は，文化や情緒などの変数に限られている（ソン 2011; リ 2009）。国内政治変数に関する研究は，未開拓の領域

---

1) 分析の視点においては，野林（1987: 1-5）から多くの示唆を得た。

として残っているのである。だが，FTA という課題は，当該国の国内政治問題と不可分であろう。本書では，国内政治アプローチに基づいて，日本の通商政策転換の要因を明らかにする。経済の政治化が際立つ FTA の事例を通して，FTA を巡る日本的構図が浮き彫りになるだろう。以下では，本書の分析の視点を提示する。

(1) 2006 年「骨太の方針」の重要性：対アジア政策の積極的推進

本書では，日本の FTA への政策転換を日本の対アジア政策の積極的推進という観点から捉える。すなわち，戦後 50 年間 GATT・WTO に基づく通商政策に依拠してきた日本が，1997 年のアジア通貨危機を経て，消極的アジア政策から積極的アジア政策へとシフトする過程の一環として，FTA 政策転換を捉える。

また，本書では日星 FTA から日墨 FTA 締結までのプロセスの中で，農業問題におけるタブーが解消されていったと考える。これは，その後，アジアにおいて日本が FTA 締結を推進するためのモデルとなるばかりでなく，2006 年 7 月 7 日の経済財政諮問会議における「経済財政運営と構造改革に関する基本方針 2006」[2]，別名，「骨太の方針 2006」につながったことにその意義を見出せる[3]。

では，「骨太の方針 2006」の内容を見てみよう。特に，「アジア等海外のダイナミズムの取り込み」と題された部分を抜粋する[4]。

> 「グローバル戦略」[5] の工程表に沿ってアジア諸国を中心とした EPA 交渉を進める。その結果，2010 年には協定締結国との貿易額が 25％以上になっていることが期待される。「東アジア EPA」構想を含め，東アジア共

---

2) 経済財政諮問会議（2006b: 7）。
3) 経産省の高官に対する筆者のインタビュー，2007 年 12 月 17 日。
4) 前掲，経済財政諮問会議（2006b: 7）。
5) 経済財政諮問会議（2006a），2006 年 5 月 18 日に発表。経済財政諮問会議で FTA が本格的な議題になったのは，2004 年 12 月 20 日の会議であった。その際には，基本的方向性を諮問会議で引き続き議論するということでとりまとめられ，2005 年 4 月 19 日に再び諮問会議にて議論が行われた。その後，「骨太の方針 2005」において「グローバル戦略」を策定することが決められ，それが 2006 年の「骨太の方針」につながったのである。

同体の在り方について，我が国がとるべき外交・経済戦略上の観点から，政府内で十分議論し，中長期的には，開かれた東アジア経済圏の構築に向けた経済連携の取組を進める[6]。

次に「APECの取組みの強化」，3番目に「WTO交渉への積極的な取組み」が挙げられている[7]。「骨太の方針2003」では，原案段階における与党との調整の場で，FTAに関する記述をWTO新ラウンドより先に書くことに対する批判があり，結局その際にはWTOの記述がFTAより先に来るようになったが，その経緯から考えると，これは大きな変化といえるだろう。すなわち，FTAの今後の方向性としてアジアとの連携強化が盛り込まれ，閣議決定された。政府文書の形で通商政策の方針として打ち出されたのである。

このようにFTAが政府文書の中で明確に記述されたのは，日本の通商歴史上，初めてのことであり，画期的であった[8]。2006年の「骨太の方針」に関して，経産省の高官は次のように述べる。

> あれは，日本は今までやったことがなかった。また，ああいうことができるようになったということだろう。日星FTA，日墨FTAから始まり，5年間のいろいろな議論が1つの非常に手に取れるような形で実態を伴って出てきたのが，あの閣議決定である[9]。

この言葉が端的に表すように，FTA推進は農業問題や農水省の利害関係を超えて内閣の方針になった。国の政策として確固たる位置づけが与えられたの

---

6) 傍点は筆者。当時，内閣府政策参与として経済財政諮問会議に携わっていた大田弘子は「FTAは，つまるところ農業問題や労働問題のような国内の構造問題が阻害になるため，他の改革と同じ構図で抵抗が起こる」と述べている（大田 2006: 271-272）。
7) ほかにも次のようなことにも触れている。「APECへの取組みの強化に加え，東アジアにおいて，新たに，OECDのような，統計設備や貿易，投資・金融市場，産業政策，エネルギー・環境等に関する政策提言・調整機能を持つ国際的体制の構築に向け，アジア太平洋地域にわたる協力も得ながら，取り組む」，「WTO交渉の平成18年末の妥結に向け積極的に取り組む。開発ラウンドの成功に向け，"一村一品"，人づくり等"開発イニシアティブ"を通じた支援を展開する」（経済財政諮問会議 2006b）。
8) 前掲，経産省の高官に対する筆者のインタビュー。
9) 同上。

である。本書は，これを日本の通商政策の転換点を象徴[10]するものとして重視する。そして，この転換は，日星 FTA，日墨 FTA における国内調整プロセスがなければ存在しなかった。したがって，両事例を 2006 年の「骨太の方針」に向けた道程におけるマイルストーンとして捉える。

(2) キーコンセプト：農業関係集団の内部調整

本書における「農業関係集団」とは，農水省，自民党農水族，全国農業協同組合中央会（JA 全中）を指す。従来の研究では，日本の FTA 政策の推進要因として経産省と外務省の役割に焦点を当てていた。この両省庁が連携してFTA 抵抗勢力の農業関係集団を説得したとの見方が主流であった。また，経団連による経産省への圧力に注目する研究も多くを占めていた。しかし，第 1 章で内圧型の先行研究の問題点として述べたように，抵抗集団である農業関係集団の内部における対立と妥協があまり考慮されていない。本書では，この「農業関係集団内の対立と妥協（＝内部調整と呼ぶ）」という要素に注目する。

(3) 分析の枠組み
① 外的要因

外的要因として，アジア通貨危機と中国・ASEAN FTA 結成を挙げる。アジア通貨危機は日星 FTA の事例で，中国・ASEAN FTA 結成は日墨 FTA の事例で，それぞれ取り上げる。

② 内的要因

(a) 分析アクター

政策決定者集団：外務省，経済産業省，農林水産省，首相官邸

政治集団：自由民主党農林水産部会

利益集団：日本経済団体連合会，JA 全中，養豚業界

その他：世論

(b) 各アクターの構図

日星 FTA および日墨 FTA における各アクターの構図は，それぞれの章で後述する。

---

[10] 経産省の高官に対するインタビューにおいても，同様のコメントをいただいた。

2 分析対象

本書では，まず日星 FTA，日墨 FTA という 2 つの事例を取り上げ，締結に至る交渉過程を分析する。次に，最近の日本の新しい通商政策シフトを考察する上での重要な事例として，韓国の FTA 政策決定過程を分析し，TPP を巡る日本の国内政治過程の事例と比較検討する。

(1) 事例選択の理由・意義

日本における FTA 政策への転換点をどの時点と見なすかに関しては，様々な見解がある。日本にとって初の FTA である日星 FTA の締結は象徴的なものに過ぎず，政策転換点は他にあるとの指摘がある。例えば，完全な農業国家であり農業問題で大いにもめた，タイとの FTA を実質的な FTA 政策の転換点とする見方がある[11]。実際，農水省に対するインタビューにおいても，日タイ FTA を政策転換点と見なす指摘があった。しかし，本書では日タイ FTA は，取り上げない。

タイは農業国家であり，タイとの FTA 締結においては関税撤廃だけではなく，協力の部分も重要となった。関税撤廃と協力のバランスをとる形で成果を挙げたという点で，政策転換のモデルと見なされる傾向がある。しかし日タイ FTA 締結は日墨 FTA 締結後の交渉であり，農業問題でもめはしたものの，その対立はよりコントロールされたものであった[12]という点で，政策転換の事例としては適切でないと考える。

では，なぜ本書で日星 FTA と日墨 FTA を取り上げるのか，以下でその理由と意義を述べる。

---

11) このほかにも，日韓 FTA を日本の政策転換点として捉える見方もある。1998 年 9 月，金大中大統領の訪日をきっかけに，同年 11 月の第 1 回日韓閣僚懇談会において，日韓 FTA に関する初めての両国間での議論が行われた。たしかに，産官学共同研究会を提示した時期は一番早かったが，結果に結び付いていないという意味で政策の転換点として見なせないと思われる。さらに，韓国は同じアジアとはいえ，フィリピン，タイ，インドネシアのような他のアジアの国とは違う。また，歴史問題もある。本来，経済問題である FTA が最も政治問題化しているのは，韓国との FTA である。経産省，外務省の官僚と経団連の FTA 担当は，声をそろえて日韓 FTA の再開の見通しは立っていないと語る（両省の官僚と経団連関係者に対する筆者インタビュー，2007 年 10 月 3 日）。

12) 前掲，経産省の官僚に対する筆者のインタビュー。

① 不完全だが初の日星 FTA：第一段階—FTA というタブーの解消

まず，日星 FTA[13] は，日本初の FTA 締結であり，日本政府の政策転換を象徴するものとして，その意義は大きい。戦後日本の通商政策の中でタブーとされてきた FTA を初めて議論し，それを締結へと結び付けた点で，その役割は評価されるべきである。最初から農業問題を抱えている国と交渉すれば失敗するのは自明である。FTA 相手国の選択に関しては，第一段階として国内アクターの中に存在していた FTA のタブーを解消し，第二段階として農業問題を取り扱うという，政策決定者らの戦略的な意図があった。

シンガポールは典型的な中継貿易国であり，情報技術の取引やサービス貿易が主であることから，農業はほとんど問題とならなかった。しかし，ごく一部の観賞用金魚に関する関税引き下げが問題となったが，これさえも，自民党の農林水産物貿易調査会は農水産物を交渉範囲から除外すべきであるとして反対した。その結果，実際には農林水産分野は完全に除外され，いわば「不完全」な FTA になったと評価されている。

しかしながら，日星 FTA の政策的側面での意義としては，日本の対外経済政策に１つの新しい政策オプションを確立し，その際のモデルとなる包括的な EPA を提示したことが挙げられる[14]。これが 2002 年 1 月の小泉首相の ASEAN 歴訪の際のシンガポールにおける「日・ASEAN 包括的経済連携[15]」の提唱につながり，日本と東アジア諸国との経済連携強化へと導く動因になった[16]。この政策スピーチでは，戦後日本の首相として初めて「東アジア共同体（コミュニティ）」の創設を唱え，中国・ASEAN 自由貿易構想，あるいは豪州やニュージーランドの参加も，東アジア共同体創設への重要な貢献であるとの認識を示した。この構想に関しては，中国と ASEAN の接近をより広い地域主義の構想に包み込んだとの評価もある（添谷 2005: 33）。また，この構想は明らかに，そ

---

13) 日本経済研究センターが 2000 年末発表した「アジア・日本の潜在競争力」報告書の中で試算した「潜在競争ランキング」では，シンガポールが米国に次ぎ世界第 2 位で，日本は第 16 位だった。
14) これに関して，川口晶・元経団連産業基盤グループ長に対するインタビューから多くの示唆を得た。
15) 演説の内容については第 3 章参照。
16) 尾池厚之・元外務省経済局開発途上地域課長に対する筆者のインタビュー，2007 年 11 月 27 日。

れまでの日本の多角的自由化政策から積極的な東アジア政策へのシフトと受け取ることができるものであり，その意味でも重要である。

② 今後のモデルとしての日墨 FTA：第二段階—農業問題というタブーの本格的解消

日本が今後アジアで FTA を推進していく上で避けては通れない農業問題（農産物の自由化問題）を初めて扱ったのが，メキシコとの FTA[17] である。その意味で，日墨 FTA は初の実質的な FTA として捉えられている。その交渉過程を分析して政府と企業，農業団体の争点を明らかにすることは，これからの日本の FTA 政策のモデルケースとしても重要である。

最初の FTA の相手国であるシンガポールについては，同国からの総輸入に占める農水産物の割合が 0.5% であったことから，農業の自由化は実質的な争点とはならなかった。一方，日墨 FTA は，初めて実質的に農産品をも対象とした本格的な協定となり，交渉過程では日本の国内調整が大きな問題となった。さらに，メキシコとの交渉では，両国の相反する産業構造から，日本国内では農業分野のイシューが最大の関心事であった。したがって，国内の政治的選好の度合いが異なり，その相互過程が浮き彫りになってダイナミックに表れていた。

日墨 FTA の交渉過程においてさらに重要なのは，自民党農林水産物貿易調査会による当初の決定が覆されたことであった。2001 年 9 月 3 日，同調査会は「(1)国内農林水産業に悪影響が生じないよう十分配慮すること，(2)特に，農林水産品の関税については，WTO の場で議論すべきものであることから，二国間の協定において更なる削減・撤廃を行なわないことを基本方針とするとともに，今後検討される同種の二国間協定についても同様の考え方で対応する」[18]との決定を下した。シンガポールとの交渉はこの方針で進み，自民党の決定は守られていた。

しかし，自民党農林水産物貿易調査会はメキシコとの交渉過程で，「ケース・バイ・ケースで相手の関心によって関税の柔軟性を設ける。ある程度の関

---

17) 日本政府がメキシコとの交渉を急いだのは，その後に続くアジアとの交渉をにらんで，「日本の FTA 戦略の出発点として，メキシコとの交渉を妥結させる必要がある」ためと，政府関係者は語る。『朝日新聞』2003 年 10 月 31 日。

18) 外務省（2002d: 17）。

税撤廃に応じる」という決定を下している。これは農水族の方針転換である。そのような転換があったという意味で，メキシコとのFTAは実質的な政策転換と捉えられると筆者は考える。

実際に，2004年3月にメキシコとのFTAが実質合意に至ると，その後日本は農業問題がネックになっていたマレーシア，タイ，フィリピンなどのアジア諸国と立て続けにFTAを締結していった。すなわち，日本はFTA締結にあたって障害となる農産物関税撤廃の問題を，メキシコとのFTA締結を通じてある程度解消させ，それによって，その後本格的にアジア諸国とのFTAに臨むことができたのである。その意味で，メキシコとのFTAは日本の通商政策における転換点であったと思われる。

経済的側面においても，メキシコとのFTAは，シンガポールとのFTAとは異なる重要な意味を持つ。メキシコは，世界第10位のGNPと1億人以上の人口からなる消費市場を持つ国であり，NAFTAの一員であり，これまで40カ国以上とのFTAを結んできた。メキシコとのFTAは農業分野を主な柱の1つとするFTAであり，さらには，日本企業が諸外国の企業と対等の立場に立ってメキシコ国内で競争できる条件を整えた協定である。日墨FTAは，幅広い経済連携に意義を見出すにとどまった日星FTAとは異なり，実質的に関税引き下げや撤廃による市場開放を交渉の核心とした，まさに正真正銘のFTAであった（小原 2005: 74）。

日墨FTAへの評価は，そのFTAの内容が低水準にとどまったとして，WTOとの整合性を問題視する否定的な意見もあるが[19]，日本の農業政策を大きく変えることなく，自動車などの輸出において大きな利益を確保できる協定ができたという肯定的な評価が大半である[20]。

このように，メキシコとのFTA締結は，日本にとって農業開放問題を解決する1つの手段として，また，アジアとのFTAにつながる1つの手段としての意味がある。つまり，農業部門での譲歩を行うことができれば，アジア各国とのFTAが可能であることを示唆した。これにより，韓国やASEAN諸国と

---

19) 例えば，『日本経済新聞』2004年3月16日の「経済教室」に投稿された小寺彰東大教授の指摘を参照のこと。
20) 例えば，『朝日新聞』2004年3月12日社説，『日本経済新聞』2004年9月21日社説，等を参照のこと。

の FTA に 1 つのモデルが提供され，日本の FTA 政策が一層加速することが期待された。

③　日本の包括的な FTA としての TPP：韓国との比較から

前述のように，最近の日本と韓国の通商政策は，二国間 FTA を中心としたものから，多国間 FTA の実現をも目指すダブルレイヤー（二層式）通商政策へとシフトする兆しが見られる。事例編 II では，これらの現象の分析を通じて，FTA を巡る日韓の政策過程の共通点と相違点を明らかにし，それによって今後の日本の TPP を巡る政策決定に新しい視点を提示する。特に，日韓の利益集団のパワーの違い，利益集団と政策決定者とのチャンネルのあり方の違いに焦点を当てることで，日本の FTA・TPP 政策決定過程への新たな視座を提供する。交渉過程において政府と利益集団がどの程度の意思疎通のチャンネルを持つかによって，交渉の展開が異なることが予想される。

日韓を比較する理由として以下が挙げられる。東アジアの中でも両国は際立った共通点・類似点を持つ（金 2007）。地理的に近接しているだけでなく，産業構造の類似性を有している。また，農水産業の低い比重にもかかわらず農水産業重視の伝統を持つこと，97 年まで特別な地域協定に属しておらず，WTO を通じた多国間自由貿易を推進していたこと，両国とも 98 年以降に FTA 政策を推進し始め，ともに FTA の遅れを認識していたこと，農業輸出国であるメキシコ，チリと FTA を締結した際に農業セクターからの反対に遭ったこと，最近になって，両国とも二国間 FTA から地域的 FTA へのシフトに移りつつあること，両国とも米国との同盟に安全保障政策の基礎を置いていることなども共通している（金 2007）。しかし，それにもかかわらず，両国の FTA 政策には違いが生じてきた。

その背景として，両国の国内に類似した阻害要因が存在するのではないだろうか。特に，日本や韓国の場合，似たような産業構造を持つため，国内に共通した阻害要因があると考えられる。両国が共通して直面する阻害要因を明らかにするために，事例編 II では日本と韓国に注目する。

両国については，次の 2 点が特筆に値する。1 点目として，日韓は東アジアで最も多くの二国間 FTA を推進している国である。韓国は米国，EU，豪州，カナダをはじめとする 11 カ国・地域との FTA を発効させ，中国，ニュージー

ランド，コロンビア，ベトナムと署名を済ませ，インドネシア，メキシコなど6カ国・地域との交渉が進行中である[21]。日本はシンガポール，メキシコ，マレーシア，スイスなど15カ国・地域との FTA を発効させ，カナダ，EU など10カ国・地域との交渉が進行中である[22]。

2点目として，両国政府は，多国間主義・地域主義への強い関心を持っている。韓国においてそれは，金大中大統領の「東アジア・ビジョングループ（EAVG: East Asia Vision Group）」提案および「東アジア・スタディグループ（EASG: East Asia Study Group）」提案から窺える。EAVG は，99年の ASEAN＋3会議において，地域協力メカニズム形成の第一歩として，ASEAN＋3をより恒久的な地域制度とするために提案された[23]。また EASG は，2000年11月の ASEAN＋3会議で，東アジア経済協議体（EAEC: East Asia Economic Caucus）の構築のための予備段階として提案されている。さらに韓国政府は，日韓 FTA，韓中 FTA，日中韓 FTA などの域内 FTA ネットワークを重層的に構築することによって，東アジア全域に広がる FTA 網が形成され，これが東アジア経済共同体につながるというビジョンを掲げている。

他方，日本では小泉首相が2002年に「東アジアの中の日本と ASEAN」と題する政策演説を行い，「共に歩み共に進むコミュニティ」を提唱している。さらに，鳩山首相が東アジア FTA を通じた「東アジア共同体」を提唱した。2006年には，「東アジア包括的経済連携（CEPEA: Comprehensive Economic Partnership in East Asia）」構想が提案され，これを日本の主導で推進していく意向が示された。CEPEA は，貿易投資自由化と経済協力を車の両輪とし，また ASEAN を扇の中心とする東アジアの経済統合構想である（経産省 2011）。さらに，2012年11月には ASEAN 首脳会議において，RCEP の交渉立ち上げが宣言された。RCEP は，最終的には FTAAP の実現に寄与する重要な地域的取組みの1つである。東アジアの成長を取り込み，日本産業の国際展開を後押しす

---

21) 外交通商部（n.d.）「FTA 추진현황（FTA 推進現況）」。
22) 外務省（n.d.）「経済連携協定／自由貿易協定」。
23) EAVG は，短期資本移動の共同監視メカニズムや，金融の早期警戒システムについて研究を行った。また，共通通貨圏の形成を長期的な目標として掲げつつ，東アジア通貨基金と地域的な為替レート調整メカニズムの創設も提案した。その他，ASEAN＋3会議の東アジア首脳会議への格上げ，東アジアにおける自由貿易地域の創設などを提言した。

べく，包括的で高いレベルの協定を目指し，2015年末の交渉完了を目標に交渉を進めている（通商白書 2014: 272-273）。現在，安倍政権の下でTPPの議論が盛んであるが，日本政府は，CEPEAやRCEPはTPPと相矛盾するものではなく，FTAAPのビルディングブロックとして，TPPと有機的に連関させながら推進すべきものと捉えている[24]。

このように日本と韓国は，東アジアで最も多くの二国間FTAを結んでいるだけでなく，東アジア地域主義への高い関心を持っており，地域FTAに最も積極的な国であるといえよう。このような国の政府ですら，何らかの要因によって，地域FTAの推進を阻まれている。

本書が援用する理論（すなわち国内政治アプローチ）によると，FTAは国全体の利益につながるが，国内の特定のグループの損失を際立たせてしまい，そのグループからの強い反対を招く。損失を被る集団に，積極的な政治的行為を行うインセンティブを与えてしまうのである。この点を念頭に置いて日本や韓国の産業構造を見ると，最も損失を被るセクターは農業だといえる。したがって，FTA推進においては，農業団体が阻害要因になると考えられる。事例編Ⅱでは，このような理論の有効性を探るために，日韓の事例を検証する。

日本と韓国という共通性・類似性を持った国の比較により，日本のFTA・TPP政策の形成を決定づける重要な要因を特定することが可能となるだろう。

3 資料
(1) インタビューに基づいた証言

本書は事例の分析手法として，政府関係者および利益団体関係者のインタビューに基づいた証言を用いる。従来の研究は，概論的，政策論的視点にとどまっている研究がほとんどであり，それらの研究は新聞等の二次資料に依拠している。それに対して，本書は実際に政策決定に携わったキーパーソンとされる人物のインタビューを行っており，これは従来のFTA政策研究では見られない本書の特徴である[25]。

---

24) 浦田秀次郎に対する筆者のインタビュー，2012年9月7日。2012年9月のウラジオストクAPECでは，FTAAPがAPEC地域の経済統合を推進するための主要な手段であることを確認し，最終的なFTAAPに向けた経路として前進する方途を模索することとなった。

25) 唯一，インタビューを試みた研究として，大矢根（2004）が挙げられる。しかし，大矢

当時のキーパーソンが海外に赴任している場合は，海外まで直接訪問し，あるいは書面インタビューをするなどして，証言を得た。このようなインタビューを通じて，新聞などで公開されている情報では得られない貴重な証言を得ることができた。また，キーパーソンには1回のみならず，2，3回と尋ねることで，証言の信憑性を高めようと試みた。

ただし，韓国のFTAと日本のTPP交渉プロセスに関しては，現在進行中の案件ということで関係者のインタビューには限界があった。したがって，それらの事例に関しては，現時点で入手可能な二次資料の範囲内で分析を行った。今後の本格的研究に向けての予備考察としたい。

(2) 補足資料
① 情報公開請求による資料

政府への情報公開請求を通じて，外務省から日星FTA，日墨FTAに関する首脳会談の際の発言・応答要領等の資料を得ることができた。これらの資料は，当時の首相および外務省側の認識を知る上で重要である。ただし，筆者が請求した資料の大半が，現在なお進行中の案件ということで不開示とされ，FTAというテーマを取り扱うことの難しさ，制約を実感させられた。しかしながら，これらの資料の制約は，国会会議録検索システムによる国会審議会の議事録および政府発行の機関紙，インタビューの際に得ることができた内部資料，インターネットにおける政府公開資料などで，不足ながらも補うことができた。

② 各種公開資料
(a) 政府側

各省庁担当課のインターネットサイトにおける政策資料，国会会議録検索システムによる国会審議会の議事録，大臣声明，政府発行の機関紙，首相官邸の『小泉内閣メールマガジン』(2006年9月に配信終了)，自由民主党の『自民党デイリーニュース』，『月刊自由民主』(2010年3月号で休刊)，行政問題研究所『月刊官界』，日本関税協会『貿易と関税』を中心に参照した。

根論文も日星FTAの予備段階のレベルの分析にとどまっており，締結までのプロセスを網羅したものではない。

(b) 農業関係の利益集団側（JA 全中，全国養豚業界）

JA 全中の声明文，全国農業会議所農政・経営対策部の内部資料『農政対策ニュース』，鶏卵肉情報センター発行の『月刊養豚情報』，全国農業協同組合中央会の『月刊 JA』，全農林労働組合農村と都市をむすぶ編集会の『農村と都市を結ぶ』，アニマル・メディア社の『Weekly Pig Express』，日本養豚事業協同組合『ゆめ通信』，JA 全中農政部 WTO・EPA 対策室の資料，『農業と経済』，養豚業界の FTA 対策協議会の資料を中心に参照した。

(c) 経団連側

経団連ホームページにおける政策提言・スピーチ，『月刊 Keidanren』，『経団連タイムズ』を中心に参照した。

その他，『朝日新聞』，『日本経済新聞』，『読売新聞』，『毎日新聞』，『全国農業新聞』，『日本農業新聞』，『日刊工業新聞』，『朝鮮日報（韓国）』，『毎日経済新聞（韓国）』，『東亜日報（韓国）』等を用いた。

第 2 節　研究の意義

本書の意義は，理論的な貢献と政策的な貢献にある。本書では，従来の研究で見落とされてきた FTA の政治的な側面を見ることで，FTA 研究における理論的な貢献を試みる。また，東アジアの多国間 FTA 形成における阻害要因を探ることで，今後の地域 FTA 形成における政策的な貢献を提示する。具体的にどのような理論的・政策的な示唆が得られるのかについては，結論で述べる。

1　国際関係論への貢献

日本の FTA 政策に関する研究は近年増えつつあるが，経済学的な研究や政策面からの研究が多く，概論的なものにとどまっているものも多い。本書は，従来の FTA 研究で見落とされていた国内政治の要因を見ることにより，FTA 研究に新しい視点を提示することを試みる。特に，FTA の国内レベルを分析することで，パットナム（Putnam, R. D.）の「2 レベルゲーム・モデル」への理論的な貢献を試みる（Putnam 1993）。日本は FTA に関して「遅れて来た国」と

称される。したがって、本書で日本の通商政策転換の原因を分析することは、なぜ国家が二国間 FTA を選択するのか、また、多国間主義との関係にどのように整合性を持たせるのかといった問いに対して示唆を与えることができる。

日本が FTA に代表される経済的地域主義[26]を通商政策の柱にした理由を探ることは、すでに締結済みの日星 FTA、日墨 FTA に限らず、経済地域主義の取組みへの大きな転換であるがゆえに重要である。この問題を解明することは、グローバリズムが強い中で地域主義が持つ意味に関する理論的示唆につながる。

以下では、グローバリゼーション[27]と地域主義の相互関係に関するこれまでの議論を検討した上で、本書の位置づけを行う。

(1) グローバリゼーションの地域主義への波及効果・影響

それでは、グローバリゼーションと地域主義は互いに矛盾するのだろうか、それとも両立可能なものなのだろうか。仮に両立可能であるとするならば、両者は相互補完的なものなのだろうか。

グローバリゼーションには、地域主義の浮上を抑制する側面と促進する側面がある。まず、グローバリゼーションが地域主義を抑制する、あるいは必ずしも地域主義に帰結しないとする見解を見てみよう。

第1に、グローバル・イシューの登場とともに、経済的相互依存関係の深化は、多くの葛藤要素をもたらす。したがって、この葛藤要素を管理するため、非地域的でイシュー中心的な国際制度に対する強力な要求が生じる（Keohane and Nye 1977: 247-251）。こうした要求は、地域主義を促進するよりはグローバルなアプローチをとる傾向にある。第2に、経済的相互依存関係の拡大や政

---

[26] 「経済的地域主義」の定義について、地域構成国間の財貨と物質の交換を目的に、域内国家間で一連の特恵待遇を考案しそれに移行することであるとする議論がある。これについては、Wyatt-Walter (1995: 78) を参照のこと。

[27] すでに多くの論者が論じているように、グローバリゼーションの概念は多種多様である。本書では、コヘイン (Keohane, R. O.) とナイ (Nye, J. S.) の定義を援用する。彼らは、グローバリゼーションを様々な相互依存のネットワークから構成される世界の状態として定義する (Keohane 2002: 2)。このようなネットワークの連携は、資本と財貨、情報とアイディアのみならず、環境的または生物学的な物質の流れと影響力を通じて行われるとする。したがってグローバリゼーションは、様々な大陸間にまたがるネットワークの増加と、これによって統合されるプロセスともいえる。

治，経済，安全保障面における国際協力の増大は，ある特定地域の結合度を強めるよりも，むしろ欧米的要素のグローバル化を促進する。ブレトンウッズ・システム，経済協力開発機構（OECD: Organisation for Economic Co-operation and Development），G7，大西洋と太平洋をまたぐ安全保障システムなどの制度が世界中に拡散することは，必ずしも地域統合を促す要因にはならない。

では，次に，グローバリゼーションが地域主義を促進するという見方を3つの側面から検討してみよう。第1に，グローバリゼーションの進行により，国内問題や国家の主権に関わる問題の集合的な管理と規制が要求されるようになる。そのような制度は，グローバル・レベルよりはリージョナル・レベルのほうがより形成されやすい。なぜなら，地域における文化や歴史の共通性，社会システムおよび価値の同質性，政治的・安全保障的利益の収斂などの特徴は，共通基準やルールの設定，効果的執行などの面において，新しい管理システムの相互浸透を容易にするからである。

第2に，海外直接投資（FDI: Foreign Direct Investment）のグローバル化は，特恵貿易協定の締結を促すだけでなく，地域統合をより深化させる効果も持つ。FDIは，効率性向上と取引費用縮小を目的として域内生産に集中する傾向を持つためである（Lawrence 1996）。いわばFDIは，地域主義にとっての障壁を克服するための手段として用いられる。

第3に，グローバリゼーションは，競争原理をその本質としていることから，ルールに則った上で経済効率を最大限高めるよう人々に促す。こうした世界経済を管理する規則や制度の形成にあたって，各国は，それらが自国により有利なものとなるよう影響を与えるための政治的パワーを確保しようとする。そうしたパワーを獲得するために，各国は，利害を共有する諸国と協力する必要があり，この必要から地域主義が採用されることがある。また，そうした影響を与えようとするのは国家だけではない。経済面におけるリージョナリゼーションは，国家ばかりでなく多国籍企業によっても主導されうるし，地域統合は，グローバリゼーションへの適応過程で国家エリートと企業の間に利益の収斂が起こることから生じるとも理解できる（Hurrell 1995: 66-71）。

以上の議論でも明らかなように，グローバリゼーションは地域主義を促進する要素と抑制する要素を同時に持ち合わせている。両者の間の均衡は，結局の

ところ，グローバリゼーションに対する国家の認識・役割と，多国籍企業を含む非国家アクターの役割との間で図られるであろう（Hurrell 1995: 66）。

(2) **地域主義によるグローバリゼーションへのコントロール効果：相互補完性の原理**

それでは逆に，地域主義はグローバリゼーションにどのような影響を及ぼしているのか。その作用あるいは反作用を，現在の両者の関係から考察してみよう。

ワルター（Wyatt-Walter, A.）は，地域主義とグローバリゼーションがともに免れがたい作用を世界にもたらすことを認める。その上で，この2つの傾向が現在のところ矛盾したものであるというよりは，共生的なものであると指摘する。例えば，近年，保護主義やマクロ・リージョナルな傾向が多くの面で顕著に見られるが，それ自体がグローバリゼーションへの対応であるに違いない。また，地域主義の潮流は，多国籍企業に対し，その地域の「内部者」になることを要請する。地域主義のそうした側面が，さらにグローバリゼーションを促進することになる（Wyatt-Walter 1995: 83）。

さらに，地域的な管理規制の強化は，逆にグローバリゼーションに修正をもたらし，それがスムーズに進行するよう陰で支えるものにもなる。例えば，ヒゴット（Higgott, R.）は，地域主義をグローバリゼーションと切り離された現象として見ることはできないことを明らかにしている。彼によれば，地域主義は市場のグローバリゼーションを前進させる能力のみならず，「それを管理し，遅らせ，統制し，規制あるいは緩和させる」能力に依存している（Higgott 2001: 128）。同様にヒベーム（Hveem, H.）も，グローバリゼーションと地域主義との多層的な関係に注目しながら，「地域的プロジェクトがグローバリゼーションを支え，強化し，拒絶し，阻止あるいは束縛する」と主張する（Hveem 2003）。いわば，地域主義のプロジェクトが妥当であるか否かは，それがグローバル・ガヴァナンスとグローバリゼーションの状況にいかなる関連性を持っているかに依存している（松下 2009: 183）。

(3) 国家原理を超えて：地域主義とグローバリゼーションの弁証法的発展

はたして地域主義は，国家原理を超えたグローバリゼーションに対して，国家に代わる規制枠組みを提示できるのだろうか。そうした可能性を検討するために，国家（または国家間関係），地域主義，グローバリゼーションの論理をそれぞれ比較してみることにしたい。

ワルターによれば，地域主義においては政治が経済を支配するのに対し，グローバリゼーションでは合理的な経済が非合理的かつ旧時代的な権力志向の国際政治を圧倒する（Wyatt-Walter 1995: 74）。またヘトネ（Hettne, B.）によれば，地域化された世界秩序とは，過去における主権国家中心の領土的論理が地域システムに適用され，拡大されることを意味する（Hettne 1999: 20）。こうした理解からすると，グローバリゼーションは国家原理に否定的であるのに対して，地域主義は国家原理に親和的で，その拡大と修正を含意していることになる。いずれにせよ，その実質的な発展プロセスは，市場の膨張圧力と政治的コントロールとの間の弁証法的関係に依存する。

もちろん，こうした発展プロセスにおいて国家の役割それ自体が消滅してしまうわけではない。国家は自己保存の欲求のために，グローバリゼーションに適応する道を模索している。こうした葛藤の場としての地域で，国家は地域主義をグローバリゼーションの競争圧力を緩和するために用いることができる（Pelagidis and Papasotiriou 2002）。しかし，たとえそうだとしても，地域主義を世界的文脈から切り離し，国家のみと関連づけることはできないだろう。

その意味で，地域主義とグローバリゼーションの関係を，より大きな世界的構造変化のプロセスの中で明らかにすることは重要な意味を持つ（Hettne 1999: 2）。地域主義は，さらなるグローバルな統合の道への「躓きの石（stumbling block）」にも「積み石（stepping stone）」にもなると考えられる。ヘトネは，「この２つのプロセスはグローバルな構造転換の長い同一プロセス内で接合されている。その結果は単線的発展よりも弁証法的発展に依存する。（略）リージョンは現れつつある現象であり，グローバリゼーション・プロセスの一部を漠然ながらも形成し，推進しているが，またそのプロセスに反応し，これを修正している」と述べている（Hettne 1999）。

ヘトネは，その先にある世界統一を見据え，それを単なるコスモポリタン的

理想にとどめることなく、そこへ向かうプロセスの途中段階として、現在のグローバリゼーションと地域主義の相克と総合を見ているのである。両者が相互依存的かつ弁証法的関係[28]にあるというのは、次第に広く受け止められつつある見方である (Väyrynen 2003)。地域協力の発展は、無制限なグローバル競争の否定的影響を緩和するのに役立つ。同時に、地域主義は狭いナショナリズムを克服し、市民社会をトランスナショナルなものに広げていき、それによって人々の価値観が収斂され、普遍的なものへと高められるかもしれない (Herkenrath 2007)。

ヘトネは、「グローバリゼーションとリージョナリゼーションは、実際にはグローバル構造が変遷する波の中にあり、同時に2つのプロセスを進んでいる」という (Hettne 1999: 2)。いずれにせよ、継続する国家システムと地域統合、そしてグローバリゼーションの波は、国際環境を変化させる3つの大きな力として同時に存在する。地域主義が現在の大きな流れを解明する鍵となるかどうかはまだ明らかではないが、少なくとも国家システムは過去を代表し、グローバル化する世界は将来を暗示しているといえる (蔡 2009: 160)。

現代のグローバル経済は依然として国家を主体としているが、それでも、グローバリゼーションがもたらす多国籍的な管理ネットワークの拡張は国際社会に絶えず衝撃を与えており、伝統的な絶対主権論を弱化させている (Holton 1998; Vernon 1991: 191-195)。地域主義は統合のプロセスを通じて、隣接する諸国の間で貿易や投資を促進すると同時に、規模の経済を通じて経済成長を刺激することから、実際多くの国がこの方向に倣わざるをえなくなっている (Lorenz 1991)。

(4) アジアにおける地域主義とグローバルな多国間主義の相互関係

地域主義への最大の批判は、それが内向きの閉鎖的な地域ブロックを助長し、世界大の自由化を阻害するおそれがあるということであった。域内のみでの自由化が域外差別の貿易転換効果をもたらす可能性があることは否定できないので、これはいかなるFTA形成に対しても域外国から出てくる批判である

---

28) グローバリゼーションの暴走を「飼いならす」ためには、地域統合の意識的・効率的な発展が要請される (松下 2009: 212)。

(山澤 2001: 13)。さらにブロック間の通商競争，覇権国による中小国家の支配，多角的な自由化への熱意の低下などの可能性から，地域主義は多国間主義の脅威になっていると指摘される。

　反面，地域主義を積極的に評価する見方は，経済ナショナリズムの抑制，経済的相互依存についての認識の共有の面で，地域主義は大きな貢献を果たしうるとの立場に立つ。国家が特定の地域の経済的な結束を強化すると同時に，他の地域・国家との連携も強化する戦略を追求していること，地域を横断した企業の連携が活発化していること，グローバルなメカニズムが引き続き重要な役割を果たしていることから，経済地域主義と国際システムの関係は緊張・対立の要因を内包しつつも，相互補完的な関係を維持しながら発展する可能性が高いと見られている（菊池 2004: 200-201）。

　では，アジアにおいて地域主義とグローバルな多国間主義はどのような相互関係にあるのだろうか。すなわち，東アジアのFTAネットワークは国際秩序にどのように関わるのだろうか。大矢根は，今後の国際経済秩序はWTOレジームを基軸としながらも，FTAをはじめとする地域的枠組み，国際的なOECDやサミット，また民間の取決めなどが重層的に関連したグローバル・ガヴァナンスをなすという（大矢根 2004）。これは，アジアにおいても同様である。多様化したFTAがWTOやNAFTA，EUを基準とするルールの収斂傾向を示す一方で，各FTAのルールが矛盾しており，対立や混乱が生じかねないという面もある。よく言われるスパゲティ・ボウル現象がそれである。

　アジアにおける地域構想は，こうしたガヴァナンスを展望し，ルール間の調整を示す必要がある（大矢根 2004: 66）。そうした中で，日本は地域主義政策を多国間主義と相互補完的な関係にあるものとして明確に位置づけている。すなわち，アジアにおける地域主義を究極の自由化の目標達成に至る1つのプロセスとして捉えている。FTAによって地域ごとに貿易・投資の自由化が実現し，それを徐々に拡大していくことで，グローバルな自由化を補完することを目指している。要するに，日本はFTAがWTOで十分カバーされていない分野で先行して新たな地域的ルールを作っていくことが（馬田 2001: 16-17），グローバルなルールの形成につながると捉え，FTA政策を進めている。

2 東アジア研究への貢献

次に,東アジア研究への貢献として,近年盛んに論じられている「東アジア共同体」の議論に対する本書のインプリケーションについて考えてみたい。

FTAに代表される地域主義の台頭は,アジア通貨危機後の東アジアにおける1つの潮流となっており,東アジア地域主義,さらには「東アジア共同体」の議論をも活発化させている。日本,中国,韓国,ASEANなどがFTA推進を掲げる中で,アジア地域においても「アジア共通の家」とも呼べる地域共同体の形成が必要ではないかとの認識が広がりつつある。

東アジアにおけるFTAは,アジア太平洋地域,東アジア全体,北東アジア・東南アジアなどの小地域,そして多数の二国間レベルといった様々な形態が議論されている。このようなFTAに代表される地域統合の拡大,深化,そして多様化の背景には,外的要因と内的要因が複雑に絡み合っており,同時に経済・政治・安全保障における様々な利益が交錯している。地域統合の促進要因や阻害要因を考える場合,こうした様々な側面に目を配り,それらの複雑な連関を紐解いていく必要がある。

例えば,FTAがグローバルなレベルで拡散しているにもかかわらず,日中韓の間には二国間FTAさえ存在しない。日中韓はFTAのみならず三国間の安全保障協力の機構も不在である点で,制度の真空地域ともいわれる(Calder and Ye 2004: 191)。その背景には,各国間の歴史問題や領土紛争,民族主義的対立,あるいは北朝鮮の核問題,南北朝鮮の問題,さらには米国がこの地域に強く関与し,排米的地域主義の台頭を牽制していることや,日中間,米中間の対立により確固たる地域的な政治的リーダーシップが不在であることなど,様々な要因が複雑に交錯している。

EUの場合を見ると,経済格差が大きい東欧諸国を統合する過程において,まず各国とのバイラテラルな関係を強化することで急激な統合に伴うリスクを減らすという政策がとられた(Davison and Johnson 2002: 10)。また,国際経済機構の影響力が漸進的に強化されるとき,その中で自由化を追求する国家間の地域共同体形成とFTA締結が促進されるという現象が見られる。すなわちこうした流れの中にも,グローバリズム,地域主義,バイラテラリズムが複雑に混在していることがわかる。

さらに，東アジア市場の統合は WTO での世界市場における貿易自由化への積み石（stepping stone）であるという認識が重要である。東アジア FTA は北米や欧州などの非加盟国に貿易縮小という負の影響を与える可能性もあり，そのような負の影響を解消するためには世界大での貿易自由化が有効である。東アジア FTA が閉鎖的なブロックを形成することで世界的な貿易自由化への障害にならないよう，日本および東アジア諸国は WTO での貿易自由化を積極的に推進するとともに，東アジア域外の国々とも FTA を締結することが必要である（浦田 2004: 28）。その意味で，今後の東アジア地域の経済秩序形成において，一貫して WTO をベースとした自由化推進を最優先の政策として位置づけてきた日本の役割は，ますます重要となってくるだろう。

　このような東アジアの FTA に対しては，経済学的，法学的，政策論的な議論が一般的で，その国内政治プロセスを丹念に追って分析した実証研究は稀である。特に，AFTA を除けば東アジア域内における初の FTA として象徴的な意味を持つ日星 FTA，および農産品を含めた本格的な FTA としての意義を持つ日墨 FTA について，その国内政治プロセスの側面に焦点を当てた実証研究は，これまで十分に行われてこなかった。今後の東アジアにおける FTA の中心的役割を担うと見なされる日本に関して，これらの FTA の交渉プロセスを明らかにする本書は，東アジアの経済秩序の構築を考える上で重要な意義を持つといえよう。

第3章　日本・シンガポール FTA の交渉過程

　第2章での分析枠組みを踏まえて，本章では日本とシンガポールの FTA（日星 FTA）の事例を実証的に分析する。日星 FTA は，日本が初めて締結した FTA である。なぜ，どのようにして，日星 FTA は締結されたのか。特に，どのアクターがこれを積極的に推進し，どのアクターが抵抗したのか。そして，抵抗はいかにして克服されたのか，という問いに注目する。これらの問いに答えるために，まず第1節では日星 FTA を促した国際環境要因を見る。次に第2節では，国内各アクターの選好と構図を説明する。そして，日星 FTA 締結へと至る交渉プロセスにおいて，各アクターが，どのような対立と協調のパターンを繰り広げたのかを検討する。

第1節　国際環境要因

　日星 FTA 締結に向けた交渉は，シンガポールが日本に対して FTA 締結を提案したことから始まった。そこで，この節では，まずシンガポールが日本に FTA 締結を提案した理由について，両国の経済関係と政治的背景という観点から明らかにする。次に，1997年のアジア通貨危機が日本の対アジア関与にどのように影響を及ぼしたのかを見る。最後に，日本の通商政策における主な要因である米国の地域主義に対する立場を考察する。

　このような国際要因を見ることは，変化する国際環境のダイナミズムの中で，特にどの要因が日本の FTA 政策に影響を与えたのかを理解する上で重要である。

1 シンガポールの FTA 戦略
(1) シンガポールにおける「FTA 重視」への転換

1999 年頃まで、シンガポールは、WTO を中心とする多角的貿易交渉を重視していたため、どの国とも FTA を締結していなかった。しかし、97 年のアジア通貨危機後、APEC 内で貿易自由化実施を巡って加盟国間および地域間の意見対立が表面化するようになって以来、域内貿易・投資自由化の「触媒」として、シンガポールは FTA を重視するようになった（木村・鈴木 2003: 92）。

シンガポールのゴー・チョクトン（Goh Chok Tong）首相は、99 年 9 月 14 日に行われたシンガポール初の二国間 FTA であるニュージーランドとの FTA （ANZSCEP: Agreement between New Zealand and Singapore on a Closer Economic Partnership）[1] の発表スピーチの中で、「この FTA は、二国間の貿易・投資を促進するためだけに必要とされているのではない」と述べた。そして、ゴー首相は、FTA は短期的な経済利益をもたらすだけでなく、それ以上に、より広範な地域全体での貿易・投資自由化を達成するための「触媒効果（catalytic effect）」を持つと強調したのである（Goh and Shipley 1999）。ゴー首相は、欧米中心で展開している世界貿易の仕組みに強い懸念を持っていた。特に欧州や南北米国諸国がブロックとして自由化を進めていく中で、アジアだけが取り残された形になっていることを憂慮し、二国間 FTA をその打開策として位置づけたのである（藤末・小池 2005: 80-81）。

また、シンガポールは、日本との FTA 締結に海外の投資家への「シグナル効果」を期待した。この頃、アジア通貨危機やテロリズムの深刻化を契機に、東南アジアが政治的にも経済的にも不安定な地域であると海外投資家が見なすようになっていた。シンガポールは、その結果として起こりうる自国への投資の先細りを危惧していた[2]。このような状況に置かれたシンガポールは、日本や米国[3] との FTA 締結が、海外投資家の信頼を回復する効果を持つと考えた

---
1) シンガポールとニュージーランドが APEC 会議直前に FTA 交渉開始の宣言を行ったのはインパクトが大きかったという。ASEAN の他加盟国からの批判的な意見にもかかわらず、FTA を推進したのはシンガポールの危機感の表れと捉えられる（藤末・小池 2005: 81）。
2) ASEAN との関係においては、アジア通貨危機後の経済・政治の現実に直面したシンガポールは、自国の経済的福利を向上させるためには、他の ASEAN 諸国からより独立して行動する必要があると考えるようになった（藤末・小池 2005: 82）。

のである（菊池 2005a: 53）。

シンガポールが FTA を重視するようになった要因について，ANZSCEP と日星 FTA の交渉にシンガポール側の主席交渉担当として直接携わっていたウン・ビーキム（Ng Bee Kim）は，2002 年 8 月，シンガポール国際企業庁（International Enterprise Singapore）で次のように発言している。「全世界的な FTA への傾向が強まる中，我々はそのゲームから取り残されてはいけないという危機意識を共有した」と前置きし，「すでに巨大な FTA である EU も拡大のプロセスにいた。アメリカ，カナダ，メキシコも NAFTA を持っていた。世界で一番巨大な FTA になりかねないアメリカ自由貿易地域（FTAA: Free Trade Area of the Americas）もあった。我々はこのような FTA の進展が我々の通商政策の改善に役立つと思った」，「FTA を結ばないとシンガポールの企業が深刻なダメージを受けるだろう」，「さらに，"戦略的なアングル" から，FTA は重要であった」と述べている（Ng 2002）。

(2) 日本との FTA 締結の背景

日星 FTA 締結の背景として，両国の経済関係を見ておきたい。日本とシンガポールは，互いにアジアにおける重要な貿易・投資上の相手国であり，FTA に対する期待はもともと大きかった[4]。貿易面に関して，日本の財務省貿易統計を見ると，2001 年の日本からシンガポールへの輸出額は 147 億 8,100 万ドルで輸出相手国第 7 位（日本の輸出総額に占める割合は 3.7％），同年の輸入額は 54 億 1,100 万ドルで輸入相手国第 18 位（日本の輸入総額に占める割合は 1.5％）となっている。これをシンガポール側から見ると，輸入相手国として日本は第 3 位，輸出相手国としては第 4 位となる。

このように，両国は互いに重要な貿易相手国であるが，他方，農産品に関し

---

3) シンガポールのジョージ・ヨー（George Yeo）通産相は米国との FTA に対して「過去のどの FTA よりも誇りに思う」と述べている（『朝日新聞』2002 年 11 月 24 日）。

4) 例えば，シンガポールの *The Straits Times*（2002 年 1 月 14 日）は，1 面記事で「日本，シンガポール，画期的な貿易協定に署名」との記事を掲載している。ゴー首相は，同協定の締結について，「前向きで，地域協力のモデルとなりうる。日本とアジア域内の他国との間での同様な協力を促すものとなるだろう」と述べている。*The Business Times*（2002 年 1 月 14 日）も 1 面記事で「日本との協定は当地サービス企業を助け，困難を乗り越えさせる」とする記事を掲載した。

ては貿易関係が薄い。シンガポールからの日本の輸入総額における農産品（食料品[5]）の比率は4.6％（2001年）であり，日本の農産品の総輸入額の0.6％に過ぎなかった（青木・馬田 2002: 287）。

シンガポールは自由貿易国であり，農業分野を持たないため，仮にFTAを締結したとしても国内産業調整のコストを支払う必要はなかった[6]。また，シンガポールとFTAを締結する相手国にとっても，FTA締結の際に障害となりやすい農産品を輸入する必要がないため，FTAを締結しやすい[7]。日本が初めてFTAを締結する相手としてシンガポールを選んだ理由もここにあるといわれている[8]。

ゴー首相は日星FTA合意の場で，「日星FTAは日本と地域の経済の統合への触媒になりうる。日本の経済プレゼンスをASEANにつなぎとめることができるであろう」と発言している[9]。すなわち，シンガポール政府は，FTA締結によって，締結相手国をASEAN地域につなぎとめることができると考えたわけである。そして，日星FTAは明らかにそのようなインパクトを持っていた。

シンガポールが世界のFTAのハブ国を目指して，積極的にFTA交渉を展開[10]した時期は，ちょうど日本がFTAを重視し始めた時期と重なった（石原 2004）。世界経済のFTA潮流への遅れを取り戻そうとする日本と，自国を含むアジア地域の発展を目指すシンガポールとの利害が一致したのである（藤末・

---

5) 「食料品」は財務省『貿易統計』の定義による。
6) 実際には，ビール2品目，サムスー（焼酎のようなアルコール飲料）の2品目にのみ，国民の健康を維持するという目的で輸入関税を課している。
7) 実際には，シンガポールは金魚の養殖が盛んであり，日本の金魚の産地である大和郡山市を中心として，FTA締結に対する反対論があったといわれている（吉野 2004: 91）。日本はこの交渉で農業と金魚を除外した。
8) 日星FTAを通じてAFTAとの関係強化の可能性が生まれるというメリットを強調する論者もいる（谷口 2004: 30）。
9) 外務省関係者に対する筆者のインタビュー，2007年12月8日。
10) シンガポールは2001年12月，ゴー・チョクトン首相の指示で政府レベルの経済再検討委員会（ERC: Economic Review Committee）を設置し，経済全般における構造調整と今後の進路に関する方案を模索してきた。ERCはリー・シエンロン（Lee Hsien Loong）副首相兼財務大臣が議長になり全部局レベルで作成され，2004年2月，「新たな挑戦と目標——ダイナミックなグローバル都市に向けて（New Challenge, Fresh Goals—Towards a Dynamic Global City）」という国家戦略報告書を発表し，FTA推進戦略を含む2018年までの中長期的な国家ビジョンとシンガポール経済の青写真を提示していた（リ 2005: 243）。

小池 2005: 82)。

　シンガポールが特に日本と FTA を締結しようとした意図としては，次の2点が重要であろう。第1に，シンガポール政府は何よりも中国の影響を排除し，独自の外交政策を展開するため，日本との FTA 締結に強い意欲を持っていたといわれている[11]。それは，リー・クアンユー（Lee Kuan Yew）・シンガポール上級相の日星 FTA に対する次のような発言からも窺える。

> 中国の WTO 加盟後は，中国製品の日本市場流入に拍車がかかる。しかし，新協定ができればシンガポールは引き続き対日輸出で優位を保てる[12]。

中国に対する警戒は，ゴー首相の発言にも見てとれる。

> 心がけているのはつまり前例を示すということに尽きる。ASEAN 諸国はいまだに金融危機の後遺症に苦しんでいる。世界は待ってくれないから，直接投資はどんどん中国などに移転している。この際，投資家サイドの国に自分を縛りつけて，彼らの関心をつないでおかないといけない。先行して前例を作っておく必要がある[13]。

　第2に，シンガポールは，シンガポール版ハブ・アンド・スポーク方式（Hub and Spokes System）による FTA のネットワーク形成を目指していた。特に，日本との関係について，シンガポールは，日本の経済力低下と東南アジアへの投資意欲の減退を懸念していた（宗像 2001）。シンガポールは，地域における米国，日本，中国のバランスを維持するために，日本のプレゼンスを維持したいと考えていた[14]。

　ゴー首相は当時，日経ビジネスとのインタビューで，日星 FTA の締結について「故小渕恵三前首相に提案したのは私だし，この2年，日本から日本経済

---

11) 前掲，外務省関係者に対する筆者のインタビュー。
12) 『日本経済新聞』2001年9月6日。
13) 『日経ビジネス』2001年1月15日：42。
14) 前掲，宗像 (2001) より引用。

団体連合会(経団連)などの使節団が来るたび,FTA が必要だと強調してきました」と語っている。その理由として,「シンガポールや日本のように貿易で立つ国に WTO の交渉は大切である」としながらも,WTO は「いかんせん時間がかかりすぎる。何か決めるとしてもそれぞれ事情を汲むから,低いレベルで合意せざるを得ない。貿易の世界は今,追い越し車線と走行車線に分かれてきていて,日本やアジアだけが遅い走行車線を走っている。ASEAN には FTA ができようとしているのだから,気づいてみれば日本だけが蚊帳の外,っていうことになる。"日本も速い方にお移りなさい" と,私が押した」と述べている[15]。

こうしたゴー首相の提案に対し,小渕首相は,「どこかよその国と自由貿易協定を結ぶなら,日本の国内経済が変わるね。その変化の触媒に,シンガポールがなってくれるんだね」と応じ,ゴー首相は「どうぞ実験の触媒にうちの国をお使いください。小さい国ですからご心配は無用です」と語ったという[16]。

さらにゴー首相は,「シンガポール外交の基本は小国であるということ」であり,「平和で安定した国際環境抜きに,生きてはいけない小さな国」,「だから小国なりに,そういう環境をいかにすれば作れるかと考えざるを得ない」,「日本がいきなり大戦略を描き出したらみんな警戒するでしょうが,幸いこんな小さい国が大きな話をしても誰も恐がらない。それがわが国のいいところ」であると語っている。

2 アジア通貨危機

1997 年にタイから始まったアジア通貨危機は,シンガポールと日本の FTA 締結へ向けた動きに対して,次の 2 つのインパクトを与えた。

第 1 に,アジア通貨危機以前には,政府が経済活動に関して大きな役割を果たすアジア型モデル,あるいは雁行型経済モデル(小原 2005: 31)[17]がアジアで

---

15) 前掲,『日経ビジネス』2001 年 1 月 15 日:42。
16) FTA が貿易のみならず国内経済の構造変革をもたらすことを理解し,前向きに対処していこうという意図が窺える(藤末・小池 2005: 82)。
17) 日本の奇跡といわれた復興・発展に次いで,東アジアでは韓国,台湾,シンガポール,香港の新興工業経済地域(NIEs: Newly Industrializing Economies)の成長に,タイ,インドネシア,マレーシアといった一部の ASEAN 諸国が続き,最後に中国が改革・開放を軌道に乗せて高成長を開始し,いわゆる雁行型発展によって東アジア全体が経済成長に向

一定の評価を得ていた[18]。しかし，アジア通貨危機でそれが一変した。そして，日本政府関係者の間では，このモデルに対する懐疑論が出てくるようになった[19]。

第2に，アジア通貨危機後，日本はアジア諸国に積極的な支援を行ったが，それを契機として，アジアに対する日本の貢献がより求められるようになった[20]。アジア通貨危機に際して，日本はアジアの経済大国として大きな役割を果たした。例えば，日本はIMFを通じた支援のほかに，「新宮沢構想」[21]を98年に表明したのをはじめ，「経済構造改革支援のための特別円借款」[22]等を含む総額800億ドルの支援を行った（谷口 2004: 22-23）。

この点に関して，当時通産省の通商政策局長だった今野秀洋は次のように語る。

　　　日本の政策決定は非常に時間がかかるが，あの時はすごく早かった。日本のマスコミも政治家もアジアのことになると，積極的に支援すべきと声をそろえた。同時にアジアからも日本のイニシアティブは非常に歓迎された。日本の国内からも，国外からも非常に歓迎された。日本はもっとアジアに貢献することを非常に求められていた[23]。

87年のAPEC構想の議論の際に，外務省が戦争の記憶を挙げ，日本のイニシアティブに反対したことからすると，大きな変化であった。アジア通貨危機を経て，アジアにおける日本の役割が増すことに対する近隣諸国の抵抗感は，日本に対する期待へと変化し，これに伴って日本の姿勢も変化したのである

けて離陸した（小原 2005）。
18) 日星FTA締結に実際に携わった外務省高官に対する筆者のインタビュー，2007年11月27日。
19) 同上。懐疑論の詳細については，前掲書，小原（2005: 36-40）を参照のこと。
20) 「アジア通貨危機によってASEAN側の日本を見る目が変わった。心理的バリアーを取り除く機能があった」（経産省関係者に対する筆者のインタビュー，2007年11月22日）。
21) インドネシア，マレーシア，フィリピン，タイ，韓国の5カ国に対し，総額300億ドルに及ぶ支援を供与する構想のことである。
22) IMF，世界銀行がインドネシア，タイ等を支援するために課したコンディショナリティである経済構造改革のために行った支援のことである。
23) 今野秀洋・元経産省通商政策局長に対する筆者のインタビュー，2007年12月7日。

(宗像 2001: 97)。

さらに,99年1月20日,森喜朗首相は衆議院本会議で,「円を国際通貨として強化するために,ユーロ通貨統合や,米国とカナダあるいはメキシコとの自由貿易圏と同様な仕組みをアジアでも考えることは,現状ではそう簡単なことではないこと」と認めながらも,「この際,アジアにおいても,新世紀に向けて,共存の基盤を隣人と築くため,自由貿易協定や自由貿易圏を検討してもいいのではないか。この機を逃してはならない」と発言した[24]。これらの点から,アジア通貨危機を経て,日本はアジアにおける地域的な自由貿易圏の形成に積極的な態度をとるようになり,その「触媒」としてシンガポールとのFTA締結に向かった[25]と考えることができる。

3　地域主義に対する米国の立場

米国の通商代表部(USTR: United States Trade Representative)のロバート・ゼーリック(Robert Zoellick)代表は,2002年4月バンコクの記者会見で,地域主義に対する米国の立場を明らかにしている。彼は,すべての国家が多様なレベルで(on multiple levels),また多様な方式で(in multiple ways) FTAを拡散すべきだと表明した。ここでいう「多様なレベル」や「多様な方式」という言葉には,二国間FTAと地域主義的経済統合方式が含まれていると考えられる。また,米国は,ASEAN諸国が中国や日本などの地域内の国家と二国間自由貿易関係を結ぶことや,ASEAN国家同士のAFTAを発展させていくことに賛成の立場を明らかにした[26]。

その理由として,米国は,東アジア諸国がFTAを域内で拡散させていけば,それらの国家とFTAを締結する機会が米国にも生まれ,自由貿易を均一に享受できるという点を挙げている。このような米国の立場の背景には,2003年9月のWTOカンクン閣僚会議の失敗があった。カンクン会議は,農業補助金削減問題[27]などを巡る先進国と途上国の間の対立によって合意なく終了した。加

---

24)　「衆議院本会議議事録」1999年1月20日。
25)　同上。
26)　一方で,東アジアの枠組みの中で,日本やASEANが中国を牽制する構図は米国の国益にもかなうとの見方もある(鳥海 2004: 115)。また,日本が,EUにおける英国のように,米国との調整役を担うと見る識者もいる(榊原 2005: 23)。

盟国が146カ国に膨れ上がったWTOで，全会一致によるルール作りをすることの限界が露呈した形となった。このような機能不全は各国のWTO離れを助長し，米欧はFTA重視の立場をとるようになったのである。ゼーリックUSTR代表は，「交渉の場はWTOだけではない」[28)]，「米国は待ちはしない。我々は，できる国との間で自由貿易に向かって進む」[29)]と発言し，中南米諸国のみならず，東アジア諸国に対しても，FTA交渉を積極的に行うことを表明した。米国にとって，FTAは「提供すればアメとして，拒めばムチとして使える便利な道具」[30)]であって，友好的な外交ツールとして認識されていた。

では，このような国際環境の下で，従来の日本国内の各アクターはどのような選好を持っていたのか。各アクターは，どのような対立と協調の関係にあったのか。以下では，それぞれのアクターの選好と構図を明らかにする。

第2節　各アクターと構図

1　各アクター

日星FTA交渉プロセスにおける国内アクターとして，本書では以下を挙げる。

(1) 外務省

外務省は，日星FTA共同検討会合の共同議長兼総合調整の役割を担っていた。すなわち，FTA交渉を総合的にまとめる役割であった。同省は，早い段

---

27) 途上国側は，欧米が農家に出している補助金によって途上国の農産物の輸出が妨げられていると主張して，その撤廃や引き下げを求めたが，欧米は強く反対し，交渉はまとまらなかった。欧米が国内補助金によって農業保護を実施しているのに対して，日本は，「水際での農業保護」，すなわち，食料自給率の維持や地域農業を支える基幹作物の保護などの観点から，輸入農産物に高い関税をかけることによって農業を保護してきた。例えば，コメは関税相当量で49%，落花生は500%，こんにゃく芋は99%など200種類にも及ぶいわゆる「高関税農産品」が存在する。日本はその一律引き下げに強く反対しているが，欧米からも批判を受けており，国内でも，水際での保護を転換して欧米型の補助金による保護を目指すべきとの意見も出ている（小原 2005: 76, 319）。
28) 『日本経済新聞』2003年9月24日。
29) Hiebert (2003: 19)
30) 『日本経済新聞』2005年3月30日。

階で省内の意見の対立をうまく調整し，経産省とともに FTA 推進に乗り出し，強いリーダーシップを発揮した。

(2) 通産省（経済産業省）

通産省は，外務省とともに日星 FTA 共同検討会合の共同議長であった。同省は，日星 FTA の交渉の初期段階に FTA をいち早く提案し，イニシアティブを発揮した。外務省同様，省内における意見対立は激しかったが，その対立は徐々に緩和されていった。

(3) 農林水産省

農水省は，日星 FTA 共同検討会合においては共同議長ではなく，課長レベルが参加していた。シンガポールとの間では，農産物の貿易関係は薄かったからである。同省は，農業問題に触れないのであれば FTA 推進もありうる[31]と考えており，慎重な立場ではあったが，日星 FTA においては全面的に反対はしなかった。

(4) 首相官邸

官邸の調整能力はシンガポールとの交渉では登場しない。後に，メキシコとの FTA では官邸が主導していった面もあるが，シンガポールとの交渉においては全くそうした面は見られないといってよいだろう。

(5) 日本経済団体連合会

経団連は，日星 FTA においては，直接の経済的利害関係がなかったため登場しない。経団連内部には，経済的メリットのないシンガポールと FTA を結ぶことについて，疑問を持つ人が多かった[32]。「タイ，マレーシア，インドネシア等の次につながるステップとしては重要だが，シンガポールだけのつもりなら意義が見出せないというのが経済界の率直な意見」[33]であったという。た

---

31) 農水省高官に対する筆者のインタビュー，2007 年 11 月 9 日。
32) 経団連関係者に対する筆者のインタビュー，2007 年 11 月 14 日。
33) 同上。

だ，FTA推進への雰囲気作りは水面下で進行していた。

(6) 自由民主党農林水産物貿易調査会

　自民党農林水産物貿易調査会は，農水省とほぼ同様の立場であった。しかし，農水省よりもFTA推進に対する警戒感は強かった。後の交渉過程で，シンガポールが農産物における最小限の譲歩を要請した際，農林水産物貿易調査会はこれに抵抗した。しかし，全面的にFTA反対とは言わず，「FTAはやってもいいが農産物の自由化は反対」[34]との立場だった。

(7) 全国農業協同組合中央会 (JA全中)

　JA全中は，シンガポールから日本への農産品輸出はほとんどなかったため，登場していない。JA全中のFTA担当者は，「シンガポールとのFTAにはあまり関心がなかった。農業と関係のない国だし，WTO交渉に影響を与えない範囲であれば問題ないのではないか」[35]との認識で，「シンガポールとのFTAに関してはほとんど何も言わなかった」[36]としている。そのような立場で傍観していたというのが正しいだろう。

(8) 世論

　日星FTAにおいて，世論はFTA交渉を進めるドライビング・フォースにはなっていない。

2　構図

　上記の国内各アクターの日星FTAにおける構図は，以下の通りである（図3-1参照）。では，これらのアクターは，日星FTA交渉プロセスにおいてどのような行動パターンを見せたのだろうか。特に，各アクターの対立と協調のパターンがどのように繰り広げられたのかに注目する。

---

34) 元経産省高官に対する筆者インタビュー，2007年12月7日。
35) JA全中農政部関係者に対するインタビュー，2007年11月12日。
36) 同上。

図 3-1　日星 FTA 交渉における構図

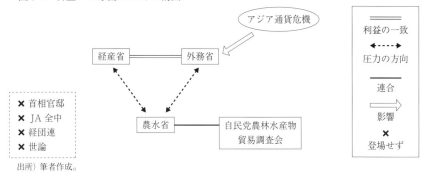

出所）筆者作成。

第 3 節　日本・シンガポール FTA 締結へのプロセス

1　経緯

(1)　**予備期**（1998 年 7 月〜1999 年 11 月）：通産省のイニシアティブとマルチ派・FTA 派の対立

① 　**通産省官僚のイニシアティブ**

　1998 年 7 月，通商政策局の今野秀洋局長と，彼を補佐した総務課の宗像直子課長補佐らが，通商政策局に設置された通商政策企画室に集まった。そこでは，各国における FTA の考え方，運用法が調査・検討された。すなわち，世界の地域経済統合の動向やそれらのメリットおよびデメリット，日本にとっての選択肢などが検討されたのである。そこでの議論では，地理的に近接し，すでに日本との緊密な分業構造が築かれているアジア諸国が FTA 締結の相手として最も自然な相手として想定されたが，具体的な政策提案に直接的に結び付くものではなかった（宗像 2001: 100）。というのも，日本経済が低迷していることと，欧米経済が復活した際に FTA などの地域的協定が活用されたという 2 つの点が念頭にあったためである。日本が多国間主義志向を強めている間に，欧米は逆方向に進んで成果を挙げたことにかんがみ，その意味での「遅れ」を憂慮していた。宗像課長補佐は当初メキシコとの FTA 締結を意識していたが，アジアの今後を考えると「FTA を中心にしたアジア外交」という方向性もあ

るのではないかと考えていたという[37]）。

　同年9月，通商政策局・貿易局連絡会議において，産業調査員が各国のFTA理念の捉え方，運用法などを報告し，日本の「遅れ」を印象づけた。そこでは「GNP 30位以上の国のうち地域的協定に属していないのは，中国と韓国，日本のみ」というレトリックが多用されていた[38]）。会議の1週間後，畠山襄日本貿易振興会（JETRO）理事長は，与謝野馨通産相に対して，メキシコ政府からFTA締結要請があることを伝えた。

　10月5日には，通商政策局が初めて内部文書「戦略的通商政策の推進（地域経済協定の位置付け）」をまとめた。通商政策局での内部文書「地域経済協定について」では，「多国間交渉」と並行して「二国間・地域協定」を重視する姿勢が明確にされた[39]）。関税をゼロにするFTAが世界に約160も存在するとし，日本においてマルチルールの重視は「不変」としながらも，地域経済協定が「マルチルールの拡大・高度化を促進」[40]）するものと位置づけられた[41]）。

② 通産省におけるマルチ派とFTA派の対立

　しかし，このような内容の「戦略的通商政策の推進」は，通産省内部でも対立を巻き起こした[42]）。それまで通産省では，地域主義や「FTAはタブー」[43]）であった（荒井ほか2000: 40）。GATT以外の枠組みは検討すらされてこなかった。省内では，FTAは自由無差別な自由貿易に反するものであるとする反対の声が強かった[44]）。

　当時のマルチ派は，通産省時代の通商政策局国際経済部であり，後に経産省

---

37) 前掲，外務省高官に対する筆者のインタビュー。
38) このレトリックは当時の畠山JETRO理事長が最初に考案し，通産省に提出したものであった。畠山襄・元JETRO理事長（現財団法人国際経済交流財団会長）に対する筆者のインタビュー，2007年12月6日。
39) 日韓FTA構想を契機として日本の政策的考え方に大きな変化がもたらされ，その後FTAとその他の経済統合についての様々な構想が，日本においても議論されるようになった。
40) 『朝日新聞』1998年12月13日。
41) この時期は日本の通産省幹部が「EUやNAFTAの両地域では，当初のブロック化の懸念は薄れ，むしろ貿易・投資の自由化に役立っている」と判断，「地域協定不参加の原則を見直そうとした時」であったと報道されている。『朝日新聞』1999年1月7日。
42) 前掲，元経産省高官に対する筆者のインタビュー。
43) 荒井寿光・元通産省通商産業審議官のシンポジウムでの発言による。
44) 前掲，経産省関係者に対する筆者のインタビュー。

になってからは通商政策局国際機構部となった。FTA 派は，当初，そのような部局を持たなかった。通商政策局総務課に通商政策企画室[45]がありそこがFTA の動向を拾っていた[46]。後に，通商政策局地域協力課が FTA の動向を検討するようになり，この課がのちに経済連携課となった。通産省内部でもマルチ派と FTA 派の対立は有名であり，「宗像（FTA 派）―中富（WTO 派）対立」と称されるほどであったという。

③ 外務省におけるマルチ派と FTA 派の対立

外務省内のマルチ派は，経済局の国際機関第一課という WTO 担当部局であった。当初は FTA 推進部局があったわけではなかった[47]。

外務省における FTA 部局の設置は，一本の電話からだった。野上義二外務審議官がジュネーブに出張中の宮川眞喜雄経済局開発途上地域課課長に電話をかけ，シンガポールとの二国間協定の検討を開始すべき時期に来ているのではないかという考えを伝えたのである[48]。宮川課長は帰国後，経済局の開発途上地域課（開発途上地域課は発展途上国との経済関係を担当する部署で多くの課員を抱えていた）の中にわずか 3 名の FTA チームを作った[49]。この開発途上地域課が，のちに経済連携課になった。

当時，外務省内で特に懸念されていたのは，FTA に対してこれまで日本がとっていたポジションとの整合性をどう図るかということと，日米関係の 2 つだった。前者に関しては，90 年代の日本は，他国による FTA 締結を牽制する目的から，FTA の WTO 上の根拠条文である GATT 第 24 条の「実質的に全て（substantially all）の貿易」の厳密な解釈を求めていた。しかし，日本が FTA を締結しようとすれば，農業の自由化が困難なこともあり，この解釈は柔軟にする必要があった。

外務省内においては，このような急激な変更に対して通産省以上に抵抗があった。それは，外務省関係者の次のような発言からも窺える。

---

45) 宗像課長補佐もここに所属していた。
46) 関沢洋一・元通商政策局調査員に対する筆者のインタビュー，2007 年 11 月 22 日。
47) 同上。
48) 日本政府高官に対する筆者のインタビュー，2007 年 11 月 26 日。
49) 同上。

省内の問題に関して，GATT との整合性を保つべしという点である。GATT の場で日本政府は，よその自由貿易協定を批判してきて，その過程で，「実質的に全て」を厳しい基準で考えるべきと主張してきた。そのつばが今，自分にもかかりつつある。それをどう打開するかが問題である[50]。

以上のように，日星 FTA の予備期においては，省庁間の対立よりも，省内におけるマルチ派と FTA 派の対立のほうが重要であった。

(2) **前半期（1999 年 12 月～2000 年 10 月）：宮沢蔵相の説得と田中局長のイニシアティブ**
① 日星 FTA 共同研究会におけるマルチ派の反対

1999 年 12 月，小渕首相とゴー・チョクトン首相の会談が東京で開かれた。この会談で，ゴー首相から両国間の FTA 検討の提案があり，共同研究を行うことが合意された。しかし，この合意は外務省にとっては予想外のことであったという[51]。その背景には次のようなことがあった。

まず，外務省側が米国の某エコノミスト（政府への影響力大）に，日本がアジア諸国と FTA を進めることの可否につき照会したところ，米国政府部内でも異論はないのではないかとの返答であった[52]。これを受け，ゴー首相の FTA 研究開始提案に対する日本の対応方針に関する決済書が一晩で起案された。そこでは，以下の 5 点が指摘されていた[53]。

・シンガポールは我が国にとって重要な輸出・投資市場であること
・シンガポールは所得水準や経済の自由化度が高く政府機能も先進的であるため，経済統合の様々な方策を検討し地域統合のモデルとなる協定を締結することが可能であること
・シンガポールは高度のビジネスインフラの整備等を進めており，我が国の国

---
50) 経団連国際協力本部（2000）。
51) 前掲，日本政府高官に対する筆者のインタビュー。
52) 同上。
53) 日本政府高官に対する筆者のインタビュー，2007 年 11 月 21 日。

内制度改革への刺激になる可能性があること
・最初の二国間協定であることから失敗は許されないが，両国間の貿易においてセンシティブな品目が少なく協定締結の実現可能性が大きいこと
・「戦後」の克服の一環として，大きな被害を受けたシンガポールは避けて通れない相手，等の理由から，共同研究会開始を合意すべきとのこと

　しかし，この決済書（案）を河野洋平外相にはかろうとしたところ，大臣秘書官がマルチ派であったこともあって，なかなか外相との面会時間がとれなかった[54]。ようやく時間がとれて外相の判断を仰いだところ，河野外相もWTO重視派で共同研究開始に反対した[55]。
　その背景には，新ラウンドを立ち上げる舞台となるはずだったWTOシアトル閣僚会議が予想に反して失敗に終わったことがあった。外務省のWTO担当部局には，WTOが危機的状況に陥った中で，日本までがFTAに進む意思を表明すれば，WTO体制を本当に破壊しかねないという強い懸念があった[56]。こうした懸念は外務省だけではなく，通産省の幹部からも表明されていたという。
　結局，日本側の回答は「WTOの動向を見ながら適切なタイミングで共同研究の開始を検討する」とすることで落ち着いた（小原 2005: 70-71）[57]。ゴー首相の訪日においては，通産省と外務省の事務レベルでは，現時点でFTA交渉をシンガポールと行うことにはコミットせず，両国の間で「共同検討会合」を開くことで対応することになった[58]。これで，政府部内の意思統一は，いったん図られたのである[59]。

　② 巻き返し：宮沢蔵相が河野外相を説得
　ところが，首脳会談，外相会談の前に行われた蔵相会談で，宮沢喜一蔵相

---

54) 同上。
55) 同上。
56) 同上。
57) 通産省のFTA担当者は，まず韓国，次にメキシコとFTAを進めることを想定していたが，1999年の年明けに公式にシンガポールから通産省幹部に対してFTA締結の打診があり，これが方針を変えることになった。
58) 日本政府関係者に対する筆者のインタビュー，2007年11月20日。
59) 日本政府高官に対する筆者のインタビュー，2007年11月27日。

は,「新ラウンドを気にせずに共同研究を開始すれば良いではないか」と発言した。そして，宮沢蔵相は河野外相を説得した[60]。河野外相は同じ派閥の年長者である宮沢蔵相の言葉に逆らうことはできず[61]，不本意ながらも了承した。そして，これが首脳会談での合意につながったのである[62]。

当時，同じように民間研究が進んでいた日韓FTAに関しては，外務省の担当局長が反対していたため，政府間の共同研究に進む目処が立っていなかった[63]。他方，通産省内部の対立については，省内の幹部の判断により，最終的にはシンガポールとのFTAについては前に進めるということで，とりあえずの決着[64]がついた。

ここから見えてくるのは，日本がFTA推進に舵をきったのは，多分に偶然の産物であったということである。宮沢蔵相の説得がなければ，日本のFTA政策の起点はもっと遅れていたかもしれない[65]。

③ 通産省内・外務省内の対立

99年12月，小渕首相とゴー・チョクトン首相との首脳会談において，ゴー首相より両国間のFTAを検討することが提案された。そこで，両国間のFTAに関する諸方策を検討する共同研究会を設立することが合意された[66]。会談でゴー首相は「自分は物の移動を中心とした伝統的なものを考えていない。重点は，サービス貿易，情報・技術，教育，留学生交流などである。自分はこれを

---

60) 前掲，日本政府高官に対する筆者のインタビュー。
61) 前掲，元経産省高官に対する筆者のインタビュー。
62) 外務省高官に対する筆者のインタビュー，2007年11月21日。これに関して，シンガポールの代表的な新聞である *The Straits Times* は，ゴー首相が提案した日本とのFTAのアイディアはWTOの多国間貿易システムを補完するものとして深谷通産相からも支持され，また特に河野外相が属する派閥の，かつての領袖であった宮沢蔵相が，ゴー首相の提案を積極的に支持したことを伝えていた（*The Straits Times* 1999: 1）。
63) 同上。
64) 同上。
65) 同上。
66) 日本の通商政策の決定においては，産業界や学界からの提言などを参考にしながら官が単独で行う場合が一般的であるが，日星FTAの政策決定においては，両国の産業界と学界が正式な形で議論に参加したことが画期的である。そのような形で政策決定が行われたことで，斬新なアイディアが出されただけでなく，産業界や学界が正式に政策決定に参加しながら，その議論をメディアや他の場所でも共有したことにより，多くの人々の関心が高まった。重要な政策シフトの決定にあたって，産官学による共同検討会が1つの有効な手段であることが示されたといえる（浦田 2002a: 78）。

"新時代の自由貿易協定（New Age Free Trade Agreement）" と呼ぶ」[67] と述べていた。

この提案に対し，通産省内部でも賛否両論があった。第1に，シンガポールとFTAを締結することは，実利という観点から見ればほとんどメリットがなかった。シンガポールの産品の大部分にはすでに関税が適用されておらず，シンガポール側が新たに関税を撤廃する必要があった品目は4品目にとどまっていた。産業界からも具体的な要望はなかった。このため，通産省内部でもその必要性に対して疑問が呈されていた[68]。

第2に，WTOとの関係が危惧されていた。日本は，日米間の通商摩擦に対処する中で，WTOを中心とするマルチラテラルなルールに依拠した通商政策を打ち出していた。この日本のスタンスは，95年のWTO成立を契機にさらに強固になっていた。通商政策局は，ウルグアイ・ラウンドに続く新しいラウンドを立ち上げるべく，省内外への働きかけを行っており，シアトルのWTO閣僚会議は，このラウンド立ち上げの場であると注目していた。当時，日本は，FTAがWTOの基本理念の1つである最恵国待遇に反することから，先進国の中では唯一FTAを締結していなかった。通産省内のWTO担当者は，日本までもがFTAに乗り出せば，新しいラウンドの立上げを阻害するだけでなく，WTO体制を危うくするのではないかという危機感を抱いていた（関沢 2006: 33）。これに対し，通産省のFTA担当者は，FTAが浸透していなかった東アジアにおいて，シンガポールと韓国がFTA推進へと舵をきることが明らかとなった以上，日本が後れを取るべきではないという意識が強く働いていた（関沢 2006: 33）。

98年から99年にかけての『通商白書』の記述の変化に見られる通り，FTAに対する政府の公式見解は前向きなものとなっていった。しかし，通産省内部においては，依然としてWTO交渉の担当部局とFTA推進部局において深刻

---

67) 日本がアジアとのFTAを結ぶことを「第3の改革」として見る見方もある。第1の改革は，黒船来襲で，江戸の鎖国が終わり，西欧型の富国強兵・植産興業を行った改革である。第2の改革は，第二次世界大戦後にGHQが農地改革や税制改革を行ったことであり，どちらも欧米の圧力による改革であった。しかし，第3の改革は，外からのプレッシャーだけではなく，中からの自発的な開放によって行われる改革であったという（伊藤元重東京大学教授のコメントによる）。

68) 経産省関係者に対する筆者のインタビュー，2007年11月22日。

な対立状態が続いていた[69]。この点は外務省も同様であった。

④ 大島審議官の提案

そこで，外務省の大島正太郎経済担当審議官は，若い役人たちはこれまで「ガット・ロジー（GATT-logy）」，すなわち GATT 中心主義で歩いてきたために勉強の必要があると指摘し，外務省と通産省の若年層の官僚たちで勉強会を開くことを提案した[70]。勉強会は幾度も開かれることになった。はじめは外務省，通産省の官僚だけであったが，その後，大蔵省，農水省の若手も積極的に勉強会に参加するようになった。勉強会は回数を重ね，その度に報告書が提出された[71]。回を重ねるうちに，参加者たちの間では，FTA はいけないものでもなんでもなく，自分たちの意識の中でタブー視していただけだったということが共通認識になっていったという[72]。彼らは，なぜ FTA をタブー視していたのかを考え，それが戦前のブロック主義の失敗の教訓として，50 年もの間避けられ続け，自分たちが受動的となっていたためだという結論を導いた。そして，FTA 締結に向けて主体的になるべき時期となったのではないかという認識に変わったという[73]。

このように，官僚の中で少しずつ FTA を議論することに対するタブー視が薄れていき，締結に積極的になっていったのである[74]。

⑤ 田中外務省経済局長のイニシアティブ

2000 年 3 月から 9 月の間，日本・シンガポール両国の政府関係者，学者および経済界関係者 25 名による産官学の共同検討会合[75]が計 5 回開催された。

---

69) 同上。
70) 前掲，元経産省高官に対する筆者のインタビュー。
71) 同上。
72) 同上。
73) 同上。
74) 同上。
75) 共同会合メンバーとして，日本からは通産省の梅原克彦地域協力課長，外務省の宮川眞喜雄開発途上地域課長，大蔵省の御厨邦雄国際調査課長（以上 3 省が共同議長），農水省の高橋徹貿易関税課長，運輸省の波多野国際企画課長，園田良一国際企画課長，郵政省の山田俊之国際協力課長，田中健二国際協力課長，経済企画庁の宮崎修二経済協力第二課長，金融庁の河野正道国際課長の 10 名，学界から伊藤元重東京大学経済学部教授，浦田秀次郎早稲田大学教授，小川英治一橋大学商学部教授の 3 名，産業界から篠原興預金保険機構理事，長谷川康司トヨタ自動車株式会社常務取締役の 2 名が参加した。
　　シンガポール側からは外務省のウン・ラン第 3 局長，スデシュ・マニアール経済局次長，貿易産業省のパン・キンキョン貿易局長（以上 2 省が共同議長），その他関係省庁

共同検討会合は，第5回会合で取りまとめた報告書を両国首脳に提出し，協定交渉を可能な限り早く開始し，モメンタムを失わないよう合理的な期間内に完結すべき[76]ことを勧告した。

当時，外務省内ではWTOを重視するマルチ派が大勢であり，二国間FTAに反対する声が多かった。外務省幹部での例外は野上外務審議官だけだった。例えば，当時の韓国担当の幹部は「日本外交を誤らせる3悪は，保護主義，二国間主義，地域主義である」と主張し，日韓FTAに反対していた[77]。韓国外交通省部幹部との懇談でもこの考えを強く指摘するなど，日韓FTAに関しては，民間研究が進んでいたものの，これが政府間の共同研究に進む目処は立っていなかった[78]。

このような状況の下で共同研究を順調に進めるため，外務省の田中経済局長の方針で，シンガポールとの間で計5回分の研究会のスケジュールを決め，そこでまとめられた報告書をただちに公表することとなった[79]。共同議長を外務省，通産省，大蔵省の3省とすることに外務省内で反対はあったが，日本政府全体として進めるという姿勢を示すために共同議長体制が取られた[80]。学界関係者もその中に入っていたが，これはFTA推進の伝道師的役割を期待したからだという[81]。この産官学体制には，アジア太平洋地域における経済協力の推進に向けて24の国と地域の産官学が参画した組織である太平洋経済協力会議 (PECC：Pacific Economic Cooperation Council) という前例があった。

田中経済局長の方針で進められた共同研究会を経て，2000年10月，東京で森首相とゴー首相の歴史的会談が行われた。会談では，協定交渉を2001年1月に開始し，モメンタムを失わない合理的に短い期間内として，遅くとも

　　　　　（通貨監督庁国際局長，貿易開発庁政策局長，通信情報技術省海運航空局長，情報通信開発庁国際局長，経済開発委員会企画局長）の局・課長級計8名および産業界から2名，学界から3名が参加している（外務省〈n.d.〉「日本・シンガポール新時代経済連携協定の背景」による）。

76) 共同検討会合期間中の2000年6月，経団連は「自由貿易協定の積極的な推進を望む」を発表し，通商政策の新たな柱としてFTAを積極的に活用すべきことを提言している。
77) 前掲，日本政府高官に対する筆者のインタビュー。
78) 同上。
79) 同上。
80) 同上。
81) 同上。

2001年12月31日までに終了すべきことを決定した。

以上のように，共同検討会合を含む前半期においては，宮沢蔵相の説得と外務省の田中経済局長のイニシアティブが大きな要因となって，シンガポールとのFTA締結に向けて動き出したのである。

(3) 後半期（2001年1月～2001年10月）：キーパーソンとしての「谷津義男」―FTA反対派の説得

① 浮上する農業問題

『日本・シンガポール共同検討会合[82]報告書』によると，「共同の検討作業の間に，農林水産分野に関する懸念が日本側から表明されていた。日本側から，日星FTAの枠組みの下で農林水産分野のさらなる関税削減の用意がないとの言及があった[83]。シンガポール側の参加者は，これらの分野の中の品目を巡るセンシティビティについて，理解を表明した[84]」とされており，農業市場開放に対する従来通りの日本側の姿勢が窺える。

このような姿勢は，2001年9月21日に開かれた自民党外交部会の日星FTAを巡る外務省との勉強会で，「総論賛成」の一方，日本市場への影響を懸念する声が挙がった点からも窺える。

② 農水省の頑なな態度

2000年5月30日に経団連会館で行われた農水省貿易投資委員会総合政策部会で，福田和久・農水省経済局貿易関税課課長補佐は，「シンガポールとの間で，FTAを結んでモノの分野で得をすることはない」と発言した。他方，「FTAをやっては困るのではなく，農林水産物を除けば結構」であり，「GATT

---

[82] 2000年3月に共同検討会合が発足した際，その検討事項として，①FTAが対象とする範囲，その他全体の構成，②FTAをWTOルールに整合的なものとするための要件，③農林水産といった分野のセンシティブな品目を除外する可能性を含め，センシティブな分野および他の困難を考慮に入れる上で，双方の国に求められる柔軟性，などが挙げられていた。

[83] 日星FTA交渉の際に，農水省は「金魚は例外にしてほしい」と要請している。

[84] 実際，シンガポールは日本に農業分野の自由化を求めることは，FTA推進の妨げになると考えていた。事前折衝の際には農水省も訪れ，当時日本へ最も多く輸出されていた農産品である乳製品への関税率が30％を超えていたにもかかわらず，農産品の自由化には関心がないことを示し，日本がFTA交渉を進めやすい環境を作っていた（寺田2007: 30）。

24条の問題はあるが，ここではWTOで決着がついてない話なので違反になるという話ではない。農林水産物を除いてFTAが結ばれて批判を受ける可能性があるということは承知だが，FTA自体だめという事ではない」とFTA締結自体には反対しない姿勢を示した。しかし，農産物に関しては「影響がない農産物をいれたFTAもだめ。すべて除外というのが農林水産省の立場である」とし，頑なな農水省の立場を明らかにしている[85]。

特に自民党の農林水産物貿易調査会は断固とした反対の姿勢だった。それは当時の農水省のFTA担当者の発言からも窺える。

　　　農産物分野は関税撤廃しなくてもいいので，分野として載せてほしいだけで関税の撤廃はしませんと言っているのに，それさえも駄目だと反対された[86]。

同年の11月2日の参議院農林水産委員会で，石原葵農水省経済局長は次のように発言している。

　　　農林水産省といたしましては，農林水産物の国境措置につきましてはあくまでもWTOの場で包括的に議論すべきでございまして，二国間で交渉を行う余地はないと考えている。したがいまして，農林水産物につきましては，日本，シンガポールの経済連携協定の締結交渉におきましても，本協定の枠組みのもとでのさらなる関税削減・撤廃には応じられないという方針で臨む考えである[87]。

また同委員会では，石原局長の発言を受け，谷洋一農水相も次のように主張し，WTO中心の立場を貫いている。

---

85) 経団連（2000a）。「自由貿易協定に対する政府の取組みについて」とのテーマで行われた政策部会には，團野廣一・貿易投資委員会総合政策部会長，政府からは，外務省から尾池厚之・北米局北米第二課日米協力推進室長，農水省から福田和久・経済局貿易関税課課長補佐，通産省から宗像直子・大臣官房政策審議室政策企画官が参加している（経団連内部資料の「議事次第」から引用）。

86) 前掲，農水省関係者に対する筆者のインタビュー。

87) 国会会議録（2000: 117）。

今シンガポールと日本との関係は，農，林，水，すべてあまり関係ない。だから自由貿易をやってくださいというわけにいかないんだと。次に控えておるのが，韓国が控えておる。これは韓国にとっても大変だし，日本にとっても大変だ。そういうことを考えてみると，韓国の場合はこうする，また，ほかの国の場合はどうする，その国々によっての対応ということじゃ困る。やはり農，林，水の問題については別格な扱いということにしてもらわなきゃ困る。今後いったん我が国としては初めてシンガポールとやるといたしましても，次々とそういう各国との間でそういう問題が起こる。その関係については一切WTOの場で我々は発言する，そしてそこに一番中心を置くということは間違いない[88]。

さらに，翌年の6月に農水省の熊沢英昭事務次官は「FTA研究会への参加はいいが，農業は極めてセンシティブな分野だ。WTOの枠組みで協議されるべきである」[89]と発言しており，依然として従来の態度を示していた。

すなわち，このような地域貿易協定の締結に対する農水省のスタンスは，「二国間の関税撤廃等を内容とする地域貿易協定の締結は，我が国の農林水産業の状況等を考えれば，農林水産物分野をその対象とするのは困難である。農林水産物の国境措置については，WTOにおいて包括的に議論すべきであり，二国間で交渉を行なう余地は無い」[90]という立場であった。

では，このように強硬な姿勢を見せていた農業関係者がFTA締結に反対しなかったのはなぜなのか。次に，その要因について考察する。

③ 自民党の農水族がFTAに賛成した理由

2000年3月のシンガポールとの初の共同検討会合の際にも，農水省は，FTAは是非結ぶべきだとしつつも，「農業問題は共同研究会の議題から外し，一切議論しないこと」[91]を要請していた。また，農業関係議員は99年のシアト

---

[88] 同上。
[89] 『朝日新聞』2001年6月6日。
[90] 2000年5月30日に経団連会館で行われた「貿易投資委員会総合政策部会・第7回会合」でのレジュメ（経団連実務者メモ，内部資料）の一部を抜粋。
[91] シンガポールとの産官学共同検討会合の学界メンバーとして参加した伊藤元重・東京大学教授による。筆者が特別インターンとして携わった東アジア共同体評議会（CEAC）での「政策本会議」第5回会合（テーマ：「東アジアにおける金融協力と貿易・投資協力」

ル閣僚会議の失敗に関心があり，日星 FTA 交渉が始まった段階では方針転換したとの意識はなかった[92]。シンガポールは農業問題を扱っていなかったため，それまで自民党農林水産物貿易調査会で実際に議論になることはなかった。

それが，2001 年 8 月の府間交渉過程において，シンガポール側が FTA の対象となる品目に関して「形だけでもいいからもうちょっと出してくれ」[93] と要請したことによって，一変することになる。このシンガポール側の要請を受けて，自民党の貿易調査会はかつてないほどに紛糾することになった。少しでも農水産物に触れると，農水議員から「こんなのただちにやめるべきである」と反発され大騒ぎになったという[94]。さらに，外務省が途上国向けの関税撤廃制度である一般特恵関税制度（GSP: Generalized System of Preferences）が適用されていたシンガポールの 240 品目は例外としていいのでないかと提言した際には，農水省は「農業は関係ないというのでついてきた」と怒りを露わにしたという[95]。

このような騒ぎを収めたのは，谷津義男農水相であった[96]。谷津農水相は FTA に積極的な立場であり，シンガポールとの FTA 締結を実現すべく，「今回は農業に手をつけませんから。なんの影響もない 51 品目だから」と FTA 反対派を説得したのである[97]。特に自民党農林水産部会の強硬な FTA 反対派である桜井新，松岡利勝を説得し[98]，シンガポールとの FTA 締結への了承を得た。特に，中川昭一貿易調査会長には早い段階から了承を得ていた[99]。

このような谷津の FTA 推進に対する積極的な考え方は，次のような発言か

での発言。2004 年 11 月 15 日。
92) 前掲，外務省高官に対する筆者のインタビュー。
93) 同上。
94) 同上。自民党で FTA が議論になったのは，この時が初めてだったという。
95) 同上。
96) 前掲，外務省高官に対する筆者のインタビュー。谷津は 2000 年 12 月から 2001 年 4 月まで第 2 次森内閣の農水大臣を務めた。
97) 同上。
98) 谷津は，最後まで「おれは了承しない。了承しない！」と FTA に反対する桜井を，東京駅の新幹線のプラットホームまで追いかけていき，扉が閉まる寸前に「シンガポールは農業問題もないから。了承したことにする」と叫び，呆れた桜井から了承を得たという（前掲，日本政府高官に対する筆者のインタビュー）。
99) 同上。

らも窺える。

　　FTA は，両国にとってメリットのあるものでなくてはならない。FTAでも WTO でも，全体の国益を総合的に判断していくことが重要であり，FTA によってマイナスの影響が生じる産業に対しては，国内対策をしっかり行うことが重要である[100]。

　　マイナスが生じる恐れのあるところに対しては，事前にきちんと業界とも話をしておくことが重要である。しかし，マイナスが生じる恐れがある産業のために FTA の交渉が遅れることは絶対に避けねばならない。むしろ，一次産品の取り組みを先行していくべきである[101]。

　　FTA の交渉に際しては，相手国からのオファーで動くのではなく，しっかりとした国家戦略のもとで動くことが重要である。政府としても明確なビジョンを持たねばならない。FTA は，東南アジアだけでなく，もっと幅広く取り組んでいくべきである[102]。

　すなわち，谷津農水相は，場合によっては農業に一定の犠牲が生じるとしても国家戦略として FTA を捉えるべきであると考えていた[103]。谷津農水相は，FTA 締結推進におけるキーパーソンの役割を果たしたといえる。

　自民党の農水族がシンガポールとの FTA を了承したもう 1 つの要因があった。それは，当時，在日シンガポール大使であったチュウ・タイ・スー（Chew Tai Soo）大使の説得であった[104]。チュウ大使は，自民党農林水産部会をはじめとする農水族全員に「シンガポールには農業はありませんから」と説得して回って，農水族の了承を得ていったという[105]。

---

100) 2004 年 12 月 14 日に自民党本部会議室にて行われた経済連携国民会議での谷津の発言。
101) 同上。
102) 同上。
103) 前掲，農水省関係者に対する筆者のインタビュー。反面，比較劣位部門について，通商政策と産業保護政策を組み合わせてカバーするのは国際的にもよく見られる手法であり，必ずしも「犠牲」にすることを意味するものではないとする見方もある。
104) グローバル・フォーラム主催の「日アセアン経済連携強化のイニシアティブ」本会議での発言。
105) 元経産省高官に対するインタビュー（2007 年 12 月 7 日）と経産省関係者に対するインタビュー（2007 年 11 月 22 日）に共通する証言。

(4) 収束期（2002年1月～2002年11月）：収斂としての小泉政策演説「共に歩み共に進む」

① 交渉合意

2000年10月22日，森喜朗首相とゴー・チョクトン首相は，日星共同検討会合の共同報告書[106]の提言に基づき，日星FTAの正式交渉を2001年1月に開始し，遅くとも2001年12月31日までに終了すべきことを決定した[107]。

これにより，日本は初めて地域統合に関する協定交渉を開始することとなった。共同報告書は，1999年12月にゴー首相が提案した両国間における「新時代の自由貿易協定 (New Age FTA)」について，グローバリゼーションと技術進歩がもたらした新たな課題に対応する必要性を強調しつつ，協定の要素となりうるものを列挙していた。このような共同報告書に基づいて，2001年1月から10月の間に合計4回の協定交渉が行われ，10月12日には実質的な合意に至った。

交渉期間中の6月，杉浦正健・外務副大臣は，「アジアの未来」と題されたシンポジウムにて講演し，「日星FTAを第一歩としてアジア全体と自由な貿易と経済交流の枠組みづくりを目指すべきだ」と意気込みを述べた。

② 自民党貿易調査会の決定

一方で，交渉期間中の9月に行われた自民党農林水産物貿易調査会（「日本・シンガポール新時代経済連携協定について」）では，次のような内容が決定されていた（図3-2）。

日本とシンガポール間のFTAにおける農林水産品の扱いに関しては，WTOにおいてすでに無税で譲許されていた品目と，実行関税率が無税の品目のみが，シンガポールに対する無税譲許の対象となる。具体的には，「シンガポールとの新時代経済連携協定は，物品だけでなく，サービス・投資，情報通信，金融，科学技術協力，人材の交流などを含む幅広い分野を対象としており，今後の我が国の二国間経済連携協定のモデルとなる重要な取り組み」であるとされた。さらに，「我が国の食料安全保障の確保および農林水産省の多面的機能の発揮を図る観点から，我が国の農林水産業の健全な発展との調和に十分に留

---

106) Ministry of Foreign Affairs of Japan (2000).
107) Ministry of Economy, Trade and Industry (2000).

図 3-2 日星 FTA における農林水産物の扱い

```
『日本・シンガポール共同検討会合報告書』（2000 年 9 月）
「共同の検討作業の間に，農林水産分野に関する懸念が日本側から表明された。日本側から，日
星新時代経済連携協定の枠組みの下で農林水産分野のさらなる関税削減の用意がないとの言及
があった。シンガポール側の参加者は，これらの分野の中の品目を巡るセンシティビティにつ
いて，理解を表明した。」
    （注）共同検討会合の検討事項
    (1) FTA が対象とする範囲その他全体の構成。
    (2) FTA を WTO ルールに整合的なものとするための要件。
    (3) 農林水産といった分野のセンシティブな品目を除外する可能性を含め，センシティブな分野お
        よび他の困難を考慮に入れる上で，双方の国に求められる柔軟性。
```

```
『自由民主党農林水産物貿易調査会決定』（2001 年 9 月 3 日）
(1) 国内農林水産業に悪影響が生じないよう十分配慮すること
(2) 特に，農林水産品の関税については，WTO の場で議論すべきものであることから，二国間
    の協定においてさらなる削減・撤廃を行わないことを基本方針とする
(3) 今後検討される同種の二国間協定についても同様の考え方で対応する
```

```
●JSEPA において，日本は WTO 無税譲許品目（428 品目）
  および実行無税品目（58 品目）を無税譲許の対象に
●農林水産品のうち残る 1791 品目が関税撤廃約束せず
  ⇒農林水産物分野の自由化率は，タリフラインで 25％弱，貿易量で 10％強
```

出所）農水省の資料をもとに筆者作成。

意することが必要である」とし，基本方針[108]として，次の 2 点を明らかにした。[109]

・国内農林水産業に悪影響が生じないよう十分に配慮すること
・特に，農林水産物の関税については，WTO の場で議論すべきものであることから，二国間の協定においてさらなる削減・撤廃を行わないこと

このような基本方針に基づいて，次のように決定された。

・本協定における無税譲許の対象は，農林水産物については，すでに無税が適

---

108) 『朝日新聞』2001 年 9 月 4 日。
109) 外務省（2002d）。

用されている品目（WTO 無税譲許品目および実行無税品目）とする。関税以外の分野についても国内農林水産業に悪影響が生じることがないよう十分に留意する。今後検討される同種の二国間協定においても，同様の考え方で対応する

すなわち，自民党・農水族や農水省は，交渉中も依然として農林水産物の自由化は二国間の協定ではなく，WTO で議論すべきとの基本方針を明らかにしていた。しかし，日星 FTA の交渉において，このことは問題にはならず，翌年の 2002 年 1 月 14 日，小泉首相はシンガポール訪問の際にゴー首相と協定に署名する。結局のところ，農水族や農水省が最終的に反対しなかったのは，谷津農水相や小泉首相の演説などの要因に加えて，農産物に関しては事実上の関税据置きにできたからだといえるだろう。

③　小泉スピーチ「共に歩み共に進む」

シンガポールで日星 FTA の署名を行った際に，小泉首相は「東アジアの中の日本と ASEAN——率直なパートナーシップを求めて」と題した演説にて「東アジア拡大コミュニティー構想」[110]を打ち出した。その政策演説のポイントは以下の 3 点である[111]。

第 1 に，日本と ASEAN は「率直なパートナー」として「共に歩み共に進む」との基本理念の下で協力を強化すべきと提唱している。第 2 に，貿易・投資のみならず，科学技術，人材養成，観光なども含め，幅広い分野での経済連携を強化すべく「日 ASEAN 包括的経済連携構想」を提案する。日本とシンガポールとの FTA はそのような経済連携の一例であるとする。第 3 に，東アジア全体の協力に向け，日本，ASEAN，中国，韓国，豪州，ニュージーランドが，地域コミュニティの中心的メンバーになることを期待する。このコミュニティは決して排他的なものとなってはならないとされた。

その当時は，この構想を実現する方法について明確な方針はなかった[112]。しかし，この小泉スピーチは，4 月 12 日にヤンゴンで開催された第 18 回日・

---

110) この原案は当時の外務省アジア大洋州局長であった田中均のアイディアだった。前掲，外務省高官に対する筆者のインタビュー。
111) 外務省（2002c）。
112) 前掲，日本政府高官に対する筆者のインタビュー。

ASEANフォーラムにおいて,「日本と ASEAN 全体との間で連携可能な具体的分野や連携の枠組みなどについて検討を行う一方で, ASEAN 内の用意のあるいずれの国とも, 日本・シンガポール経済連携協定を基礎または参考としつつ二国間での包括的な経済連携強化に取り組む」というデュアル・トラック方式に合意するきっかけとなった。外務省としては, 日星 FTA をモデルとして高度な地域経済連携を進めるためには, ある程度の経済発展が進んでいる国と研究・交渉を進める必要があるとの考えがあった。事実, 外務省は, ヤンゴン訪問前に, フィリピン, マレーシア, タイを訪問し, 二国間協定の検討を始めることを提案した[113]。その後, タイを皮切りに, これら3カ国より検討開始の意思表示があったという。

小泉スピーチは, 北東アジアと東南アジアを結び付ける初の具体的取組みであった。この後, 2002 年 11 月に署名された中国・ASEAN 包括的経済協力枠組協定をはじめ, 東アジアにおける様々な経済連携強化(将来の共同体構想)の動きにつながるものとして評価されている。それは日星 FTA の成功による自信から生まれたものであった[114]。その意味で日星 FTA は, 日本のアジアとの FTA 交渉における試金石の役割を果たしたといえる[115]。日星 FTA は 2002 年 11 月, 発効に至る。

2 協定の内容と意義
(1) 日星 FTA の内容

日星 FTA は「新時代の自由貿易協定」と称されたように, 伝統的な貿易協定にとどまらず, 包括的な二国間の経済連携を目指しているのが特色である。その対象は貿易・投資の「自由化・円滑化」を目指す分野と「経済の連携強化」を目指す分野に大きく分けられる(表3-1参照)。前者には, WTO において多国間の包括的なルールが定まっていない投資ルールについても盛り込まれており, 本協定の1つの大きな成果である。後者では, 金融サービスに関する協力や情報通信技術(ICT)に関する協力などが約束されており, これらの分

---
113) 同上。
114) 前掲, 外務省高官に対する筆者のインタビュー。
115) 外務省(2002d: 7)。

表 3-1　日星 FTA の内容

自由化	財の貿易，サービスの貿易，投資，政府調達。 物品に関しては，両国貿易量の 98％以上の品目の関税を撤廃し，日本の対シンガポール輸出は無関税，シンガポールの対日本輸出は 94％がゼロ関税。
円滑化	税関手続，貿易文書の電子化，相互承認（MRA），人の移動，知的所有権，競争政策
協力	金融サービス，情報通信技術，科学技術，人材養成，貿易・投資の促進，中小企業，放送，観光

出所）筆者作成。

野で先進的な水準にある両国に特徴的な内容となっている。

　物品の貿易については，GATT 第 24 条による規律を満たすように細心の注意が払われている。シンガポールから日本への貿易を見ると，全品目 9,023 のうち 3,087 品目（品目ベースで 34.2％）はもともと WTO 無税譲許品目（WTO ベースで関税をゼロと約束しているもの）であり，それにシンガポールに対してだけ関税を譲許する 3,851 品目を加えた計 6,938 品目（品目数ベースで 76.9％）を日本の対シンガポール無税譲許品目とすることになっている[116]。これは，貿易額ベースで言えば，1999 年『貿易統計』で 91.8％，2000 年『貿易統計』では 93.8％に当たっており，90％ルールを満たしていることになる。また，関税は原則即時撤廃で，石化製品 10 品目のみ 2005 年 4 月に撤廃（1 品目），2003 年 1 月から 2010 年 1 月までの 8 年間で段階的に撤廃（7 品目），または 2005 年 1 月から 2010 年 1 月までの 5 年間で段階的撤廃（2 品目）となっている。これで，10 年ルールについても要件を満たしている[117]。

　農林水産品については，2,277 品目のうち，WTO ベースで無税譲許しているのは 428 品目（品目数ベースで 18.8％）であり，それに実行税率（実際に適用される税率）がすでにゼロになっている（しかし WTO ベースでは無税譲許していない）58 品目[118]を追加した合計 486 品目（品目ベースで 21.3％）を，対シンガポール無税譲許品目としている[119]。WTO ベースで無税譲許していない品目を日星

---

[116]　原産地規制に関しては，ASEAN が 40％，シンガポールが 60％と決めているのに対し，日本は個別品目による例外が多く，透明性に欠けるとの評価がある（同上）。
[117]　財務省（2001）。
[118]　これには針葉樹の木材・製材，原毛皮，オート（播種用以外），たんぱく変性防止剤（冷凍すり身製造用），紙巻たばこ，酒類の一部，工業用アルコール，製造用エチルアルコールなどが含まれている。
[119]　鉱工業品に関しては，例外品目 294 品目（石油製品の一部，石油化学品の一部，皮革な

表 3-2　日星 FTA 締結前後の貿易額の変化

日本　⇒　シンガポール				
総額	1兆 3,059 億円	▶ (2.2%減) ▶		1兆 2,768 億円
ビール	6,152 万円	▶ (6.9%増) ▶		6,577 万円
	2001 年 12 月 〜02 年 8 月			02 年 12 月 〜03 年 8 月
シンガポール　⇒　日本				
総額	4,672 億円	▶ (2.5%減) ▶		4,552 億円
有機化学品	165 億円	▶ (9.4%増) ▶		181 億円
化学工業生産品	132 億円	▶ (4.4%増) ▶		138 億円
プラスチック	90 億円	▶ (28.9%増) ▶		116 億円
貴金属	72 億円	▶ (6.0%増) ▶		76 億円

出所）財務省調べ，『読売新聞』（2003 年 12 月 3 日：10）より引用。

FTA ベースでは無税譲許にしたという点で，論理的には「特定分野を除外しない」という要件も満たしていると見なされる[120]。

(2) 実質的な効果の乏しさ

表 3-2 からもわかるように，FTA 発効後 1 年の統計を見ると，日本からシンガポールへの輸出面は，ビールが前年同期比 6.9％増，輸入面では，現地の日系企業などが生産したプラスチックが 28.9％増加しており，協定で関税を撤廃した品目では一定の効果が見られた。ところが，この間の全体の貿易額は，日本からシンガポールへの輸出は 2.2％減，輸入は 2.5％減と逆に縮小している。この縮小は双方の景気低迷が要因だが，両国間の関税障壁がもともとわずかで，FTA を結んでも，新たな貿易拡大効果の余地は限られたものであったことの裏づけでもあった[121]。

日星 FTA の物品の貿易については，WTO 上約束した譲許関税率はともかく，シンガポールはもともと原則的に関税を課していない。日本も交渉前からシンガポールからの輸入品については実効税率がゼロのものが多く，また農産

ど）を除き，対シンガポール関税を撤廃する。

120) 韓国のメディアは，日星 FTA は関税撤廃に集中した NAFTA などの従来の FTA の枠組みを超え，電子取引に代表される情報技術分野の協力・強化と人的移動の自由化にまで及ぼしているという点を評価している。IT 分野では日本に優るというシンガポールの自信と，人的資源不足という日本の現実が結合した結果として日星 FTA を評価している（『韓国日報』2000 年 10 月 24 日）。

121) 『読売新聞』2003 年 12 月 3 日。

品についても特にセンシティブなものはなかった（渡辺 2004: 90）。日本経済研究センターの試算によれば，すでに締結した日星 FTA が日本の実質 GDP を押し上げる効果は 0.07％にとどまり，メキシコとの FTA の場合でも 0.1％の押し上げ効果があるに過ぎないという[122]。というのは，シンガポールやメキシコの市場は FTA 締結以前から自由化の度合いが高く，関税引き下げ効果がほとんど働かないためである[123]。

特に，農林水産分野では，すでに実行関税がゼロになっている品目をゼロ関税化したに過ぎず，「事実上，これまでの関税を据え置いた形」（経産相）であった。日本の通商関係者には，「日本の WTO 推進の壁になっている農産物を，FTA を起爆剤にして自由化議論を活性化させたい」との期待があった。しかし，国内の反発を避けたい農水省や族議員の抵抗[124]で，新たなゼロ関税は実らなかった。農業国でないシンガポールから日本に入ってくる農林水産品は，マグロや乳製品，カカオ加工品だが，これらの産品の関税は依然として残ることになったのである。

周知のように，アジア地域の FTA 交渉やその推進における主な障害は，原産地規定をはじめとする農業分野（一次産品）における関税率の問題である。表 3-3 でわかるように，日本や EU などに比べて，アジア域内国家の関税率は高い水準になっている。

(3) **締結の意義**：モデル協定としての意気込み・日墨 FTA への道のり

しかしながら，日星 FTA はこうした物品貿易の分野にとどまらない包括的な経済協定である。物品貿易面でも，サービス貿易面でも，WTO の最恵国に対する自由化のレベルを大きく超えた自由化を実現し，WTO の多角的交渉での合意形成がなされていない投資や知的所有権の問題でルール化を実現させたという面で，日星 FTA は評価されている（石原 2004: 124）。

---

122) 日本経済研究センター（2001）。
123) メキシコの場合，日本との FTA 締結以前に米国と NAFTA を締結し，EU などとも FTA を締結している。日本がメキシコとの FTA を急いだのは，日本からの輸入を米国や EU に切り換えられる貿易転換の不利益を防ぐというマイナス防止効果によるところが大きい。
124) 『朝日新聞』2001 年 10 月 13 日。

表3-3 アジア地域国家の関税率 (単純平均。単位：％)

	日本	EU	中国	韓国	マレーシア	フィリピン	タイ	インドネシア
全産品	2.9	4.1	10.0	16.1	14.5	25.6	25.8	37.5
非農産品	2.3	3.9	9.1	10.2	14.9	23.4	24.2	36.0

出所) 大蔵省（2000）『貿易統計』より引用。

難しい輸出品目が少ないという点を取り上げて，日星FTAは現状維持のための協定だと批判されることがあるが，実際はそうでない。日本は自由化が困難とされていた石油化学や繊維などの製造業の分野において関税撤廃を盛り込むとともに，これまで聖域とされていた農業についても完全に例外とすることなく，いくつかの品目についてはWTOで認めた以上の関税撤廃を約束している。特定分野を丸ごと聖域として一切議論しない状態から踏み出し，品目ごとに何をどれだけ自由化できるか，という具体的な議論に進んだ点が評価されている（宗像2002: 107）。

さらに，日星FTAには「モデル協定」としての期待があった。日星FTAの署名の際の政治声明には，「両首脳は，他の国又は地域が日星新時代経済連携協定に加入する可能性について留意する。両首脳は，その加入の条件については，日星新時代経済連携協定の両締約国と加入を求める国又は地域との間で，当該国又は地域の個別の事情を考慮して，交渉することができることを確認する」という文言が盛り込まれた。この文言が入れられたのは，日星FTAがモデル協定となることを両政府が期待したからであった[125]。日星FTA締結の意義に関しては「今後の我が国とアジア諸国との経済連携にとって一つのモデルを提供するものであり，今後の我が国とアジア諸国との経済連携の実現可能性を高めるものとなった」[126]と説明している。ただ，これも実際にはうまくいかなかった[127]。日星FTAはあくまでもテストケースであり，モデルケースになり得たのは日墨FTAであった[128]。とはいえ，日星FTAの経済的意義に関して，農産品の取扱いその他について課題は残したものの，全般的にはレベルが

---

125) 前掲，外務省高官に対する筆者のインタビュー。
126) 外務省（2002e: 7）。
127) さらに「現在において，東アジア共同体の議論があるが，台湾が協定に参加する道は閉ざされている。当時，台湾が日星FTAに参加するような交渉ができていたら，状況は変わっていたかも知れない」という（前掲，日本政府高官に対する筆者のインタビュー）。
128) 前掲，外務省高官に対する筆者のインタビュー。

高くスコープも広い FTA となっており，今後東アジアで締結されていくであろう二国間および多国間 FTA のために 1 つの「標準」を示したものであるとの見解もある（木村・鈴木 2003: 218）。

シンガポールとの FTA は産業界が望んだものでは決してなく，実質的な内容には乏しいものであった。しかし，通産省と外務省の中に存在していた FTA への拒否感を低減させる上では大きな意味を持っていた[129]。農業国と FTA 交渉を始めようとすれば，外務省や通産省の FTA 担当者は，省内における抵抗と省外における抵抗の両方に対処しなければならなかったはずである[130]。シンガポールという非農業国と FTA を最初に結ぶことによって，各省内部の抵抗は緩和され，FTA 推進をめぐる国内における障害はほぼ農業問題に限定されることになったのである[131]。

「シンガポールは理念的な政策論争だけ」であり，「やりやすい相手」であった。そのため，まずシンガポールが FTA 締結国として選ばれた。しかし FTA を締結したからといって WTO をおろそかにするわけではなく，WTO はあくまでも通商政策の基本であった。これにより，政策に携わる人々の間で WTO と FTA の関係が整理されていった。後に残る問題は農業問題[132]だけとなった。そのような中，日本はメキシコとの交渉に入ったのである[133]。自由貿易化に対する障害を 1 つ取り除いたという意味で，日星 FTA の意義は大きかった。

次の章では，本格的に農業問題を扱うことになった，日本とメキシコの FTA 締結交渉過程を検討する。農産物問題を巡って，国内アクター間にどのような葛藤や利害関係があり，それがどのようにして収斂していったのだろうか。政治アクター間の対立と協調のパターンに焦点を当てて，考察する。

---

129) 前掲，経産省関係者に対する筆者のインタビュー。
130) 同上。
131) 同上。
132) 平沼経産相の「韓国，メキシコとも結びたいが，シンガポールは決定的な阻害要因（農産物の自由化）がなかったから早くできた。農業は敏感」との発言からも窺える（『朝日新聞』2001 年 10 月 14 日：9）。
133) 前掲，元経産省高官に対する筆者のインタビュー。

第4章　日本・メキシコ FTA の交渉過程

　第3章での日星 FTA に続いて，本章では日墨 FTA 締結の事例を実証的に分析する。メキシコとの FTA 締結は，日本にとって，農産品も対象となった初の FTA であり，シンガポールのケースとは比較にならないほどの難交渉であった[1]。

　なぜ，日墨 FTA は締結に至ったのだろうか。日星 FTA と異なり，本格的に農業問題を扱うことになった日墨 FTA 交渉において，農業関係者はなぜ締結を承諾したのだろうか。この問いに答えるために，まず第1節で日墨 FTA 締結を促した国際環境要因を検討する。次に第2節で，日墨 FTA 交渉プロセスにおける各アクターの選好と構図を設定する。最後に，第3節にて実際の交渉プロセスにおいてどのような対立と協調のパターンが繰り広げられたのかを検討する。これらの分析を通じて，どのアクターが積極的に FTA 締結を推進し，どのアクターが抵抗したのか，そして，抵抗はいかにして克服されたのか，について明らかにする。

第1節　国際環境要因

1　メキシコの FTA 戦略
(1)　日本とメキシコの経済関係

　メキシコは 1980 年代以降，様々な面で変革を遂げてきた。80 年代初頭までは保護貿易主義の下に輸入代替化政策が採用され，メキシコ企業は，閉鎖的な国内市場への供給拡大を目指していた。しかし，対外債務危機の翌年の 83

---

[1]　外務省高官に対する筆者のインタビュー，2007 年 11 月 27 日。同関係者は「最初の日星 FTA とは違い，メキシコとの FTA は大変な交渉過程だった」と述べている。

年,メキシコの貿易政策は転換され,以後,貿易の自由化が進められることとなった。貿易自由化政策は段階的に進められた。第1段階の83年から85年6月までは関税率引下げ,第2段階の85年7月から88年11月までは輸入数量規制政策から関税政策への移行,およびさらなる関税引下げが実施された。GATT加盟を果たした翌年の87年には,最高関税率が20％に引き下げられ,適用関税率は20％,15％,10％,0％となり,関税体系が大幅に簡素化された(朝倉・松村 2000b: 66)。

しかし一方で,85年の石油輸出国機構(OPEC: Organization of the Petroleum Exporting Countries)総会を機に石油価格が急落すると,石油に過度に依存するメキシコの経済構造の問題点が浮き彫りになった。そこで,非石油部門製品の生産と輸出の伸長を目的とした貿易自由化や国内産業育成政策が採用されることとなった。こうした政策は,90年代に入ってさらに推し進められた。メキシコ政府は,90年に,国内のコンピュータ産業の近代化を促進するため,コンピュータの構成部品と完成品の輸入について,一定の条件の下で無税とし,加えて「輸出商品のための一時輸入計画制度」の対象および様々な税制優遇措置の対象を拡大した(朝倉・松村 2000b: 66)。

また,メキシコ政府は,逼迫した財政への対応という理由で,99年1月1日付でFTA締結国以外の国からの輸入に対する一般関税率を一斉に引き上げた。関税分類番号ベースで全体の約85％,HS分類8桁ベースで約1万品目が関税の引上げ対象となっており,中間財および資本財のほとんどは3ポイント引き上げられたが,消費財の中には10ポイント引き上げられたものもあった。つまり,メキシコとFTAを締結していない国は,メキシコとの貿易関係において,明らかに不利な立場に置かれたのである(朝倉・松村 2000b: 69)。

① メキシコと日本の経済関係

2003年の日墨首脳会談の際の「日・メキシコ首脳会談(発言・応答要領)」によると,当時の日本とメキシコの経済関係は,「貿易額は往復で76億ドル(中南米で第2位,2000年),日系進出企業数は330社(中南米で第2位,99年)であるなど,中南米においてブラジルに次ぐパートナー。5月にはトヨタ自動車(株)がメキシコに販売会社を設立。日産およびホンダは既に自動車組立を行なっている」という状況であった[2]。

日本からメキシコへの輸出総額は，43.6億ドル（2000～2002年平均）であり，日本の総輸出額4,344億ドルの1％程度であった。また，メキシコからの輸入額は20.6億ドルで，日本の総輸入額3,473億ドルの0.6％程度であった。したがって，メキシコとの輸出・輸入ともに，日本の貿易全体に占める比率で考えれば，決して大きな数字ではなかった。

② 主な品目：豚肉

日本のメキシコからの輸入の約2割が農産品であり，さらにその半分が豚肉であった。これは，輸入額全体の11％を占めていた。豚肉以外ではアボカド（2,500万ドル），メロン（2,000万ドル），カボチャ（1,900万ドル）などが主要農産品として日本へ輸入されていた（服部 2005: 29）。メキシコからの豚肉輸入量は年間約4万トンで，日本における豚肉の輸入量全体（約75万トン）の約5％であった。豚肉の輸入量全体に占める割合で見ると，米国の33％，デンマークの30％，カナダの23％とは大きな差があるものの，メキシコは第4位の輸入量を誇っていた。メキシコの対日輸出額で見ると，トップが豚肉で，約240億円と全体の1割（2002年）を占めていた。明らかに，農業部門はメキシコの対外貿易にとって重要な分野であった[3]。

③ 貿易構造の非対称性

日本からメキシコへの輸出の大半は電気機械（3割），一般機械（2割），輸送機械（2割）などの工業品である。これら日本からの輸出額の8割強がメキシコ側によって課される関税の対象となっていた。これに対し，メキシコから日本への輸出についてはその7割以上がすでに無関税で，残りの3割が関税の対象となっているに過ぎなかった。このように，両国の関税構造は非対称的であった。

(2) メキシコの国内政治事情

① フォックス大統領の狙い

1998年，メキシコのセディージョ（Ernesto Zedillo Ponce de León）大統領は，対外開放政策を加速化するため，日本に対してFTA締結を提案した。その後，

---

[2] 外務省中南米局（2001: 5）。
[3] 『読売新聞』2003年10月17日。

政権交代を経て登場したフォックス (Vicente Fox Quesada) 大統領も, 積極的な対外開放政策を打ち出し, FTA 締結を推進した。

セディージョ大統領の提案の履行を確認する意味でも, また国内での政治的立場を強化する意味でも, フォックス大統領にとって, 日本との FTA を推進することは, 国内の輸出業者に対してアピールする好機であった。メキシコの場合, 日本の鉄鋼や自動車に対する関税を引き下げると, 自国産業に圧迫がかかる。しかし, それ以上に農民が輸出によって利益を得ることができ, 国内工場で組み立てる工業製品の競争力も高まると政府は期待していた。フォックス政権は少数与党であったため, 国内の政治において不安定であった。加えて, NAFTA 締結国である米国からの安い農産物がメキシコに輸入されていたために, 農民の不満は高まっていた。このような国内事情から, フォックス大統領は日本との FTA を積極的に推進するようになった[4]。

また, フォックス大統領は, カトリックの熱烈な信者を中心とした中道右派の国民行動党 (PAN: Partido Accion Nacional) を率いていた。97 年の 7 月の下院選では, 都市部で左派の革命民主党 (PRD: Partido de la Revolución Democrática) が勝利し, 地方では農民団体の支持を受けた制度的革命党 (PRI: Partido Revolucionario Institucional) が躍進した。惨敗した PAN は, 2006 年の大統領選では勝ち目がないと考えていた。低所得層の実質収入は明らかに減少し, フォックス大統領は何らかの成果を国民に示さなければならない時期であった (藤平 2003: 29)。

(a) 従来の不完全な FTA に対する批判

2000 年の変革で政権が交代したとはいえ, 上下院の議会を支配するのは PRI であった。仮に調印までこぎつけたとしても, FTA は上院委員会の精査および批准を経なければ発効されない。しかも上院の多数派は PRI 党員であり, 日墨 FTA についての意見書をまとめる上院商工委員会のメンバーも, その 14 人のうち半分は PRI の議員であった。2000 年に締結した EU との FTA 交渉では, メキシコは農業分野で譲ろうとしない EU 側に大幅に譲歩する結果に終わり, フォックス大統領は「不完全な内容のもの」になったと述べていた (藤平 2003: 29)。上院商工委員会のロケ委員長は, 「日本との FTA は慎重に進めなけ

---

4) 『朝日新聞』2004 年 2 月 27 日, 社説。

れば禍根を残す。NAFTAのような形は無理でもEUとのような結果には終わらせたくない。日本とのそれは，ちょうどその二つの中間のような形が理想だ」と語っていた（藤平 2003: 29）。

メキシコは，それまでに31カ国とFTAを締結していたが，これらのほとんどがメキシコ自身の利益につながっていないという批判が国内に蔓延していた。メキシコ国内では，FTA一般に対してこのような冷めた見方が支配的である一方で，日墨FTAについては締結が望まれていた（全国農業会議所 2003a: 49-52）。

(b) 米国依存からの脱却

日墨FTAに対する期待の裏側には，米国依存からの脱却を目指すというメキシコ政府の国策があった[5]。それは，メキシコ政府関係者の以下のような発言からも明らかであった。

> NAFTAを作った。アメリカという大きな市場を作った。しかし，アメリカ合衆国の50何番目の州になる気はない。アメリカに吸収されないでバランスをとる[6]。

メキシコがNAFTA締結後，様々な国とFTAを締結しようとした背景には，輸出市場の多角化を目指すという意図があった。NAFTA締結により米国からの農産物輸入が増大し，メキシコの農業の競争力が低下していたことが，日本への農産物輸出機会を拡大したいというメキシコ政府の強い姿勢につながっていた。特にメキシコは豚肉の純輸入国であり，米国からの輸入が増加したことにより，中小養豚業者の経営は競争に直面していた。他方で，日本へ豚肉を輸出できるのは，汚染されていない地域の大規模養豚企業数社に限られていた[7]。

NAFTA締結から10年，石油部門以外の輸出額は1994年の534億ドルから年平均12％近くの成長を遂げ，2000年には1,500億ドルを突破した。メキシ

---

[5] 元経産省高官に対する筆者のインタビュー，2007年12月7日。
[6] 同上。
[7] 実際に，日本とのFTA交渉ではこの大企業がメキシコ政府と密接に連絡を取っていたという（全国農業会議所関係者に対する筆者のインタビュー，2007年4月18日）。

コは，車や家電製品を組み立て米国に輸出する製造業国に変貌した。その一方で，南部を中心とする農業従事者の生活は悪化した。フォックス大統領としては，農業再興のためにも，日本とのFTAを締結してその成果を国内に示したかったのである（藤平 2003: 28-29）。

(3) 米州自由貿易地域（FTAA: Free Trade Area of the Americas）構想

さらに，米国内ではFTAA構想が浮上しており，メキシコはこれに脅威を感じていた。FTAA構想とは，南北米州全地域を含む自由貿易圏構想である。小泉・フォックス首脳会談の際の外務省内部資料[8]にも，「FTAA構想」に関する項目が出てくる。この内部資料では，FTAAに関して，「2001年4月のカナダで開催された第3回米州首脳会議で34カ国の首脳レベルの間で次の二点が合意されている。第一に，FTAA交渉期限を2005年1月とする。第二に，FTAA協定を遅くとも2005年12月までに発効させる」とした上で，「このFTAAが創設された場合，人口約8億人，GDP約11兆ドル超[9]の世界最大規模の地域経済統合が誕生する[10]」と，日本政府も懸念を示していた。このとき米国は，2005年までにキューバを除くすべての中南米諸国を取り込んだ全米自由貿易圏を形成しようとしていた。米国，カナダ，メキシコによるNAFTAの形成から10年が経ち，域内の貿易投資が飛躍的に増大したことを受けて，米国は自国を中心とする「ハブ・アンド・スポーク」の関係を南北両米大陸に一気に広げようとしていた。メキシコは，このような米国の政策に脅威を感じ，従来の依存体制からの脱却を目指していた。

2 NAFTA，EU・メキシコFTAの要因
(1) 日本企業の困難：マキラドーラ制度の無効化

メキシコのNAFTA加盟（1994年1月）およびEU[11]・メキシコFTAの発効

---

[8] 前掲，外務省中南米局（2001: 14）。
[9] 当時NAFTAは，約4億人，GDP約8.8兆ドルであり，EUは，約3.7億人，GDP約8.5兆ドルであった。
[10] 前掲，外務省中南米局（2001: 15）。
[11] EUは対外経済関係の構築にも熱心で，旧英領や旧仏領の国々（ACP諸国：アフリカ・カリブ海・太平洋地域）とのコトヌ協定をはじめ，地中海諸国との連合協定，メキシコとのFTAなど特恵貿易のネットワークを張り巡らせていた（渡邊 2004: 3）。

(2000年7月)によって，メキシコにおける日系企業の競争条件は，欧米企業に比べて不利になっていた。

まず，NAFTAの規定により，日本企業は2000年11月以降，NAFTA域内貿易についてマキラドーラ（maquiladora de Exportación）制度[12]が利用できなくなった。マキラドーラ制度とは，メキシコの工場が製品を生産し輸出することを前提として原材料・部品を輸入する場合，その原材料・部品に対するメキシコの輸入関税を免除する制度である。これを代替するために，政府が指定した業種で，かつ特定の品目の製造業者に対して，中間財輸入の減免措置を与える産業分野別生産促進措置（PROSEC: Programa de Prmoción Sectorial）が導入された。しかし，対象品目の範囲や認定の基準が政府の判断によって突然変更されるなど曖昧な点が多く，日本企業は安定的な制度を求めていた。

また，日本企業はメキシコの政府調達から締め出されていた。メキシコのマーケットでは政府調達がかなり大きなシェアを占めていたが，メキシコは政府調達の募集をする際に，応募企業の条件としてFTAのパートナーであることを挙げていた。この条件は厳格に適用され始め，日本の企業はダム建設等の政府調達のビジネスを獲得できないなど，事実上締め出された状況となった（坂井 2003: 20-21）。加えて，鉄鋼・自動車など，メキシコが保護している産業において，FTA締結国からの輸入には無税枠が与えられている一方で，日本からの輸入には高い関税が賦課されていた。

(2) FTA未締結によるデメリット：年間「4,000億円」の損失

メキシコは，農産物だけではなく，鉱工業品の関税率も比較的高い国であった。その上FTAを結んだパートナーを対象に，選択的に関税撤廃を行っていたために，貿易転換効果が日本にとって不利な形で起きていた。すなわち，FTAのパートナーである米国やEUからのメキシコへの輸出が増加する一方で，日本からメキシコへの輸出シェアは相対的に減少傾向にあった。

結果的に，日本からの輸入品だけがメキシコの関税賦課の対象となり，日本は競争上不利な状態に置かれていた。事実，NAFTA設立時の1994年，メキ

---

[12] マキラドーラ制度は，米墨国境地帯における雇用対策として1965年に制定された保税加工区である。

シコの全輸入に占める日本のシェアは 6.1% だったが,2001 年には 4.8% まで下がっていた(坂井 2003: 20-21)。

　FTA を締結していないために日本企業が被っている損害は,経産省の試算によれば年間 4,000 億円といわれていた(渡邊 2004: 4)。日本の損失は,外務省が 2002 年 7 月 26 日に発表した『経済関係強化のための日墨共同研究会報告書』を見ても明らかである。そこでは,メキシコが NAFTA や EU と FTA を締結したこと,NAFTA および EU・メキシコ FTA との差別的取扱いがあることにより,日本の損失は輸出額ベースで約 3,951 億円であり,日本国内の総生産 6,210 億円分の減少,さらには国内雇用 31,824 人分の喪失につながると試算されていた[13]。

　このように NAFTA や EU・メキシコの FTA の締結は,メキシコでの差別的な扱いを受けていた日系企業の危機感を高め,日本政府がメキシコとの FTA 交渉を開始する強い動機となっていた。

3　中国・ASEAN FTA

　次に検討すべき国際要因として,中国の FTA 政策を挙げる。日本同様,中国も FTA 政策に遅れをとっていた。が,ある機会を境に中国は態度を一変させ,FTA 締結に積極的な姿勢を見せるようになった。

　特に,中国は ASEAN との経済統合に意欲的であった。2000 年 11 月の ASEAN + 3 首脳会議の際の中国・ASEAN 首脳会議において,中国の朱鎔基首相は ASEAN 側に対して FTA 締結交渉の開始を提案した。2002 年の首脳会議では,中国は 2010 年までの FTA 締結の枠組み合意に署名した。その中で中国は,ASEAN 新規加盟 4 カ国[14] に対する FTA 締結の期限を猶予すること(他の 6 カ国より 5 年遅い 2015 年が期限),およびタイのフルーツや野菜など ASEAN 側が重視する輸出産品についてはいわゆる「アーリーハーベスト(early harvest)」条項によって FTA 締結前に輸入を許可することを約束した[15]。

---

　13)　外務省(2002d)。
　14)　ベトナム,カンボジア,ラオス,ミャンマーを指す。
　15)　2003 年 10 月の ASEAN + 3 首脳会議にて,中国の温家宝首相は 13 カ国の市場を統合する「東アジア自由貿易圏」の創設へ向けた事前調査の実施を提案し,東アジア経済の一体化を積極的にリードする姿勢を明らかにした。このような中国の積極姿勢に対して,マ

中国は，ASEAN に対してだけではなく，日本および韓国に対しても日中韓 FTA の実現に向けて研究することを提案するなど，東アジアの経済統合の促進へ向けて積極的な姿勢をとっていた（浦田 2004b: 21）。2002 年 1 月に ASEAN を訪問した小泉首相が「日 ASEAN 包括的経済連携構想」を提案した背景にも，中国が FTA 締結に積極的になっていたことが背景にあるといわれている（渡辺 2004: 90）。

中国が FTA に積極的になった理由として，経済的な観点から次の 2 点を挙げることができる。第 1 に，輸出市場の維持と拡大である。先進国を中心とした多くの国々において，中国はダンピングを非難されており，中国の輸出に対する制限は厳しくなっていた。こうした苦境の中，中国は，将来的な輸出拡大策として FTA を推進しようとしていた。第 2 に，中国は，すでに WTO 加盟によって産業調整をかなり進めていた。したがって，FTA を締結して自由化を進めても，さらなる産業調整はそれほど必要ではないと考えていた。加えて，中国は，東アジアにおける地位を向上させるために FTA を地域政策として活用する意図を持っていた（青木ほか 2005: 164-165）。このような中国の積極的な FTA 推進の姿勢は，FTA に遅れをとっていた日本を動かすドライビング・フォースとなった。

では，このような国際的環境の下で，従来の日本国内の各アクターはどのような選好を持ち，どのような構図で位置づけられるのであろうか。以下では，各アクターの選好と構図を明らかにする。

第 2 節　各アクターと構図

1　各アクター

日墨 FTA の交渉プロセスにおける国内の各アクターとして，以下を挙げる。

スコミや経済界ではこのままでは日本は東アジアのダイナミズムから取り残されるとの憂慮の声が高まっていた（小原 2005: 76, 321）。
　例えば，『読売新聞』（2004 年 1 月 7 日）の社説は，中国の動きや日本の農業問題に言及した上で，「このままでは，自由化の流れに取り残され，将来，各国の市場から日本製品が締め出される恐れも出てくるだろう」と懸念を露わにし，政府の強いリーダーシップを促していた。

(1) 外務省

外務省は日星FTAの場合と同様，共同検討会合の共同議長としての役割を担っていた。すなわち，対メキシコの国内における意見を総合的にまとめる役目であった[16]。ただ日星FTAのときと異なり，省内ではFTA締結を巡る対立はなく，FTA締結を推進する方向性で一致していた。

メキシコとのFTAは，農業を扱った初めてのケースであった。農業は，今後FTA交渉をしていくであろうアジア諸国との間に横たわる問題としては，一番のネックであった。そのため外務省は，将来積極的にアジア政策を進めていくためにも農業問題に関するタブーをなくすことは不可欠と考え，この交渉を成功させたいと強く考えていた。

(2) 経済産業省

経産省は，日星FTAの場合と同様，共同検討会合の共同議長であった。省内では，日墨FTAの締結を推進する方向で意見が一致していたため，積極的に交渉を進めるアクターとなった。

経産省にとって，メキシコは好都合なケースだった。なぜなら，シンガポールと異なり，メキシコは日本への農産品の輸出実績があったものの，タイのような農産品輸出大国ではなかったためである（関沢 2008: 45）。さらに，メキシコとFTAを締結することは，日本企業に対するメキシコ国内での差別を解消するという大義名分が存在していた。したがって，農産品の自由化促進という日本の通商政策上のタブーを取り除くためには，日墨FTAは適切なケースだと考えられていたのである（関沢 2008: 45）。

(3) 農林水産省

農水省は日星FTAの場合と異なって，メキシコとの共同研究会に最初から共同議長として参加していた[17]。これは大きな変化であった。日墨FTA交渉は農業問題を扱う交渉であったため，農水省は主要なアクターとして登場する。

---

16) WTOでは分野が分かれているが，FTAは一括交渉であるため，外務省がまとめ役となる傾向にあった（尾池厚之・元外務省経済局開発途上地域課長に対する筆者のインタビュー，2007年11月27日）。

17) 日・メキシコ共同プレス発表（2002）。

特に亀井善之農水相はキーパーソンの役割を担った。

(4) 首相官邸

日墨FTA交渉において，首相官邸は対立する省庁間の利害関係を調整する役割を担っていた。とりわけ交渉決裂後の後半期において調整能力を発揮し，FTA締結に導く役割を担うことになった。

(5) 日本経済団体連合会

日墨FTA交渉において，経団連は利益集団側の重要なアクターとして機能した。対メキシコ貿易で日本企業が約4,000億円の実害を被ったという経団連の試算は，産業界の意見を一致させた。この声に後押しされ，経団連はFTA締結を推進するアクターとなった。

(6) 自由民主党農林水産物貿易調査会

日墨FTA交渉において，自民党の農林水産物貿易調査会は，主な抵抗集団として登場する。同調査会は，一度でも農産品交渉で譲歩レベルが決められてしまうと，今後の他の国との交渉においても同じレベルでの譲歩は免れないと考えていた[18]ため，今回の交渉を少しでも有利に持っていこうと圧力をかける役割を担った。

(7) 自由民主党FTA特命委員会

日墨FTA交渉において，FTA特命委員会は，外務省と連携して農水族や農業関係者の反対を押さえ込むという重要な役割を担っていた。

(8) JA全中[19]

JA全中は利益集団側における抵抗集団の中心的ポジションに位置していた。しかし，後述する養豚業界ほどには，表だって反対の動きをしたわけではな

---

18) 農水省高官に対する筆者のインタビュー，2007年11月9日。
19) JA全中は韓国，タイとの産官学共同研究会からは参加メンバーとなる（JA全中農政部WTO/EPA対策室長に対する筆者のインタビュー，2007年11月12日）。

かった。後にタイとのFTA交渉においては「関税と協力のバランス論」を打ち出し，アジア諸国とFTAを締結することに賛成するとの立場を公表した。

(9) 養豚業界[20]

日墨FTA交渉においては，豚肉の輸入が焦点になった。そのため，養豚業界は積極的な反対運動を繰り広げた。抵抗集団の最前線のポジションに位置したといえるだろう。養豚業界は，FTA等対策協議会を設置するなどして，FTA締結に抵抗した。

(10) 世論

世論は，メキシコとのFTA締結を強く支持していた。どの新聞でも「FTAを進めるべき」との論調一辺倒であった[21]。とりわけ，各紙とも，中国がFTAに積極的であることを引合いに出しており，FTAにおける日本の遅れを強調した。このような世論のFTA推進路線に，農水省や自民党農林水産物貿易調査会は，FTA締結に対する抵抗勢力として世論からレッテルを貼られるのを恐れ[22]，協調姿勢をとるようになった。

2 構図

上記の国内各アクターの日墨FTAにおける構図は，図4-1の通りである。

では，このような構図の中で，日墨FTA締結に至るまでの間，各アクター間の対立と協調のパターンはどのように変化したのだろうか。次節で，そのプロセスを検討する。

---

20) 前掲，全国農業会議所関係者に対する筆者のインタビュー。
21) 筆者が調べた4大新聞（朝日，読売，毎日，日経）の1998年～2005年の日墨FTAに関する記事検索では，どの新聞でも「FTAを進めるべき」との賛成一辺倒であった。
22) 農水省関係者に対する筆者のインタビュー，2007年11月13日。

図 4-1 日墨 FTA における構図

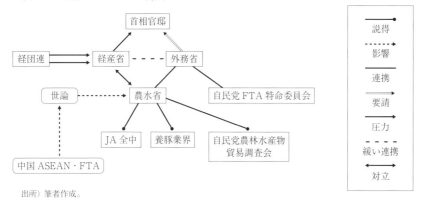

出所）筆者作成。

第3節　日本・メキシコ FTA 締結へのプロセス

1　経緯

(1) **予備期**（1998年11月から2001年6月の共同研究会設立合意まで）：メキシコの提案と経団連の陳情

① メキシコの提案：「アジア」にこだわる通産省の躊躇

　日墨 FTA 交渉は，1998年6月，メキシコのエルミニオ・ブランコ（Herminio Blanco）商務工業振興相が畠山襄日本貿易振興会（JETRO）理事長との会合の際に提案したことから開始された[23]。ブランコ商工相は，「NAFTA 開始以来，我が国の輸出量が倍増し，外国からの投資は3倍増になった」と述べ，「我が国は NAFTA を先行させているが，米国に次ぐ貿易相手である日本，EU とも自由貿易を進めたい。EU とは今年中に交渉を終える予定である。日本と二国間 FTA を結びたい」と提案した[24]。この提案を受けて，8月末に，畠山理事長はメキシコへ赴き，ブランコ商工相と次官の4人からより詳細な説明を受け，9月に与謝野馨通産相に伝えた。だが，与謝野通産相の対応は慎重で，「やるとしたら日本政府の方針の一大変更だから，とりあえず省内に研究会を作ってや

---

23) 前掲，外務省中南米局（2001: 5）。
24) 畠山襄・元 JETRO 理事長に対する筆者のインタビュー，2007年12月6日。

りましょう」[25]と，まずは研究会を立ち上げる運びとなった。研究会の座長は今野通産局長が務めることとなった。

しかし，通産省の中では，最初のFTAはアジアと結ぶべきとの声が多数であり，メキシコとの締結には違和感が強かった[26]。同年11月，セディージョ大統領が来日したが，今野通産局長はまだ結論を出せずにいた。研究会の座長が決断を見送ったことを受け，与謝野通産相も回答を控えた。結局，セディージョ大統領は経団連でFTAの検討を提案するにとどまり，小渕首相との首脳会談ではFTAについての言及はなかった[27]。

ところが，セディージョ大統領の来日から10日後の11月末，鹿児島で日韓閣僚会議が開催された際には，日本の態度が一変していた。当時の韓国の韓悳洙（ハン・ドクス）通商交渉本部長が日韓FTAの研究会を提案し，与謝野通産相が「やりましょう」との返事を出したのである[28]。そこで，JETROのアジア経済研究所が日本側の調査機関になって，韓国の対外経済政策研究院（KIEP）との共同研究が98年12月から始まった。これに対しブランコ商工相は，「10日も前に大統領が行ったのにその時は間に合わないと言ったのに，どうしてなのか」と不満を示し，与謝野通産相は「いやいや，やりましょう」とメキシコとのFTAも了承することになった[29]。

このようなプロセスを経て，99年2月，JETROが「日墨経済関係緊密化委員会」を設置し，FTAの意義等について検討を開始した。メキシコ側でも，商工振興省が同テーマで研究を行うことになった[30]。

② 経団連内部の対立

セディージョ大統領の呼びかけを受けて，経団連は99年1月に「日墨協定に関する懇談会」を設置し，FTAの締結が主なメキシコ進出日系企業に与える影響に関する分析を開始した。そこでの約20社からのヒアリングをもとに「日墨FTAのわが国産業界への影響に関する報告書」を取りまとめ，同年4月

---

25) 同上。
26) 同上。
27) 同上。
28) 同上。
29) 同上。
30) 同上。

に発表した[31]。

　当初は，経団連委員企業の間でも「FTAとはいったい何なのか」，「これまでFTAがなくてもやってこられたのに，今さら必要ないのではないか」といった空気が強かったという[32]。このような声を払拭するため，経団連のFTA推進派は何度も検討会を重ねた。そこでは，NAFTAの規定を下敷きに，日墨FTAのモデルが想定された。そして，仮に協定が実現した場合に，各社の事業にどのような影響があるか，既存の問題点が解決されるかどうかなどの観点から日墨FTAを検討し，FTA締結推進に向けた経団連内部での意見の一致を導き出したという[33]。

　経団連のカウンターパートであるメキシコ国際産業連盟（COMCE: Mexico Chamber of Commerce）でも，傘下企業を対象にアンケート調査を実施し，同様の報告書を取りまとめている。これによると，メキシコ企業には，日墨FTAにより日本側の農産品関税が撤廃されて，メキシコが得意とする農産品の対日輸出が拡大することへの期待があった。他方，メキシコ側の関税が撤廃され，日本からの輸入が増えることに関しては，メキシコ側で懸念する声はあまり聞かれなかった。むしろ，日本製部品などの輸入が容易になることで日本からの投資が拡大することに対する期待のほうが大きかった[34]。

　このように，日墨FTAについて，少なくとも産業界のレベルでは，双方がメリットを得られるとして，早期締結を希望していた。2000年4月，経団連とCOMCEは，日墨FTA交渉の早期開始に向けたコンセンサスの形成を強く勧告する共同声明[35]を発表した。メキシコ側では，政府・民間ともに日墨FTA支持でほぼ意思統一ができていた。それゆえ，なぜ日本はいつまでも態度を明確にしないのかというメキシコ側の苛立ちすら，経団連は感じたという[36]。経団連は，このままではメキシコが日本に見切りをつけ，韓国など他のアジア諸国との交渉を先行させる可能性もあり，そうなると近年競争力の向上

---

31) 元経団連国際協力本部FTA担当者（日本メキシコFTAなど，日本のFTA交渉史の黎明期のFTA担当）に対する筆者のインタビュー，2007年5月28日。
32) 同上。
33) 同上。
34) 同上。
35) 経団連（2000b）。
36) 前掲，元経団連国際協力本部FTA担当者に対する筆者のインタビュー。

が著しいこれらの国々の企業を相手に，日本企業は苦戦を強いられるという危惧を覚えていた[37]。

③ メキシコ進出企業の悲痛な叫び：経団連の要請

2000年7月にEU・メキシコFTAが発効されると，メキシコに進出している各分野の日本企業は，NAFTA企業に加え，EU企業に対しても関税その他の面でハンディを負うこととなった。加えて，NAFTAの規定に従い，2000年末をもってマキラドーラ制度が変更され，一時輸入の保税制度が廃止された。この結果，エレクトロニクス産業を中心に，従来は日本から無税で輸出していた部品に関税が課せられることとなった。すでに述べたように，メキシコ政府は，代替措置として産業分野別生産促進措置（PROSEC）を導入したが，この措置が適用されても品目によっては3％ないし5％の関税を課せられ，また対象外となる部品も多いなどの問題があった。こうした状況下で，メキシコ進出企業からは以下のような切迫した意見が寄せられていた（土田 2001: 3-4）。

・EU・メキシコFTAで通信機器の関税が即時撤廃されたため，エリクソン，アルカテル，シーメンスといった欧州企業の応札価格が下がっており，苦戦を強いられている。さらに，FTA締結国からの調達は国内調達と見なされ，入札評価の上でインセンティブが与えられるため，日本企業は二重の意味で不利になる〔通信機器〕。
・マキラドーラ制度の変更に伴い，2001年1月より自動車部品用の部材には3％，設備には10～23％の関税がかかる。日系完成車メーカーへの納入価格がその分上昇し，結果として競争力をそぐことになりかねない〔自動車部品〕。
・鉄鋼製品の輸入関税が，日本製は13～18％，EU製は現在8％（2007年までに撤廃）と格差が生じており，欧州勢の攻勢が強まっている。また近年メキシコで日本製鉄鋼製品に対するアンチダンピング課税が取り沙汰されているが，FTAにより紛争処理メカニズムが整備されていれば，こうした問題にも対処しやすいと思われる〔鉄鋼〕〔商社〕。
・発電プラントには10～23％の関税がかかり，FTAで関税が撤廃されるEU企業にこのままでは席巻されてしまう。この分野でも，FTA締結国からの

---

37) 同上。

調達は国内調達と見なされて評価上のインセンティブを与えられるため，日本企業は二重のハンディを負っている〔重工業〕〔商社〕。
・銀行借入支払い利子に対する源泉税率が米墨租税条約では4.9％，日墨租税条約では10％（ただし時限立法で現行4.9％）となっており，FTAの動きとも絡めて租税条約の見直しを望む〔銀行〕。
・EUが東欧にまで拡大されれば，EU企業はさらに安い部品を無関税で調達できるようになる。日本企業としても，企業の自助努力が必要な面もあるが，せめて同じ土俵で世界と競争したい〔エレクトロニクス〕。

　日本企業からは，このままではメキシコからの撤退も考えざるをえないという将来への懸念が示され，「とにかく時間が重要である。可及的速やかにFTAを締結してもらいたい」という切迫した意見が相次いだ[38]。
　そうした中で，2001年1月下旬，平沼赳夫経産相が中南米歴訪の一環として，メキシコを訪問することになった。経団連日本メキシコ経済委員会の川本信彦委員長は平沼経産相と会談し，「これまでさんざん繰り返してきたことではあるが，産業界としてぜひとも早急に日墨FTAを締結してもらいたい」と要請した[39]。平沼経産相は「産業界の置かれた厳しい立場は十分に理解している。ここまで産業界に働いてもらったのだから，ここから先は，われわれ政治家の仕事だと思っている」と応じた[40]という。
　平沼経産相とフォックス新政権のソホ大統領補佐官，デルベス経済相との会談の結果，2001年6月を目途にフォックス大統領の訪日を調整すること，その際，交渉中の日墨投資保護・促進協定を調印すること，併せて日墨FTAに関する政府間ベースの研究会発足を目指し，作業を進めることの3点が合意された。帰国後，平沼経産相が結果を閣議報告し，研究会の発足について森首相の了解を得たのを受け，政府部内で調整・準備作業が進められた。

④　経団連と「アジア」
　当時，経団連はメキシコとのFTAを巡って活発な動きを見せていた。例え

---

38)　同上。
39)　同上。
40)　同上。

ば，経団連日本メキシコ経済委員会はFTAの早期締結を提言した99年5月の報告以降，「あらゆる機会に日墨FTAの早期締結を関係各所に求めていた」[41]という。

同年の7月，経団連は「FTAの積極的な推進を望む―通商政策の新たな展開に向けて―」という意見書を発表した。そこでは，「通商政策の新たな柱として，FTAを積極的に活用していく必要がある」との立場を鮮明に打ち出していた[42]。特に，FTAの優先対象地域[43]としてアジアと米国を挙げており，アジアの中ではとりわけASEAN諸国と韓国に重点を置いていた。経団連にとっても，アジアは通商政策上，重要な位置づけにあったのである。

⑤ 経産省の狙い

当時，経産省のFTA担当者は，シンガポールとのFTA交渉が進む中，次の締結相手国について検討していた。メキシコからの提案と同じ時期に，韓国からもFTA締結の打診があった。経産省は，隣国であるとの理由で，韓国から交渉を開始しようという意識があったという[44]。しかし，韓国側の産業界の中で日本とのFTAを進めることに対して否定的な声が強くなっていたため，日韓FTAを進めることは次第に困難になっていた[45]。

経産省のFTA担当者の念頭にあったのは，東アジア諸国とのFTA締結だったという[46]。しかし，東アジア諸国との間でFTAを結ぶことに対しては，当時でも次のような2つの障害があった。まず，シンガポールとの間でのFTAを締結することに対しては了解が得られたものの，経産省や外務省の内部では依然として，通商交渉の主軸はWTOに据えるべきでありFTAを推進すべきで

---

41) 当時の日本経団連日本メキシコ経済委員長であった塙義一の発言（関沢2006）。
42) 2000年度の『通商白書』では，WTOによる多角的貿易体制を地域統合で補完する「重層的通商政策」を推進するという方針が示されたが，こうした日本の政策転換において，この経団連の1999年度の提案書の影響力が大きかったと見る見方もある（前掲，元経団連FTA担当者に対する筆者のインタビュー）。
43) 協定締結対象国の条件として，①日本と相互補完的な経済関係にあり，互恵的な協定が結べること，②自由化が遅れており高関税や煩雑な規制が維持されていること，③すでに他国と自由貿易協定を締結しているため，日本企業が相対的に不利な立場に置かれている点，④法制度が確立し政治が安定しており協定の遵守が期待できること，の4つを挙げている。
44) 前掲，元経産省高官に対する筆者のインタビュー。
45) 経産省関係者に対する筆者のインタビュー，2007年11月22日。
46) 同上。

はないという声が存在していたという[47]。また，より大きな問題としてあったのが，農業問題である。WTO協定におけるGATT第24条では，「実質的に全ての貿易」における障壁を取り除くことがFTAとして許容される要件となっていた。シンガポールのように日本への農産品輸出がほとんどない国の場合とは異なり，東アジア諸国との間でFTAを締結する場合には，農産品市場のある程度の開放は必須であった[48]。

そのような事情を抱えていた経産省に対し，メキシコに投資した日本企業から「メキシコはアメリカとはNAFTA，ヨーロッパとはEUとFTAを結んでおり，日本だけが関税をかけられていて多大な被害を被っている」との苦情が寄せられた[49]。加えて経団連からは，「是非とも早く結んでくれなければ困る」との圧力があった[50]。

経産省にとって，メキシコは願ってもないチャンスだった。すでに述べたように，メキシコは農産品輸出の大国ではなく，日本企業に対する差別解消という大義名分も存在し，かつ農産品のタブーを取り除くという，シンガポールとのFTAでは果たせなかった新たな課題に対応する上で適切な相手国だった[51]。これらの要因が重なり，経産省は日星FTAのときとは異なり，FTA締結に向けて積極的にコミットした。

⑥ 外務省と「アジア」

経産省とは異なり，外務省は，アジア政策の一環として，アジアにおけるFTA推進を望んでいた。すなわち外務省は，メキシコより韓国とのFTAを先に締結すべきだと考えていたのである[52]。しかし，メキシコから撤退する日本企業は数多く，日本経済に与える損害は明らかであったため，外務省はメキシコとのFTAを先行して進めざるをえなかった[53]。

⑦ 農水省の頑なな態度

農水省は依然として，FTA締結に対して頑なに反対の姿勢をとっていた。

---

47) 同上。
48) 同上。
49) 前掲，元経産省高官に対する筆者のインタビュー。
50) 同上。
51) 前掲，経産省関係者に対する筆者のインタビュー。
52) 前掲，外務省高官に対する筆者のインタビュー。
53) 同上。

2000年11月に行われた参議院農林水産委員会で,農水省の石原葵経済局長は,「農林水産物の国境措置につきましてはあくまでもWTOの場で包括的に議論すべきでございまして,二国間で交渉を行なう余地はない」[54]と発言している。その場で,谷洋一農水相も「その国々によっての対応ということじゃ困る。やはり,農,林,水の問題については別格な扱いにしてもらわなきゃ困るということは強く申し上げております。一切WTOの場でわれわれは発言する,そしてそこに一番中心を置くということはまちがいない」[55]とFTA交渉で農業分野を扱うこと自体に対する強い拒絶反応を示していた。しかし,外務省同様,メキシコにおける日本企業の経済的損失は明らかだったため,メキシコとのFTA締結を了承せざるをえなかった[56]。

⑧ 産官学共同研究会の設立に合意
(a) 首脳会談の議事録

2001年6月5日,小泉首相とフォックス大統領の首脳会談が開かれた[57]。そこで両国は,FTAのための経済協力強化方針に合意し,日墨産官学共同研究会の設立に合意した。

会談において,フォックス大統領は次のように述べている。

> メキシコでは最近良いことが起きている。メキシコを含む中南米諸国は20世紀に失ったものを今世紀に取り戻し21世紀をメキシコ,中南米の世紀としたい。そのためにも日本とともに手を携えていきたい。この機会に2国間関係を進めるための具体策につき,中でもFTA締結に向けて話し合いたい。FTAは,戦略的同盟関係を築くためにも重要である。協定というのは1つの形式であり,その内容を詰めることが重要である[58]。

---

54) 国会会議録 (2000: 117)。
55) 同上。
56) 前掲,外務省高官に対する筆者のインタビュー。
57) 会談における日本側の出席者は以下の通りである。田中外務相,安倍官房副長官,浦部官房副長官補,堀村在メキシコ大使,今野経済産業審議官,西田中南米局長,西藤農水省総合食料局長,寺澤財務省関税局長,別所総理秘書官,兼原総企長,高瀬中南二長(外務省大臣官房総務課情報公開室,開示請求番号 2006-01149。2001年6月5日:1)。
58) 前掲,外務省中南米局 (2001: 2)。

これに対し小泉首相は,「FTAの可能性も含めて包括的に,産官学で研究していくことが重要と考える」と述べ,共同研究会の設置を促している[59]。

(b) 外務省の「会談の応答要領」

会談における外務省側の「会談の発言・応答要領」[60]には,当時の政府側の認識が表れている。同要領では,「貴国に進出している我が国企業が抱えている問題をはじめとして,貴国との経済関係を発展させる上で障害となっている問題を明らかにし(略),産官学からなる両国間の研究会を早急に設置し,貴国との経済関係強化のための方策全般について,FTAの可能性も含め,包括的に議論することとしたい[61]」と述べられている。さらに,

> 喫緊の課題として,現在貴国に進出している我が国企業の活動が円滑に進み,他国企業との関係で不利な立場に置かれないよう配慮いただくことが重要である。特に,マキラドーラ制度の代替措置について引き続き懸念の声があるので,善処願いたい[62]。

と経済損失に対する危機感が露わにされている。

また,ここでは,「経済関係強化のための日墨共同研究会」設立の背景に関して,2つの点に言及されている。第1に,「98年より墨政府より日墨FTA交渉開始の強い要望あり。我が国産業界からも早期締結に向けた要請が再三あり」,第2に,「墨は我が国対米州経済関係上の重要な拠点であるが,我が国企業はFTAを有する米・加・EU企業に対し,競争上不利な立場にあり」と述べている。これらに加えて,研究会設立の目標として,「日墨経済関係を更に発展させる上で障害となっている諸問題を明らかにする」ことが掲げられ,具体的には「NAFTA,EU・メキシコFTA等の影響など」と記されている[63]。

すなわち,日墨FTAの予備期においては,メキシコ側の提案と経団連の圧

---

59) 同上。
60) 前掲,外務省中南米局(2001: 3-5)。
61) ここには「自由貿易協定が議論される場合,WTO協定との整合性を確保することが重要」と書かれている。
62) 前掲,外務省中南米局(2001: 3-5)。
63) 同上。

力が主な FTA 推進要因であった。

(2) **前半期**(2001年9月共同研究会開始から2003年10月交渉決裂まで):
浮き彫りになる農水省の役割—抵抗アクターへの説得
① 共同研究会の開始
(a) **純粋な勉強の場**:農水省の共同議長としての参加

日墨の共同研究会は,2001年9月から2002年7月の間に合計7回行われた[64]。共同研究会はあくまでも FTA 交渉を開始するコミットメントではなく,純粋な勉強の場として位置づけられていた[65]。同様の研究会はシンガポールと FTA 交渉を開始する前にも設けられていたが,シンポールの場合とは異なり,最初から農水省が研究会の共同議長として参加していた[66]。この研究会と並行して,経団連内部でも日本とメキシコとの間の FTA についての勉強会が行われていた。経団連の勉強会の成果は,共同研究会に持ち込まれた[67]。
(b) **センシティビティに対するメキシコの配慮**

共同研究会においては,関税撤廃の検討における両国のセンシティブ・セクターが主な争点になった。際立っていたのは,メキシコの柔軟な姿勢と日本の頑なな姿勢である。

日本側は,農林水産分野の中の品目を巡る国内上のセンシティビティから,二国間協定でのさらなる関税の撤廃・削減は困難であるとの立場をとっていた。特に,日本初の FTA である日星 FTA において,農林水産品に関しては,WTO 無税譲許品目および実行無税品目を無税譲許の対象としたことがメキシコ側に紹介された。すなわち,2001年9月3日の自民党農林水産物貿易調査会決定の次のような内容である。

---

64) 産官学共同研究会のメンバーは,日本からは高瀬寧外務省中南米局中南米第二課長,森信親財務省関税局関税企画官,片山さつき財務省関税局関税企画官,住田孝之経産省大臣官房企画官,高柳充宏農水省国際調整課貿易・情報室長,梶島達也農水省国際調整課貿易・情報室長の6名,産業界から佐藤和夫台湾新幹線株式会社社長,藤原武平太シャープ株式会社専務取締役・海外事業本部長,谷代正毅ユーシーカード株式会社代表取締役副社長の3名,学界から細野昭雄神戸大学教授,浦田秀次郎早稲田大学教授,服部信司東洋大学教授の3名が参加している(外務省2002d)。
65) 前掲,経産省関係者に対する筆者のインタビュー。
66) 前掲,日メキシコ共同プレス発表(2002)。
67) 前掲,経産省関係者に対する筆者のインタビュー。

・国内農林水産業に悪影響が生じないよう十分配慮する
・特に，農林水産品の関税については，WTOの場で議論すべきものであることから，二国間の協定においてさらなる削減・撤廃を行わないことを基本方針とする
・今後検討される同種の二国間協定についても同様の考え方で対応する

これに対して，メキシコ側は，「あり得べき二国間協定の最終的パッケージにおいては農産品が不可欠である」としつつも「日本のセンシティビティーに対応するために柔軟なアプローチをとる用意がある」との考えを示した[68]。また，メキシコ側は，「国内農林水産業に悪影響が生じないよう十分配慮する」等の自民党の見解を日墨二国間協議の中で対処することも可能であるとし，柔軟な姿勢を見せていた。

2002年7月，最終会合で取りまとめた報告書が両国首脳に提出された。そこでは，経済関係を強化するための具体策として，FTAを含めた二国間の経済連携強化のための協定締結に向けた作業に早急に着手することが提言されていた[69]。そこでは，すでに述べたように，欧米企業に市場を奪われることにより年間約4,000億円の輸出利益が損なわれ，約6,200億円の国内生産が減少し，約3万2,000人の雇用機会が失われるといった，日本が被る具体的な損失を示す数字が挙げられた。さらに，平均16％の関税負担により欧米企業との競争に負けて日本企業は撤退（発電プラントでは年間1,200億円の損失，1万人以上の雇用喪失）すると予想されており，部品調達が日本製からNAFTA製へと変更されることで国内経済に悪影響を及ぼすとされた。FTAの経済効果予測としては，日本の輸出が0.13％，メキシコの輸出が1.68％，日本の実質GDPが0.03％，メキシコの実質GDPが1.08％増大するとし，さらに計量モデルでは計測が困難な効果もあることから，実際の経済効果はさらに大きいとされていた[70]。

---

68) 前掲，外務省（2002d）。
69) 同上。
70) 報告書は，「日本にとってメキシコは欧米への玄関口となり，メキシコにとって日本は投資拡大や輸出先多様化の観点から重要」と指摘する。協定では，関税の原則撤廃や投資の自由化だけでなく，ビジネス環境整備や制度の調和，エネルギー分野などでの協力を含

(c) 交渉開始に合意：両首脳の認識

このような共同研究会の報告に基づいて，2002年10月27日，日本政府はメキシコとのFTA締結のための政府間交渉を開始することを公式発表した。ロス・カボスでの小泉首相とフォックス大統領の会談で，協定締結のための正式な交渉を2002年11月に東京で開始し，1年程度を目標に，できる限り早期に交渉を実質的に終了するよう最大限の努力を払うとの考えで両者の意見は一致した。

首脳会談でフォックス大統領は日本からの投資の役割を強調した上で，「メキシコは，NAFTA締結による成果を享受しており，EUとのFTAもEUとの関係強化に貢献している。協定交渉は日墨間の戦略的連携のみならず，メキシコにとっては東アジアとの，日本にとっては米および中南米との関係緊密化につながるものである。戦略的思考の下にデザインを持って作業を進めていきたい」[71]という姿勢を明らかにした。

これに対し，小泉首相は「共同研究会の提言を踏まえ，両国の経済連携の強化に十分資するものとしたい」[72]と述べ，具体的内容については事務局で詰めていきたいと述べた。

② 対立する利益集団：経団連 VS JA全中・養豚業界

(a) 経団連の活発な提言

2003年6月16日，日本経団連と日本メキシコ経済委員会は『日墨経済連携協定の政府間交渉に関する要望』を発表した。この発表では，まずFTA未締結による年間損失額約4,000億円という額[73]が挙げられ，これは日本からメキシコへの輸出総額約4,900億円に迫る巨額なものであることが示された。またフォックス大統領の経済活性化プログラムにより政府調達における国際入札がメキシコ企業とFTA締結国企業に限定される方針となり，日本企業が国際入札にすら参加できない状況が生じていることが訴えられた[74]。そして，日本企

めた幅広い内容が盛り込まれている。
71) 外務省中南米局（2001: 1）。
72) 同上（2001: 2）。
73) この「4,000億」という数字は日本とメキシコとのFTA締結の必要性を訴えるにおいて，一人歩きしていたように思われる。
74) 一例として，メキシコ国営石油公社（Pemex：Petroleos Mexicanos）の総額16億ドルにのぼるミナティトラン製油所近代化の大型案件では，すでに最初のパッケージの入札に

業がメキシコにおける大きなビジネスチャンスを失う厳しい局面に立たされていることを憂慮し、「日墨FTAは、シンガポールとの協定とは異なり、センシティブ分野の難しい交渉を含むという意味で、初めての本格的な協定といえる。今後、アジア諸国との協定交渉が控えていることを考えれば、その試金石にもなる」とし、FTAの早期締結を促した[75]。

7月には経団連主催の「日本の活路を開く経済戦略」セミナーで、西室泰三東芝会長が「FTAは積極的にやるべきで、農業で腰が引けてはいけない」と発言し、農業に対し真っ向から対立姿勢を示した[76]。8月には経団連、日本商工会議所、（社）経済同友会、（社）日本貿易会が連名で「日墨経済連携協定の早期締結を求める」との声明を発表した。経団連の奥田会長は「WTO交渉がお流れになった状況では、FTAを結ばないと日本が世界に伍していくのは難しい。メキシコとは決着させてほしい」とFTA締結を強く促した[77]。

(b) 養豚業界の攻勢：「FTA等対策協議会」の設立、50万人署名運動

一方、養豚業界はFTA締結に対する抵抗を活発に繰り広げていた。豚肉が日墨FTAにおいて、大きな焦点となったからである。2003年7月15日には、メキシコとのFTA締結に当たって豚肉を例外にするよう求めるため、（社）全国養豚協会、全国養豚経営者会議、日本養豚事業協同組合の3つの養豚関係団体が「FTA等対策協議会」を設立した[78]。

養豚関係団体はメキシコとのFTAについて、「日本の自動車産業等の経済界が輸出国としての関税撤廃等を実現するため、早期締結を強く望んでいる。一方でメキシコ側は農産物分野での関税撤廃が不可欠と強調し、特に対日農産物輸出で半分を占める豚肉に強い関心があると表明している」と述べた。また、「日本の約4割も安い値段であり、これが実現されれば、日本養豚産業に壊滅的な打撃を与えることは必至である。一部報道では"生き残れるのは約5%の農家にすぎない"と報じている。（略）ひいては日本農業の崩壊にもなりかねない」とFTA締結に対する強い懸念を表明していた[79]。

　　　　　おいて、日本企業が対象から除外されたことを挙げている。
75)　経団連（2003）。
76)　『朝日新聞』2002年7月27日。
77)　『朝日新聞』2003年10月10日。
78)　『全国農業新聞』2003年7月25日。

JA全中は養豚業界ほど表立って抵抗の動きを見せたわけではなかったが，自民党農林水産物貿易調査会への要請[80]を何度も行うなど，抵抗集団の1つではあった。例えば，2003年5月，JA全中は全国森林組合連合会（全森連），全国漁業協同組合（全漁連）と共同で，農産品の扱いを「シンガポール方式」（実行関税率が無税のものに限り，二国間協定において譲許する）とすることを自民党農林水産物貿易調査会に要請している[81]。

このように日墨FTA交渉の前半期においては，利益集団間の対立が浮き彫りになった。このような利益集団間の意見調整の場として，後に，自民党内のFTA特命委員会が機能するようになる。

(c) **外務省の要請**：「FTA特命委員会」の設立

2003年7月16日，自民党内に「FTA特命委員会」が設置された[82]。委員長には額賀福志郎が就任した。同党は，それまでFTAを分野ごとに所管する部会で議論してきたが，以後は同委員会で調整を行うことを取り決めた。冒頭，麻生太郎政務調査会長は「中国とASEANとの間でFTA締結に向けた動きが本格化するなど，アジア域内でFTAを結ぶ機運が醸成されてきている。一方で，FTAは各省にまたがる問題があり，何が国益か，何が日本の将来にとって大切かこの委員会でご議論をいただきたい」と挨拶し，委員長の額賀福志郎は「みなさんの英知を結集して広い視野から国益にかなう針路を見出したい」と意欲を示していた[83]。

FTA特命委員会の発足背景　　FTA特命委員会は，設立当初から外務省と協力する立場をとり，外務省と自民党の合作委員会とも称された[84]。同委員会の設立は，2003年に行われたフィリピンからの看護師の話を議論した勉強会で出てきた構想であった[85]。それは次のような人選にも表れている。

谷津義男　自民党FTA特命委員会委員長（元農水相，農水族のFTA推進キー

---

79) 同上。
80) JA全中農政部関係者に対する筆者のインタビュー，2007年11月12日。
81) 全国農業会議所（2003c: 1）。
82) 前月に日本政府はタイとのFTA交渉開始に失敗しており，これがFTA特命委員会設立の一要因となったと言われる。
83) 『日本農業新聞』2003年7月17日。
84) 前掲，外務省高官に対する筆者のインタビュー。
85) 同上。

パーソン)

武見敬三　自民党FTA特命委員会事務局長（厚生族の大物）（外務省の元政務次官）

大村秀章　自民党FTA特命委員会事務局次長（第二次安倍内閣の内閣府副大臣，農水省出身だがFTA推進派，選挙区はトヨタの地元愛知県）

すなわち，「農業問題」と「外国人労働者」を扱うために成立したのが，FTA特命委員会であった[86]。これらの問題を扱う場としては，自民党の農水の委員会や外国人労働者等特別委員会もあったが，FTAを専門に検討する会が必要だという認識が党内にあったのである。

谷津は農水族の大物であったので，農林部会との対立は回避できた。FTA特命委員会を設立した動機は，メキシコとのFTA締結というよりは，もともとは「アジア」との締結にあったという[87]。FTA特命委員会は，経団連，JA全中など利益団体との意見調整の場としての役割を果たすこととなった。

自民党農林水産物貿易調査会の動き　2003年7月23日，自民党の農林水産物貿易調査会（会長・中川昭一）では，農水省などからWTO農業交渉とメキシコとのFTA交渉の状況について聴取し，その対応策が協議された。出席した議員からは，日本にはFTAを推進する戦略がないという認識から，「国益をはっきりさせない限り交渉に入るべきではない」と政府の対応を批判する意見が出された[88]。8月21日，同調査会は日本とメキシコの間で行われているFTA交渉について，関係省庁から報告を受けた。メキシコ側が例外なき関税撤廃を求めているのに対し，日本側は農産品・非農産品の区別なく，重要品目については例外を設けることを主張していた。議員からも「メキシコはEUとの間のFTAにおいて例外品目を設けている。わが国に対しても同様の措置をとるべきだ」という意見が出され，関税撤廃を認めない方針が改めて確認された[89]。

③　巻き返し：農水省，譲歩を決意

交渉において農水省がメキシコ側に提示した最初の提案では，シンガポールとのFTA交渉で示したのと同様に，すでに無税になった品目のみをFTAの対

---

86)　同上。
87)　同上。
88)　全国農業会議所（2003b: 2）。
89)　自民党Daily News（2003）。

象とすることが盛り込まれた。しかし，メキシコはこれに反発した。そこで，農水省は，2003年8月末に日星FTAのレベルを脱却して，「いわゆる豚肉を除くメキシコからの農産物輸入額の9割以上を無税とする思い切った関税撤廃案」を提示した[90]。

　この提案は，2001年9月の自民党農林水産物貿易調査会の決定を覆すものであった。すなわちこの改正案は，農林水産品に対する関税はWTOの場でのみ議論するという従来の立場から，FTA締結に向けて前向きに取り組むようになったことを意味した。これによって，今後のFTA交渉においては，シンガポールとの場合とは異なり，農産品においてゼロ回答となることはなく，農業分野においてある程度の前向きな取組みが行われることが明らかになったのである。

　2003年3月25日，参議院農林水産委員会で大島理森農水相[91]は次のように発言し，農水省のFTAに対する認識の変化を明らかにしている。

　　農業というものの環境も，国際的には，今WTOという世界の中で国際貿易ルールの対象になっているという意味での国際化というのが一つあるでしょうと。もう一つ，今度は，マルチのそういう国際交渉以外に，FTAという，フリートレード，二国間のFTAというのがどんどんどんどん進んでいっておりますということ（略）そういうことを考えますと，私は，国際化という視野を入れずして日本の農政を語ることはできない現状にあるということはお互いに共有したい認識だと思います[92]。

(a) **国際協調派議員の説得：抵抗勢力としてのレッテルの懸念**

　なぜ農水省の認識は変化したのか。これは次の2つの要因によるものだった。第1に，国益上の懸念が農業関係者にも共有されたという側面，第2に，

　　90）　2003年9月22日の記者会見における亀井農水相の発言。
　　91）　大島理森は，日本がFTAに乗り遅れることに危機感を持つ農水族議員の1人であり，後に自民党FTA特命委員会で「日本の農業の役割を積極的に考えていくべきだ」と力説している。2003年12月17日の自民党FTA特命委員会での発言による（『読売新聞』2003年12月22日）。
　　92）　国会会議録（2003: 34）。

抵抗勢力としてのレッテルを貼られかねないという不安があった[93]。
　まず，国益上の懸念は，当時の農水省事務次官の次の発言にも現れている。

　　実際に日本の雇用なり経済がメキシコで非常に不利益を被っておりますので，早期にFTAを結んで日本としてのポジションをきちんとしていくということは国益に適うことですので，そのための現実的対応ということで取り組んでおります[94]。

　すなわち，狭い意味での農業の利益にとらわれることなく，国益としてのFTAに農水省としても協力していこうという雰囲気が形成されつつあった。
　抵抗勢力としてのレッテルを貼られることへの懸念は，政府関係者の以下の証言からも明らかである。

　　当時，抵抗勢力，改革というのは重要な課題だった。そういうのを無視できなくなった。逆に抵抗すればするほど，かえって自分たちのポジションを悪くする。いろんなことが考慮されたのではないか[95]。（農水省官僚）
　　農水省も自分たちだけが阻害要因になっていはいけないと考えて，なんとかできるところはやろうと思った[96]。（外務省の当時のFTA担当）

　このため，農水省は国会議員や農業関係者に積極的に説得を試みていた[97]。4,000億円という損失が生じている以上，国益の観点からやむをえないとして，農水省は自民党の農業関連議員やJA全中，養豚業界を説得したという[98]。

(b) アジアとのFTA推進に向けて共有された認識
　メキシコとのFTA交渉は，今後のアジアにおいて懸念材料になるであろう農業問題を扱う上で，試金石となる初の交渉であった。その意味で，対メキシ

---

93) 前掲，関沢に対する筆者のインタビュー。
94) 2003年6月9日の記者会見における渡辺農林水産事務次官の発言。
95) 前掲，農水省関係者に対する筆者のインタビュー。
96) 前掲，外務省高官に対する筆者のインタビュー。
97) 前掲，日本政府関係者に対する筆者のインタビュー。
98) 同上。

コ交渉は,将来のアジアとのFTAと関連付けて考えられていた。アジアとのFTA推進に対する農業関係者の認識は,以下の発言からも明らかである。

> 与党の場合は,関税撤廃せずに済めばそれはそれに越したことはないが,関係国,特にアジアの国と関係を結ぶことに反対する先生は誰もいない。口をそろえてそれは大切なことだと言う。同じアジアだから多少血が流れるのはやむをえない,と[99]。ただ日本側が壊滅的な打撃を受けるものに関しては関税撤廃はだめであるとの立場である[100]。(農水省高官)

> ASEANとの関係を強化する,それはだれも反対できないから。国会議員も農水省も。農産物について「みどりのFTA」がそれでできあがった。農業団体も参加してもらう。できるもの,できないものを仕分ける。それで今の姿ができあがる[101]。(農水省課長)

国会議員も同様に,FTAに理解を示し,農産品輸出拡大などを目的としてFTAを推進しようと考える国際協調派の農水族議員が登場するようになっていた。それは,交渉後半期の官邸主導型人事に如実に表れている。

(3) **後半期(2003年10月交渉決裂以降から2004年3月大筋合意まで):巻き返し―官邸人事のリーダーシップ**
① 交渉決裂
(a) **メキシコの強硬な姿勢**
2003年10月8日から東京で始まった事務レベル協議で,日本政府は,はちみつやバナナなど約70品目を追加した計500品目程度の農林水産物の関税撤廃案を提示した。しかし,国内養豚業への影響を懸念して豚肉は提案に入れなかったために,メキシコ側は「無税での輸入枠の設定」を要求し,協議は平行線をたどった。

---

99) このような考えは,後に農水省の「みどりのアジアFTA戦略」につながることになる。それは,関税撤廃せざるをえないものは撤廃していく,どうしてもだめなものは関税撤廃の対象からはずす,という原則に基づいたものであった。
100) 前掲,農水省高官に対する筆者のインタビュー。
101) 前掲,農水省FTA担当課長に対する筆者のインタビュー。

10月13日，カナレス経済相は，中川経産相や亀井農水相，川口外相と会談し，「日本の提案の小ささに驚いている。豚肉を含めた肉類などの農産品や工業製品で，まだ意見の相違がある。我々も譲歩の用意があるので，日本の提案を得て交渉したい」[102]と，日本側に豚肉の輸入拡大などでさらなる譲歩を求めた。これに対し，中川経産相は，一部の品目について優先的に交渉する意向を示した。次いで10月15日，日本政府はメキシコとのFTA交渉で，焦点の豚肉を巡って低関税の輸入枠を設定する譲歩案を正式に示した。日本側は，基準輸入価格を超す部分にかかる従価税4.3％について，減免枠8万トン程度（メキシコからの輸入実績のほぼ倍）を設ける案を示し，同価格と実際の輸入価格との差を埋めるための「差額関税」は残すとした[103]。しかし，無税枠を望むメキシコ側は，なおも一段の譲歩を求めた。

日墨FTA交渉は，10月16日のフォックス大統領来日までの大筋合意を目指し，大詰めの段階を迎えていた。日本側は農林水産物などで譲歩案を提示していたが，メキシコ側は鉱工業品関係で一切の譲歩を示さないなど，交渉は難航した。

(b) 日本側の国内政治考慮

10月16日，フォックス大統領は日本を訪問し，小泉首相との首脳会談でFTA締結に向けた交渉を行った。大臣級の交渉は明け方まで続いた。当時の日墨閣僚会議では川口外相，亀井農水相，中川経産相が参加し，メキシコのカナレス経済大臣，デルベス外務大臣との間での閣僚折衝[104]も含め交渉を行った[105]。

日本側は，農水省が農業関係議員と農業団体を説得して，野菜などの農産品約250品目の関税撤廃をすでに提出していた。しかし，豚肉，オレンジ，砂糖などは交渉の難しい品目であった。メキシコはこれらの品目の関税撤廃または

---

102) 『朝日新聞』2003年10月14日。
103) 差額関税制度とは，国産豚肉80％を占める低価格部位の豚肉を国境で保護する制度であり，関税を含む値段が1キロ409.9円以下なら輸入されないようにしている（『朝日新聞』2003年10月14日）。
104) 2日間の徹夜の交渉で，交渉時間は延べ十数時間に及び，「閣僚同士がこれだけ長時間，交渉すること自体珍しい」と農水省の課長は述べている（『朝日新聞』2003年10月17日）。
105) 『日本経済新聞』2003年10月17日。

無関税限度の設定を要求したが，日本側はこれを拒否した。さらにメキシコは自国産豚肉の年間 25 万トンの無関税を要求したが，日本の農水省は「日本の国内農家の反発を考慮すると 7 万トンはギリギリの譲歩」と提案し，これに対してメキシコは「譲歩と呼ぶに値しない」と日本の提案を受け入れなかった。加えて，日本がメキシコに対して求めた鉄鋼や自動車部品などの関税撤廃や，メキシコが FTA 締結国を優遇している政府調達のルール見直しについて，メキシコは「合意は農産物も含む包括的なものであるべきだ」として応じなかった。

　農産物の中でも，交渉の最大の焦点は豚肉であった。日本の豚肉に対する従価税方式の関税は 4.3% に過ぎない。しかし，日本は輸入品の価格が政府の定める基準価格を下回った際に，基準価格との差を自動的に関税として課す「差額関税制度」をとっているため，日本市場には基準価格より安い豚肉が入ってこない仕組みになっていた。日本政府はこの制度を維持するため，当初豚肉を FTA の関税撤廃対象から除外することを想定していた。これに対してメキシコ側は，豚肉を除外した FTA はありえないとして，即時無税枠の設置と将来の関税撤廃を要求した。日本政府は従価税を半分にする低関税枠を提供することで決着を図ろうとしたが，メキシコ側の理解を得られなかった。さらにメキシコ側は，それまで交渉に挙がっていなかったオレンジ果汁の無税枠設定を要求した[106]。この要求に日本側は，「柔軟性をもって受け入れられる範囲を超えている」として交渉を打ち切り，これをもって交渉は完全に決裂した[107]。このように交渉が決裂したことは，日本政府が国内政治を考慮して FTA 交渉を行っていたためである。

② 決裂後の動き

(a) **経産省と農水省の対立：官邸の介入**

　交渉が決裂し，その再開がなかなか実現しない中，経団連は緊急提言をし

---

106) 「グレープフルーツを生産していないと言っても，同じかんきつ類だから安いグレープフルーツや果汁がどんどん入れば，ミカン農家がやられてしまう。そういう国内事情をメキシコは考えてくれない」と日本のある官僚が洩らしている（藤平 2003: 28）。

107) メキシコ側は農業 5 品目（牛肉，豚肉，鶏肉，オレンジ，オレンジ果汁）で 3 年目以降の関税引き下げ率についての明確なコミットメントを求めたが，結論が出なかった（浜口 2005: 3）。

た[108]。それは，交渉を一元化する窓口を設けるべきであるとの内容だった。そのような緊急提言の背景には，農水省と経産省の対立があった[109]。

　FTA は一括交渉であるため，どうしても外務省がまとめ役となる傾向が強かった。これに対して，経産省は FTA がまとまらないのは農水省と外務省の責任が大きいと批判していた。そこで経産省は経団連に対して，交渉は経産省が主導するべきであり，経団連からの意見は民間の提言として提出するよう求めた。さらに，経産省はメキシコに直接連絡をとり，農産品に関する交渉で有利となるようなアドバイスを行った[110]。それが農水省の知るところとなってしまい，激怒した農水省は，以後の経産省との打ち合わせを拒否すると断言した[111]。この事態を見かねた経団連が，日本政府に対し，通商交渉を一元的に交渉する役所を作るべきだと提言したのである。この間，官邸からの指示はなかった[112]。この事態に，外務省は，このままだと調整能力を発揮できないと危機感を抱き官邸に訴えた[113]。その結果，官房副長官が定期的に 4 省を集めるようになり，調整する会合を設けるようになったのである[114]。

(b) 経団連と JA 全中の和解

　交渉決裂を受け，奥田経団連会長と宮田勇 JA 全中会長は，「FTA をめぐって経済界と農業界が相互不信に陥るのを避けたい」として，農水省 OB の仲介で相互理解の場を設けた。宮田会長は，従来型の保護だけでなく，輸出等を強化した攻めの農業の必要性を訴え，奥田会長もその見解に理解を示した。FTA 推進の国民会議にも関与している奥田会長は，宮田会長に FTA 推進の国民会議（「日本活性化のための経済連携を推進する国民会議」）への参加を打診するなど，農業界と構造改革路線に関連した合意点を作り上げていった[115]。

---

108) 経団連の FTA 締結に関する政策提言の件数は以下の通りで，経団連が活発な政策提言をしてきたのが窺える。

年	1994	1996	1998	2000	2002	2004
件数	18	44	59	65	78	80

109) 前掲，農水省関係者に対する筆者のインタビュー。
110) 同上。
111) 同上。
112) 同上。
113) 前掲，外務省高官に対する筆者のインタビュー。
114) 同上。
115) 『朝日新聞』2004 年 2 月 28 日。

③ 巻き返し：官邸人事のリーダーシップ—中川経産相，亀井農水相，額賀政調会長を任命

(a) 小泉人事のリーダーシップ：「FTA推進シフト」

「農業鎖国はできない。競争に耐えていかねば」[116]。交渉決裂後の小泉首相の言葉である。メキシコとのFTA交渉がなかなか進まない中，官邸はただ手をこまねいて見ていたわけではなく，官邸主導型の基盤を着実に整えていた。特に大きな問題が生じない限り，官邸が登場する機会は少なかったが，いざ問題が生じれば表に出てきて調整を行った。

従来，小泉首相は「FTAを推進するには適役だが，肝心の関心がない」と見られてきた。しかし，小泉首相は交渉決裂直前の2003年9月の内閣改造で「FTA推進シフト」を敷き，リーダーシップを発揮した[117]。まず，農水族幹部で亀井派の中川をFTAの推進役である経産相に起用した。次に，商工関係に強い額賀を党政調会長にあてた。さらに，農水行政とはあまり縁のなかった亀井農相を留任させたのである[118]。その相関図は図4-2の通りである。

当時，小泉首相は，FTA担当大臣は自分だと何回も表明していたという。その意味するところは，当時の小泉首相の側近だった官僚の以下の発言から窺える。

> それは人事で手当てしているという意味である。2003年9月の組閣のときに，農林水産物貿易調査会調査会長の中川さんを経済産業大臣に，同じ派閥の亀井善之を農水大臣にして，党のほうは谷津先生をFTA特命委員長にした。これをやったのは官邸人事である。中川昭一は農水族で，亀井善之はもともと神奈川出身で商工族である。常識的には亀井が経済産業省大臣，中川が農水大臣であるのが普通である。それをひっくり返したのが小泉人事であった。お互いの足元を良く知っているからお互いよく連携しながら進めていった。谷津はFTA特命委員長で，小泉首相のところに行ったら「谷津さん。お願いします」と言われ，「俺に丸投げされた」と

---

116) 『朝日新聞』2003年10月22日。
117) 前掲，元経産省高官に対する筆者のインタビュー。
118) 同上。

図 4-2　FTA を巡る自民党の相関図

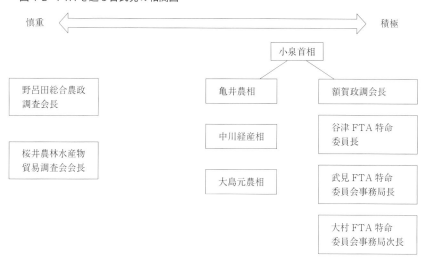

出所）『日本経済新聞』（2004 年 3 月 11 日）の図をもとに筆者加筆・修正。

言っていた[119]。

　小泉の表明をさらに裏づけるのが，経済財政諮問会議[120]での小泉首相の次のような発言である。小泉首相の官邸人事の意図が窺える重要な発言なので，全文引用する。

　　FTA で担当大臣を置けばいいのではないかということをよく経済界でも言われるが，現実を考えると，担当大臣を仮に置いても同じである。むしろ担当大臣は，総理である私がやらざるを得ない。そして外務省，経産

---

119)　傍点は筆者。日本政府関係者に対する筆者のインタビュー，2007 年 11 月 13 日。
120)　日墨 FTA の協定署名後の 2004 年 12 月 20 日の経済財政諮問会議。経済財政諮問会議は次のような意図から設置されたという。「日本の通商問題の難しさはいわゆる国内の利害調整をしなければいけないところにあった。農水族を動かさねばならないので，いわゆる USTR ではだめであった。首相の権限が必要になってくるが，首相はできないから，行政改革が必要になってきた。首相の意向に対して日本全体を見渡すスコープと権限を持った人がやらないといけなかった。経済財政諮問会議はその試みであった」（前掲，元経産省高官に対する筆者のインタビュー）。

省，農水省等，それぞれ連携を取ることが大事である。今の状況を考えると，担当大臣を置いても大して効果がない。役所が個別に議論をしてしまう。問題として，大名行列の弊害はある。この前，アロヨ大統領と会った時にもこんなに人数が多いのかと思った。フィリピンも同じである。役所ばかり大勢集まり，大統領のところに役人が準備をしている。私の方が怒った。もういい加減にしたらどうだ，これは首脳会談だろうと。こんな細かいことになったら，私が，大統領と首脳会談する必要がないよ。大枠決めて，あとは担当者に任せればいいのではないか，と言ったくらいだ。相手もそうだ。だから，大名行列の弊害はよく考えなければならない。今はITの時代なのだから，今までみたいに慣例にしたがって，この交渉をするからといって全然関係のない，仮にこういうことがあったらどうだろうと，また押しつけて，ほとんど役に立たない。そういう点はもっと新しい時代に合わせて，できるだけ役人行列にならないように少数に絞って，大臣が出たら，大臣にふさわしい会談がある。細かい事務的な交渉まで大臣にさせるというのもおかしい。そういう点をよく考えて整理する必要があると思う。FTAというのは大事なので，今の指摘を考えてより一層推進していかなくてはいけないと思っている[121]。

　すなわち，個別具体的課題を指示したわけではないが，適材を配置して一丸となって進める雰囲気を作ったのは，間違いなく「小泉人事」であった。その意味では，メキシコとのFTAをまとめることができたのは官邸主導であったためだともいえる。このような「FTAシフト」に対して，当時の各省のFTA担当官僚も次のように証言する。

　　小泉首相が何度も何度も自分がFTA担当大臣であると自負しているのは，小泉人事をちゃんとやったという自負があるからではないか[122]。
　　中川さんを経産大臣にしたのは明らかにFTAシフトであって，それは本当である。亀井善之は大都市選挙区の人で，したがってあまり農業に拘

---

[121] 傍点は筆者。内閣府（2004）。
[122] 前掲，政府関係者に対する筆者のインタビュー。

束されない人を農水大臣にもってきたのは，FTA において譲歩しやすくするためであった[123]。

実際に，中川経産相はメキシコとの FTA 交渉を進める先導的役割を果たすことになった[124]。交渉決裂後，中川経産相は，国益の最大化を目標としてメキシコとの協定の早期締結のために全力を尽くし，韓国と ASEAN との協議も積極的に推進して，将来は東アジア全体の経済連携を実現するという立場を明確にしていた（中川 2004a: 4-5）。中川経産相は，メキシコとの FTA を日本の通商政策上の，大きな転換点となる協定だと考えていた。すなわち，FTA 推進には，明治政府が最重要政策としていた不平等条約の解消と同様の歴史的意義があると認識していたのである（中川 2004b）。中川経産相は，「東アジアとの FTA，経済連携を実現できるかは，日本経済の発展にとっては重要な鍵であると確信」するとの立場をとっていた（中川 2003）。

さらに，小泉人事で任命された額賀自民党政調会長も，族議員に対する調整能力を発揮した。額賀政調会長は，「政治的な課題はほとんどかつての縦割り行政の中では解決できない。重要な課題ほど各省にまたがっている。従来の族議員といわれる狭い範囲の利益を代表するだけでは物事の展望は開けない。障壁を高くして守るのではなく，風を当てながら生産性や競争力をどう高めていくかが問題だ。安全で品質も良ければ，海外で売れる農産物を作れるのではないか。最大の防御は攻めだ。攻めの農業をするための政策を検討していくべき」[125] との認識を持っていた。野呂田総合農政調査会会長および桜井農林水産物貿易調査会会長が FTA に慎重だという点に関しては，「私の責任で指名した。農業改革を進めるなかで経験を持った方や閣僚経験者を配置した。いろんな意見を踏まえて最終的な決断をするときは，私など執行部できちんと判断させてもらう」と強調し，その調整能力を発揮している[126]。

---

123) 同上。
124) 中川経産相は，後に 2005 年 10 月 31 日の第 3 次小泉改造内閣で農水相に戻されることになる。小泉首相はその際にこう発言したという。「これは私がかなり考えた，WTO・EPA を含めた通商政策を意識した人事である。通商のプロたる中川に今度はまた農政をやってもらう。これは私が非常に考えた交替である」（外務省関係者に対する筆者のインタビュー，2007 年 12 月 17 日）。
125) 『日本経済新聞』2003 年 12 月 10 日。

(b) 「官邸ミッション」と FTA 関係省庁会議の設置

2003年11月，小泉首相は難航しているメキシコとの FTA 交渉を打開するため，首相官邸主導で交渉を進める方針を固めた。首相の指示により，谷内（やち）正太郎官房副長官補を団長とする「官邸ミッション」がメキシコを訪問し，数次にわたる事務折衝を行った。

小泉首相は，FTA 交渉で日本が他のアジア諸国に大きく後れをとっている理由として，関係各省の連携不足があると判断した。ゆえに韓国やタイ，フィリピンなどとの FTA 交渉も官邸が主導し，戦略の立て直しを急ぐ方針を固めた。小泉首相の指示で，経産省，農水省の両省などの所管官庁の担当者は外した。というのも，10月の交渉失敗の理由の1つに，経産・農水・外務の3省による省益優先の対立や連携不足が指摘されてきたにもかかわらず，3省は FTA 対策本部などを個別に立ち上げていたためである。このような状況を打開するため，官邸主導に転換し，「首相のリーダーシップで指揮・命令権を一元化する」狙いがあった[127]。官邸のミッションについて，当時の外務省 FTA 担当は次のように語る。

> 当時，官邸が話をしに行くのは非常にめずらしいことであった。谷内副長官補は材料を持って行ったのではなくて，相手がどの問題に対してどのくらい強固なのかを見に行った。しかしそれでも農水省はなんで官邸が行くのかと牽制していた[128]。

谷内の報告では，メキシコと FTA を締結する上で，「強い国内的圧力という政治的現実が待っていた」。すなわち，メキシコでは農業分野での利益が得られなければ国内の反発が強まるという現実があることを強調した。加えて，メキシコ国内では，これまで31カ国と締結した FTA が国益につながっていないという，批判的で冷めた見方が占めていることが報告された[129]。谷内は，メキシコが国内の冷めた雰囲気がさらに冷めないうちに日本との FTA をまとめる

---

126) 同上。
127) 『朝日新聞』2003年11月23日。
128) 前掲，外務省高官に対する筆者のインタビュー。
129) 全国養豚経営者会議 (2003)。

意向であるとして，官邸としても各省と十分協議しながら進めていく考えであると報告で述べている[130]。

このような報告をもとに，政府は各国との FTA 交渉を進めるため，12 月 4 日付で「経済連携構想全般に関する関係省庁会議」(議長：二橋正弘官房副長官)を設置した。FTA 交渉で各省の対策本部が乱立し，「省益」調整が課題となっていたためである[131]。

このような動きに対して，自民党農水族は，小泉首相が次の改革の目玉として「農業構造改革」を掲げるのではないかと警戒していた[132]。例えば，自民党農林水産物貿易調査会幹部は「強硬論ばかりぶっていると，通商交渉だけでなく農政改革にも，官邸が口を出してきかねない」[133]と述べている。このように，官邸の権力が強化される一方で，世論に敏感にならざるをえない首相や与党執行部が自ら農業改革に乗り出すことは，農業関係者としては望ましいことではなかった。そのためには，できる限り FTA 交渉推進の足を引っ張らないよう配慮することが求められ，ゆえに農業関係者も妥協せざるをえなかったのである。

④　亀井農水相へのプレッシャー

2004 年 3 月の大筋合意の内容は，その前の交渉の内容とほとんど変わってはいない。それでも，まとめようという意思表示があったのはたしかである。メキシコで決裂した交渉をうまくまとめることができたのは，小泉人事の効果であった。

それは，次のような政府関係者の発言からもわかる。

　　小泉首相はその頃，まとめろまとめろと強く言っていた。相手のある交渉ごとでまとめろっていうことは，下の人からすると困る。相手が降りないとこっちが降りるしかない。まとめろということは決裂してもいいということではない。農水省にとっては相当なプレッシャーだった。亀井農水大臣にはプレッシャーがかかっていた[134]。

---

130)　同上。
131)　『朝日新聞』2003 年 12 月 4 日。
132)　『読売新聞』2003 年 12 月 22 日。
133)　『朝日新聞』2003 年 12 月 13 日。

当時の通商政策局長であった今野は、官邸のリーダーシップに関して次のように語る。

> それは、皮膚では感じる。どの程度の判断か言うのは難しいが、小泉首相が FTA を「とにかくちゃんとやりなさい」、「まとめなさい」と言ったのは、立派なリーダーシップである。結局、政治は結果の部分が大きいからである[135]。

(4) **収束期**（2004 年 3 月の大筋合意以降〜2005 年 4 月の協定発効まで）：
2006 年「骨太の方針」へのロードマップ
① 交渉の再開と大筋合意
2003 年 10 月 21 日、バンコクでの APEC 首脳会談の際に、小泉首相とフォックス大統領の会談が行われ、交渉の早期再開で一致した。一連の会談後の記者懇談会で小泉首相は、「交渉を考える場合、農業問題[136]は避けて通れない。農業の構造改革は待ったなしだ」とし、「中川経産相は農業のことを一番よく知っている。農水相の経験もある。どういう構造改革が必要かということも亀井農水相のみならず、農業関係者もこのままでいいとは思っていない。外国農産物が日本市場に入ってくることを止めることができない中でどう考えるかが必要だ」と発言している[137]。亀井農水相も同日、「改革のスピードを上げたい」との考えを示した。

これを受けて、同年 11 月 5 日にさっそく次官級で交渉が再開された。しかし、メキシコ側は無税枠やオレンジ果汁の関税撤廃を改めて要望し、折衝はすれ違いのまま終わった。メキシコ側は豚肉、牛肉、鶏肉、オレンジ、オレンジ

---

134) 前掲、日本政府関係者に対する筆者のインタビュー。
135) 前掲、今野に対する筆者のインタビュー。
136) 日本の農業保護は、先進国の中で特に手厚いわけではない。農産物の平均関税も 12％ と、欧米とほぼ同水準である。ただ、コメ 490％、小麦 210％、こんにゃく芋 990％ など突出した高関税品目があるのが特徴である。農水省はメキシコとの交渉で、従価税だけを下げる「気持ちだけの優遇案」（関係者）を提示した。無税枠の設定を拒否し、差額関税に固執した。これも生産者の保護が品目別で融通がきかないためであるという（『朝日新聞』2003 年 10 月 23 日）。
137) 『朝日新聞』2003 年 10 月 22 日。

果汁の5品目で進展がないと，鉱工業製品の市場開放などはできかねるとした。その後，最もセンシティブな農産品については次官級で調整が行われ，それ以外の分野については実務者級で交渉が継続された。

2004年1月22日，東京で非公式次官級協議[138]が開催され，農産物の自由化で一定の歩み寄りが見られた。メキシコ側が，メキシコ産品の対日輸出にビジネスとして魅力あるものとなりうるような関税水準や輸入枠を必要としたのに対し，日本側は，10月の閣僚折衝の経緯を尊重した対応が，合意の達成に不可欠との立場をとった。個別品目に関しては，豚肉の差額関税の取扱いに関する議論のほか，オレンジ果汁の関税水準および輸入枠，牛肉，鶏肉，オレンジの市場開拓期間経過後の関税水準および輸入枠について，双方が受入れ可能な解決策を模索した。

焦点となる豚肉では，メキシコが前年までの内外価格差を埋める「差額関税制度」の撤廃を要求する一方，日本は中級品にかかる従価税の半減だけを示し，対立は続いていた。しかしメキシコ側は今回の協議において，「差額関税を2割程度削減するか，従価税が撤廃されれば受け入れる」との姿勢を示唆した。農産物が交渉の焦点となる中で，「むしろ交渉が遅れていた」（外務省筋）のは鉱工業分野であった。鉄鋼を巡って日本は「輸出の大半が自動車向け表面処理鋼板など競合しない製品」だとして，関税の早期撤廃を要望した。

このような展開を経て，日墨FTA交渉は2004年3月10日，ついに実質的な合意に至る。

(a) 農業関係者をも巻き込んだ積み上げのモデル

日本初となる農林水産分野を含むFTA合意となった日墨FTAは，農業関係者も巻き込み，彼らをうまくまとめて調整した積み上げの結果[139]であった。それは，抵抗集団と位置づけられていた農業関係の各アクターの次のような声からも一目瞭然である。

まず，自民党農林水産物貿易調査会の桜井会長は，「我々が求めた条件をしっかりと守りながら政府にもよくがんばっていただいた」と述べている。

---

138) 日本側からは外務省の山崎国際貿易・経済担当大使，農水省の木下農林水産審議官，メキシコ側からはビジャロボス経済省次官，ニューウェル農牧省顧問（前次官）が参加した（外務省・農水省2004）。

139) 前掲，元経産省高官に対する筆者のインタビュー。

FTA慎重派であった松岡事務局長も,「守るべき所は守り,受け入れるべきは受け入れた。バランスのとれた合意」であるとFTA合意を受け止め,「これをステップに今後のFTA交渉を展開していけばよい」と好意的に評価している[140]。

また,宮田JA全中会長は「農業分野において焦点となった豚肉については,差額関税制度の基本を堅持し,ギリギリの内容で決定された。オレンジ果汁についても,他の国からの輸入に代替することを念頭に置いた工夫がなされたものと受け止めている。長期間にわたる,これまでの関係者のご苦労に感謝したい」と合意について肯定的に評価を下した。さらに「今般のメキシコとの交渉の経過を踏まえるとき,工業サイドの要求の実現のために,農業にしわ寄せが来るというような構図ではなく,各界各層との合意をはかり,政府一体となり,交渉が進められることを強く期待する」[141]と述べ,今後の政府の行動に対する期待感を寄せた。

焦点となった豚肉で抵抗していた養豚FTA等対策協議会も,「両国で大筋合意されましたことは,わが国の貿易に新たな1ページを刻むことである」とし,豚肉については,「日墨FTA交渉の当初から関心事項であり,我々全国の豚肉を生産する者にとっては,極めて重大な影響を及ぼす交渉であるとして(略)豚肉の自給率向上を目指していく我々生産者の思いが理解された,その反映として差額関税制度が堅持されたことを評価する」と肯定的な評価を述べている[142]。

このような評価を受けて,FTA推進の先鋒に立っていた自民党の額賀政調会長は「各省庁が省益を乗り越えて一生懸命がんばった。これからの国益を考えると,この大筋合意は極めて有意義だ」と発言している[143]。加えて,「長い時間をかけて議論してきた。農業関係の議員とも共通の認識ができている」とコメントし,自民党農水関係議員との意見調整が済んでいることを示唆している。

---

140) 自由民主党(2004a)。
141) 全国農業協同組合連合会(2004)。
142) 浅野九郎治・志澤勝ほか(2004)。
143) 自由民主党(2004b)。

② アジアのFTAへの積極的推進:「みどりのアジアEPA推進戦略」[144]

メキシコとの交渉を経て，農水省は2004年11月，EPA／FTA本部において「みどりのアジアEPA推進戦略」[145]を決定した。その内容は，WTOを補完するものとしてアジア地域とのEPAの締結に積極的に取り組むという意思表明であった。そこでは現在進行形のEPAを活用して，日本を含むアジアにおける食料安全保障や食の安全・安心の確保，農林漁業，食品産業の共存，共栄の実現，農山漁村の発展を図ることが表明されていた[146]。

「みどりのアジアEPA推進戦略」の意義について，農水省の官僚は次のように述べている。

> 「みどりのEPA戦略」によって，その後のアジアにおける交渉のロードマップが提示された。関税撤廃せざるをえないものは撤廃していく。どうしてもだめなものは関税撤廃の対象からはずす。こういう形でアジアにおける交渉はすべて妥結していった[147]。

(a) 「今後の経済連携協定の推進についての基本方針」

外務省も，2004年12月に「今後の経済連携協定の推進についての基本方針」[148]を打ち出した。その意義は次の通りである。

・こうしたEPAは，東アジア共同体の構築を促す等，政治・外交戦略上，我が国にとってより有益な国際環境を形成することに資する。
・我が国は，すでにシンガポールとの間でEPAを締結し，メキシコとは署名を終えた（略）。来年からASEAN全体と交渉を行うこととしているが，これ

---

144) 農林水産省（2004）。
145) 「みどりのアジアEPA推進戦略」が具現化したのはタイとのFTAからである。
146) 「みどりのアジアEPA推進戦略」は，重要なポイントとして次の6点を挙げている。①日本の食料輸入の安定化・多元化，②安全，安心な食品の輸入の確保，③ニッポン・ブランドの農林水産物・食品の輸出促進，④日本の食品産業のビジネス環境の整備，⑤アジアの農山漁村地域の貧困等の解消，⑥地球環境の保全，資源の持続可能な利用などである。
147) 前掲，農水省高官に対する筆者のインタビュー。
148) 外務省（2004）。また，この原案は農水省のFTA担当課長が書いたものであるという。この外務省と農水省の連携は，FTA推進を促す一要因となったと思われる（前掲，外務省関係者に対する筆者のインタビュー）。

ら協定への取組みは，東アジアを中心とした経済連携を推進するという我が国の方針を具体化するものであり，これらの早期締結に政府一体となって全力を傾注することとする。

すなわち，外務省においてもアジアとの FTA を推進していく方針が打ち出されたのである。それは言い換えれば，日墨 FTA 締結によってアジア各国との FTA 実現の可能性が生まれたのだと評価することができる。

2 協定の内容と意義
(1) 日墨 FTA の内容
① 協定の目的
同協定の目的は，次の通りである。

日本とメキシコの間の物品，人，サービス，資本の自由な移動を促進し，双方の経済活動の連携を強化するとともに，競争政策，ビジネス環境整備，人材育成や中小企業支援等の二国間協力を含む包括的な経済連携を推進する。これにより，日墨両国が本来有している相互補完性を発揮させ，二国間経済関係を一層強化する[149]。

② センシティブ品目の取扱い
豚肉とオレンジ果汁などの調整が難航した農産品5品目については，2003年10月時点のメキシコ側の主張を踏まえて，日本政府からの一定の譲歩案が提示された。豚肉については，差額関税制度を堅持するものの，例外品目とはせずに，税率を半分にする低関税枠を条約発効時点で3.8万トン設定し，5年後に8万トンに拡大[150]する方針を固めた（服部 2005: 35-36）。オレンジ果汁も，メキシコが要求した無税枠とはしないものの，税率を半減する低関税枠を5年間で4,000トンから6,500トンに拡大することで手を打った[151]。輸出実績の少

---

149) 前掲，日メキシコ共同プレス発表（2002）。
150) 1キロ当たり393円を超える上級品に負荷されていた現行の関税4.3%から，その約5割を差し引いた2.2%の関税割当量をメキシコに設定する。
151) 日墨 FTA で農産物の関税撤廃比率（輸入自由度）が40%台であることに対して，一部のメディアでは，自由度の低さが今後アジア諸国との FTA 交渉における阻害要因になりかねないとの評価をしている。しかし，このような内容でメキシコとの FTA が締結されたこと自体が重要であるという指摘もある（服部 2005: 32）。

ない牛肉，鶏肉，オレンジについては，条約発効当初から，市場開拓枠として少量の無税枠を与え，低関税枠を5年にかけて徐々に拡大していく。低関税枠に適用される関税率が現時点では決められていないのは，東アジアとのFTA交渉で参照されてしまうリスクを考慮したものであった（浜口 2005: 4）。

すでに述べたように，メキシコは日本とのFTA交渉において，農産品を含めて全品目の関税を10年以内に撤廃することを求めてきた。一方，日本側は，共同研究会報告において，2001年9月の自民党農林水産物貿易調査会決定に言及しつつ，二国間協定でのさらなる関税の撤廃・削減は困難であるとの考え方を示していた。交渉開始後も，日本国内の農林水産業関係者は農産品の扱いを「シンガポール方式」とすることを与党に要請していた。しかし，シンガポール方式では交渉がまとまらないのは明らかであった。

農業分野におけるFTAの取組みは，すでに圧倒的に農産物を海外からの輸入に依存しながらも，海外への輸出がほぼ皆無であった日本の農業サイドにとって，容易なことではなかった。結局，メキシコとのFTAは，野菜や果物などの約1,100の農林水産品目について，メキシコの関税撤廃の要望に応えるとともに，日本にとってセンシティブ品目である牛肉やオレンジ，果物等については輸入枠の拡大にとどめた。しかし，最もセンシティブな品目である豚肉については，国内の豚肉価格の安定を図るために設けられた，差額関税制度の基本である分岐点価格を堅持し，制度の根幹にぎりぎり抵触しない範囲内での関税引き下げで合意することができた（山田 2004：54）。

主な農産品を巡る取扱いは以下の通りである（表4-1）。

このほかの農産物は，コメや砂糖などの一部の例外品目を除いて，即時，3～5年，7～10年の3通りのスケジュールに分けて関税が撤廃されることになった。FTAが締結した時点で輸入実績のあったアスパラガス，カボチャ，レモン，パパイヤ，マンゴー，アボカド，七面鳥の肉，卵白，SPF卵（ワクチンの製造などに使う無菌の特殊な卵），豆類，丸太，製材，エビ，キハダマグロ，クラゲについては，すでに3％程度の低い関税が適用されていたが，FTAによって関税が即時撤廃されることになった。はちみつ，トマトピューレ，ペーストなどのトマト加工品，イカなどは無税枠で対応し，コメ，麦の一部，リンゴ，ミカン，乳製品，合板，クロマグロ，サバ，ホタテガイなどは自由化の対

表 4-1　農産物 5 品目の取扱い

	2003 年 10 月時点での日本側の主張	2003 年 10 月時点でのメキシコ側の主張	2004 年 3 月の大筋合意
豚肉	・初年度 4 万トン　→5 年目 7.5 万トン ・分岐点価格は変更せず ・従価税半減(4.3%→2.2%)	・5 万トン　→8 万トン，無税 ・分岐点価格の大幅引き下げ ・従価税徹底	・初年度 3.8 万トン　→5 年目 8 万トン ・従価税半減(4.3%→2.2%) ・分岐点価格は変更せず
牛肉・鶏肉・オレンジ		・商業的に意味のある数量を現時点で約束すべき ・関税水準について現時点で約束すべき	・牛肉，オレンジは当初 2 年間，鶏肉は 1 年間，10 トンの無税枠 ・牛肉は 3,000 トン→6,000 トン，鶏肉は 2,500 トン→8,500 トン，オレンジは 2,000 トン→4,000 トン ・関税水準は市場開拓期間満了までに再協議
オレンジ果汁	【未合意】 ・メキシコ向け無税枠の設定 ・日本側 500（1,000）トン ・墨側 4,000 トン→1 万トン	・無税枠の設定 ・5,000 トン→1 万トン	・関税率半減(25.5→12.8%)の特恵輸入枠の設定 初年度 4,000 トン→5 年目 6,500 トン
・オレンジ生果の協定税率は夏 16%，冬 32% ※いずれの品目についても，協定発効後 5 年目に再協議			

出所）経団連資料と外務省[152]の図より修正・作成。

象から除外された（浜口 2005: 3-4）。

　工業部門では，日本にとって関心の高い自動車や鉄鋼製品の関税が 10 年以内に撤廃されることとなった。自動車については，条約発効と同時にメキシコ市場の 5％に相当する無税枠が与えられた。これを利用することで，現地生産されている大衆車と日本から輸出する高級車を組み合わせて，効果的なラインアップを提供することが可能になった。FTA によって政府調達の市場が日本企業にも開放されることになり，政府機関への機材の納入や，政府系企業へのプラント輸出などの可能性が広がったことに日本国内の期待は高まった。加えて，FTA でビジネス環境整備に関する委員会の設置が規定されたことで，官民の代表によって作業部会が組織され，貿易・投資の円滑化を協議する制度的枠組みを通じて FTA の実効性を高めることが期待された（浜口 2005: 6）。

---

[152]　外務省（n.d.）「農産物 5 品目の取扱いについて」。

(2) 協定の意義

　2003年10月に交渉決裂した時点で日墨FTAが万が一まとまっていたら，結果的には日墨FTAはその後のアジアのFTA推進モデルにはならなかった。そもそもメキシコがなければ次のタイにおいてもあれだけ譲歩はしなかった。だから，やっぱり，メキシコがすべてのベースである。

　以上は，外務省内で「FTAマン」と呼ばれた尾池元外務省開発途上地域課長の言葉である。

　尾池の言葉が象徴するように，日本政府はメキシコとのFTA合意を全面に打ち出し，東アジア諸国とのFTA交渉を積極的に推進しようとする戦略的目的を持っていた[153]。もしメキシコと農産物部門で合意に至らなかった場合，農産物部門でメキシコより高い水準の譲歩を要求する韓国や，タイなどのアジア国家とのFTA交渉で，日本政府が農業部門を犠牲にする政治的意思がないことを表明するためであった（キム 2001b: 144）。

　日墨FTAは，結果的にはある程度限定的なものとはなったが，日本にとっては農産物5品目の取扱いをも含む，初の包括的協定であった点，また，小泉首相の政治的リーダーシップの下，弱まりつつあるとはいえ，いまだ根強い農水族議員の抵抗を抑え，基本的合意に達した点は評価できる（谷口 2004: 31）。締結に際しては，農業団体が意思決定プロセスから外されることはなく，他のアクターが農業団体に対して十分な説得を行いつつ，彼らに深刻な問題が起こらない範囲で自由化が行われるというプロセスがとられていた（関沢 2008: 55）。支持者をも含めた幅広い連携によって，一定の譲歩が行われていた点は高く評価できる。

2006年「骨太の方針」へのステップとして　さらに，筆者は日墨FTAにおける農業問題のタブーの解消は，アジアにおけるモデルとなるばかりでな

---

[153]　実際に，東アジア諸国とのFTA交渉における最大の障害は，やはり「農業」であった。タイとはコメ，鶏肉，砂糖，でんぷん，マレーシアとは合板などの林産物，フィリピンとはバナナ，パイナップル，韓国とは水産物などの関税撤廃が焦点になった。東アジア諸国との貿易に占める農林水産品の割合は高く，タイは対日輸出の22％，マレーシアは10％弱，フィリピンは13％，韓国も9％を占める。GNPに占める農業の比率も高く，タイでは11.2％，フィリピンでは17.4％にも上る。

く，2006年の「骨太の方針」にもつながった点にその意義を見出せると考える[154]。

日星FTAおよび日墨FTA締結を通じて，FTAの今後の方向性が，2006年からの「骨太の方針」[155]の中に盛り込まれたのである。その中で，FTAの記述は画期的であると評価を受けている[156]。

このように日本政府は，閣議決定された文書として通商政策に関する方針を打ち出した。FTA推進は農業問題や農水省の利害関係を超えて内閣の方針となった。すなわち，国の政策として位置づけられたのである。日墨FTA締結の1つの意義は，2006年の「骨太の方針」への道筋を示したことであるといえるだろう。そして，このことが，今後のアジアにおけるFTA推進のロードマップを提示することになったのである。

---

154) 前掲，元経産省高官に対する筆者のインタビュー。
155) 経済財政諮問会議（2006b）。
156) 前掲，外務省高官に対する筆者のインタビュー。

第5章　韓国のFTA交渉過程

　事例編Ⅰ（第3～4章）では，なぜ日本がWTO中心主義（Multilateralism）から二国間FTA重視（Bilateralism）へと政策転換したのかという問題意識の下，実際に政策に携わった官僚・利益集団のインタビューに基づいた実証研究を行った。同研究で明らかにした日本のFTA政策転換の国内政治要因は，今後の東アジア地域統合の進展を研究する上で，理論的に有用な視点であった。しかし，最近の日本のFTA政策には新しい動向──二国間から地域的多国間主義へのシフト──が見られる。この点に着目し，事例編Ⅱ（第5～6章）では，事例編Ⅰで焦点を当てた農業集団の影響力とその内部調整という観点に着目しながら，日本がこうした新たな政策シフトの中でいかなる阻害要因に直面し，それがどのように克服されるかについて考察する。

　このような視座に立ち，事例編Ⅱでは，日本のFTA政策を考える際に欠かせない国と考えられる韓国のFTA政策事例との比較を行う。本編の目的は，日本政府がTPP推進において直面している阻害要因を考察することである。これを考える上で重要な例が，韓国における米韓FTAの妥結を巡るプロセスである。韓国は，日本以上にFTAに積極的な国であるが，それにもかかわらず，米韓FTAの妥結において大きな困難に直面した。そのような韓国のFTA政策決定過程を見ることで，日本のTPPを巡るプロセスを分析する上での示唆を引き出すことを目的とする。

　本章では，まず韓国のFTA交渉過程を検討し，次章で日本のTPPを巡るプロセスを検討する。韓国におけるWTO主導の通商政策からFTA政策への転換は，どのような背景の下で行われたのだろうか。事実，アジア域内では二国間のFTAが進んでおり，アジア統合を進める上で不可欠なアクターである韓国のFTA政策分析は，アジア統合がどのような方向に進むのかを考える上で

重要な示唆を与える。東アジア各国による様々な形でのFTA締結へ向けた動きが錯綜する状況の中で, 特殊な様相を呈する韓国の経験はどのように位置づけられるのだろうか。

本章の構成は, 以下の通りである。第1節では, 韓国のFTA交渉の現状を考察する。第2節では, WTO中心の政策からFTA政策へと転換した国際要因を検討した上で, 本章の分析枠組みとして国内政治アプローチを提示する。第3節では, このアプローチに基づいて, 韓チリFTA, 日韓FTA, 米韓FTAの3つの交渉プロセスに関する事例分析を行う。最後に, 韓国の事例で明らかになった推進要因と阻害要因をまとめ, 今後の課題について述べる。

第1節　FTA交渉の現状

1　「同時多発的」FTA戦略

韓国政府のFTA戦略の核心は, 巨大先進経済圏と「包括的かつ高いレベル」で「同時多発的」にFTAを進めるというものである。以下で, そのプロセスを詳しく見ていく。

韓国のFTA政策の基本方針は, アジア通貨危機後の1998年11月, 対外経済政策調整委員会で決定された。チリとのFTAを優先的に推進し, 米国, 日本, 中国などの巨大経済圏とのFTAも検討するとの内容であった。従来のWTO中心の多国間主義原則から脱却し, FTA中心の二国間主義に基づいた通商政策への転換を遂げたのである。それは, 98年版の『外交白書』で「WTOに代表される多者間貿易規範秩序は存在するが, 世界はNAFTA, EU, MERCOSURなどの経済共同体によってブロック化される趨勢にあり, このような地域別経済統合はさらに加速化されている」とし, 「政府は地域協定の拡散による韓国の対外輸出条件の悪化を防止するとともに, 国内市場拡大による投資増進効果を得るために積極的に自由貿易協定締結を推進する」と述べていることからも明らかであった (外交白書1998: 212)。当時の金大中 (キム・デジュン) 大統領は, 外交部を外交通商部に再編し, 外国貿易に関する交渉担当部局として重要な役割を担わせた (Rhyu 2011)。そこでもチリとのFTAが最優先とされ, それに続くFTAのパートナーは中小国のリストから選ばれた。さらに,

米国，日本，中国のような経済大国とのFTAは，より慎重な費用対効果の分析を経て決定されることとなった。

　金大中政権の新自由主義政策を継承した盧武鉉（ノ・ムヒョン）政権は，韓国を東アジアの経済「ハブ（拠点）」とする構想や「知識基盤産業」による成長を掲げた。2003年8月，盧政権は「FTA推進ロードマップ」を発表し，大統領の選挙公約として，「1人当たり国民所得2万ドルを達成するためには先進通商国家を志向すべきであり，このためにFTAを戦略的に推進する」との方向性を示した。加えて，韓国経済の目標を「先進通商国家」として設定し，その主な手段の1つとしてFTAを提示した。その理由として，「WTOの機能不全と世界的なFTA拡散の中で，対外依存度が高い韓国がFTAを締結しない場合の不利益を避けるためには，FTAを通じた安定的海外市場の確保が不可避」であり，「成長率低下に直面した韓国経済がFTAという積極的市場開放を通じて体質改善と国家全般のシステム先進化を図るべき」だと述べている[1]。また具体的な推進課題として，サービス，部品・素材・IT分野育成，海外投資と外国人投資の拡大，社会インフラの構築などを挙げた。当時の外交通商部通商交渉本部長であった金鉉宗（キム・ヒョンゾン）は国内の経済構造改革を掲げてFTA推進を強く主張しており，盧大統領のFTA政策におけるキーパーソンの役割を果たしていた[2]。

　同年9月，FTAロードマップは国務会議を経て公式の政策となった。同ロードマップでは，FTA推進対象国選定の基準として，経済的妥当性，政治・外交的含意，韓国とのFTAに積極的な国，巨大・先進経済圏とのFTA推進にプラスになる国の4点を提示した。このような基準の下で，ロードマップは，韓国政府のFTA締結対象国として，短期的な推進対象となる5つの経済圏，および日中韓FTAを含む米国，EU，中国など中長期的な推進対象となる11カ所の経済圏を提示した。中長期的な推進対象であったカナダとインドはFTA早期推進国に格上げされた。またFTAの効果を最大限に享受するため，包括的FTAへの志向も明記された。加えて交渉戦略として，大陸別の橋頭堡の構築を目指している。次いで，巨大経済圏とのFTA，将来有望な開発途上国と

---
　1) 外交通商部 (n.d.)「FTA 정책 요약（FTA 政策要約）」．
　2) 外交通商部関係者に対する筆者のインタビュー，2008年12月11日．

表5-1　韓国のFTAロードマップ

- 二段階戦略
  橋頭堡の確保（第一段階）→巨大経済圏との本格推進（第二段階）
  チリ→中南米，シンガポール→ASEAN，EFTA→EU，カナダ→米国
  インド，中国など新興有望国家は潜在市場の先行獲得戦略の一環として進出
- 対象国選定基準
  経済的妥当性と外交的インプリケーションを考慮
- 推進対象国
  短期：日本，シンガポール，ASEAN，EFTA，メキシコ，カナダ，インド
  中長期：米国，EU，中国，日中韓，韓国とのFTA希望国（豪州など）

出所）外交通商部（2007: 157）。

のFTAの順で推進することが取りまとめられている（奥田 2007）。2004年5月，FTAロードマップはさらに補完・拡張された（表5-1参照）。

2006年関係部局合同の米韓FTAに関する質疑応答で，盧政権は同時多発的FTA戦略の究極的な志向点は米韓FTAであると述べた。韓悳洙（ハン・ドクス）経済副総理は，「米韓FTAは単なる輸出市場確保のレベルを超えて，我が国の経済の先進国入りと米韓同盟関係の強化という包括的な価値創出」であると述べている[3]。米韓FTAは，「開放と競争を通じて生産性を再考し，成長潜在力を拡充する第2の長期成長戦略」として認識された。韓国政府は米韓FTAを，中国・インドなどの他のFTAの推進を加速する契機として，また韓国が世界市場のハブとして躍動するきっかけとなるものとして位置づけていた[4]。

2008年に就任した李明博（イ・ミョンバク）大統領は，「グローバル・コリア」と「経済実利」をスローガンとして掲げ，グローバル戦略としてのFTAの重要性を繰り返し訴えた[5]。その結果として，米国やEUとのFTA妥結を導き，また中国とのFTA交渉にも拍車がかかった。

2013年2月に就任した朴槿惠（パク・クネ）大統領は，「創造経済具現を通じた経済復興と国民生活安定」を国政目標に掲げ，経済副総理制度の復活，未来創造科学部新設，海洋水産部復活などを骨子とする17部3局17庁の政府組織

3）『ヘラルド経済』2006年4月13日。
4）外交通商部（n.d.）「한미 FTA 경제효과（米韓FTA経済効果）」。
5）文化体育観光部（2013）。

の改編を打ち出した[6]。中でも際立つのは，通商・産業政策の統合を図ることを目的として，知識経済部の名称を産業通商資源部へと変更し，従来の外交通商部の通商交渉の権限を産業通商資源部に委譲した点である[7]。このような官僚機構再編は，韓国大統領が通商政策の方向性の決定に与える影響力の大きさを浮き彫りにしている（Solis 2013）。

さらに同年6月，産業通商資源部は「新通商ロードマップ」を発表した。ここでは，既存のFTAネットワークを活用して，TPPやRCEPなど，中国を中心とする東アジアの統合市場と米国が主導する環太平洋市場をつなぐ「核心軸（linchpin）」としての役割を果たすことが明記された。また，産業・資源・エネルギー協力などの連携を通じた新興国との共生型FTA推進という，新たなFTA推進戦略も打ち出された。具体的には，FTA締結効果を極大化するために物品の関税撤廃のみならず，サービス，投資，政府調達，知的財産権，技術標準などを含む包括的なFTAを志向しているとした。同ロードマップは，WTO規定に一致する高いレベルのFTA推進を目指すことで多国間主義を補完し，FTAを通じた国内制度の改善を意図するものであった[8]。

韓国政府のFTA推進と東アジア共同体には密接な関連がある。それは，盧政権が打ち出した「北東アジア時代構想」に見ることができる。この構想は，北東アジア地域に平和と共同繁栄の時代をもたらすという，韓国政府の野心的な長期ビジョンであり，それは実質的に北東アジア安全保障共同体と東アジア経済共同体の並行的実現を通じて成し遂げられる（チェ 2007b: 36）。韓国政府は，日韓FTA，中韓FTA，日中韓FTA，韓・ASEAN FTAなどの域内FTAネットワークを重層的に構築することによって，将来的にはそれらが東アジアFTA（EAFTA）に発展し，そのEAFTAを基盤として東アジア経済共同体が形

---

6) 『ソウル経済新聞』2013年1月15日。
7) このような大胆な組織改編に対して，外交通商部は猛反発したと言われる。同部は，産業通商資源部の通商交渉能力に対して疑問を呈するとともに，交渉過程における大企業と財閥の影響力を憂慮していた。とりわけ通商交渉の核心的部分であるコメ・牛肉・ISDS（投資協定やFTAにおいて，投資家とその投資を受け入れている国との間で，協定に関する争いが生じた場合に，国際仲裁を活用して争いを解決する仕組みを定める規定）の改定交渉などは，製造業と関係が浅いため，外交と通商を分離した場合，政務外交と経済通商外交のシナジー効果が断絶しかねないと主張し，通商交渉機能の委譲に強く反発した。
8) 産業通商資源部（2013）。

成されていくという青写真を描いている[9]。

これまで述べてきた韓国のFTA戦略の特徴は,以下の3点にまとめられる。第1に,FTAの経済的・政治的効果の極大化のために,原則的に中国,米国,EU等の巨大先進経済圏とFTAを結ぶことを目指す。これは,韓国とこれらの国々との交易および投資関係が緊密化することによるFTA締結の経済的効果が大きいとの判断に基づくものである。ただし,短期的には経済的妥当性,政治的含意,相手国の意思,巨大先進経済圏とのFTAを推進する際に有益となる「橋頭堡の確保」を基準にして,対象国を選定するとしている。

第2に,内容的に「包括的」かつ「高いレベル」のFTAを追求する点である。商品貿易のみならず投資とサービスまで含む市場アクセスを保障し,政府調達,相互承認協定(MRA: Mutual Recognition Agreement),知的財産権,競争政策などからWTOプラスを追求し,国内制度の調整まで含む「包括的FTA」を目指している。また,WTO関連規定と整合的なFTAを追求することによって,WTOの根幹であるマルチラテラルな貿易自由化を促進する高いレベルのFTAを追求している。

第3に,様々な相手国と同時に交渉を進めるという「同時多発的FTA推進戦略」である。韓国政府はこの戦略で,「今まで遅れていたFTAの締結進度を短期間で挽回し,韓国企業の機会費用を軽減」し,「各交渉別の否定的効果を相殺し,全体利益を極大化し,貿易収支のバランスを実現」することによって,交渉戦略上,相手国の競争心理を誘発し,韓国側の交渉力を高めることを意図したのである(チェ 2007a)。

2　FTA推進状況

次に,韓国のFTA交渉の現状を見てみよう。韓国は,東アジアで最も多くの二国間FTAを締結している国である。表5-2の通り,韓国は2004年にチリとの間で初のFTAを締結して以来,米国,EU,ASEAN,インド等,11カ国・地域とのFTAを発効した。2015年6月には,中国[10]とのFTAにも正式に署名

---
9) 尾池・長渕は,韓国では個別のFTAの是非を議論する際,アジア共同体の形成等の構想よりも,具体的にどの程度の実利が見込めるかが重視されると指摘する(尾池・長渕 2010: 27)。

10) 中韓FTAは,単なる市場開放の意味を超え,北朝鮮の核問題の解決と朝鮮半島統一に

表 5-2 韓国の FTA 交渉の現状 (2015 年 9 月時点)

発効済み	署名済み	交渉中	共同研究中
チリ（2004 年 4 月） シンガポール（2006 年 3 月） EFTA（2006 年 9 月） ASEAN（2007 年 6 月） インド（2010 年 1 月） EU（2011 年 7 月） ペルー（2011 年 8 月） 米国（2012 年 3 月） トルコ（2013 年 5 月） 豪州（2014 年 12 月） カナダ（2015 年 1 月）	コロンビア（2013 年 2 月） 中国（2015 年 6 月） ニュージーランド（2015 年 3 月） ベトナム（2015 年 5 月）	インドネシア 日中韓 RCEP 日本 メキシコ GCC	MERCOSUR イスラエル 中米 マレーシア エクアドル

出所）外交通商部（n.d.）「FTA 推進現況」をもとに筆者作成。

した。また，コロンビア，ニュージーランド，ベトナムとの署名を済ませ，インドネシア，日中韓，RCEP，メキシコ，GCC など 6 カ国・地域との交渉を進めている[11]。

　今でこそ，このように活発に FTA を進めている韓国だが，従来は日本と同じく多国間主義の信念に基づいて，GATT・WTO を中心とする多国間貿易体制を支持していた。1961 年の朴正煕（パク・チョンヒ）による軍事クーデター以後に実現された「漢江の奇跡」と称される目覚ましい経済発展は，輸出を梃にしたものであった。韓国は，GATT・WTO に代表される戦後多国間貿易体制の恩恵を最も受けており，その経済発展は，対外貿易の増進によって成長を成し遂げた典型的なケースとして評価されていた。また，地域主義に関しても，従来韓国は否定的な立場をとっていた。それが，90 年代後半になって，FTA を対外経済政策の主要手段として積極的に活用する方針へと転換したのである。

　　　　向けて，決定的なカードを持っている中国との経済同盟を結ぶという歴史的意味合いもあった。
11）　外交通商部（n.d.）「FTA 추진현황（FTA 推進現況）」。

第2節　先行研究

1　国際要因の検討

韓国は，なぜ WTO 中心主義から FTA の積極化へと政策転換したのだろうか。韓国が FTA 推進へと転換した要因として，以下の4点が挙げられる。

第1に，WTO 機能不全があった（浦田 2008; Mansfield and Reinhardt 2003; Ravenhill 2010; Park and Koo 2008; 金 2008）。WTO 体制の成立以降，地域主義の傾向は，過去の GATT 体制の時期に比べ，より一層制度化され，急速に拡散する傾向を見せていた。さらに，WTO のシアトル会議の失敗や APEC の限界の露呈は，韓国を含む東アジア諸国の二国間 FTA への傾斜を加速化した（金 2008; 木村・鈴木 2003）。韓国の政策集団の中で，従来は FTA が世界的な多国間主義への「躓きの石（stumbling block）」であると考えられていたのに対し，逆に FTA は潜在的な「積み石（stepping stone）」であるとの好意的な考え方に取って代わられたのである（Koo 2008; Solis and Katada 2007）。これにより地域主義は，貿易自由化から得られる利得を強力に内面化することによって，より自由な多国間貿易体制の形成に寄与すると期待された（ソン 2002）。

第2に，安定的な輸出市場の確保と海外投資の積極的誘致である（深川 2009; Sohn and Koo 2011; Yoshimatsu and Ziltener 2010; 渡邊 2004; Solis and Katada 2007）。すなわち，輸出と経済成長の間には因果関係が存在し，FTA の締結は安定的な輸出市場確保のために必要であるという認識である。輸出市場が縮小しつつある世界において，FTA は韓国が生き残っていくための決定的な要素であるという，新たな認識が生まれたのである。多くの実証研究によって，韓国は二国間 FTA を通じて中長期的な利益を得られることが示されている（パクほか 2003）。

第3に，アジア通貨危機があった。アジア通貨危機は，東アジア各国に「伝染効果（contagion effect）」（Mansfield and Milner 1999; Park and Koo 2008; Kim 2010b）を通じて，互いに経済的相互依存が深化していることを認識させ，協力の必要性を認識させる契機となった（ソン 2006: 97-98）。当時米国や IMF から課された厳しいコンディショナリティも，韓国の FTA への傾斜を後押しし

た。さらに，FTA によって欧州と米州で地域経済圏が形成されたことで，東アジア各国は，地域を単位とした FTA を結成しなければ世界市場での交渉力（bargaining power）を喪失するのではないかという懸念を深めた（Munakata 2006: 146）。

　第4に，中国・ASEAN FTA 締結が，韓国における FTA 交渉を加速化したことが挙げられる（ソン 2006; 金 2008; Koo 2008; 寺田 2013）。中国は，2000年に中国・ASEAN 自由貿易圏構想を提案し，翌 2001 年，中国・ASEAN 宣言を打ち出した。そこで中国は，ASEAN に対して 2004 年からの農産物の関税引き下げを開始することを約束した。さらに 2002 年 11 月，早期関税引き下げ農産物 8 品目以外の品目に対しても，原加盟国に対しては 2010 年までに，新規加盟国に対しては 2015 年までに関税を撤廃することを宣言した。このような中国の FTA 攻勢は，韓国に圧迫の要因（一種の外圧）として作用した（ソン 2006: 100-101; 金 2008）。韓国には，中国や日本との二国間 FTA を推進する一方で，日中韓 FTA や EAFTA のような地域 FTA をも同時進行的に進めることによって，東アジア共同体の発展に寄与するとの狙いもあった。

　上記の要因以外に，国際政治の側面からも FTA の寄与するところは大きいと考えられた。すなわち，冷戦終結後は，既存の安全保障協力体制のみでは，友好国としての関係を維持するには限界があった。そのため，自国の経済的利害関係によってブロックを形成し，共同の利益を追求する傾向が圧倒的となった。特に米韓 FTA 交渉当時の盧政権は，米韓軍事同盟において両国を平等な関係とすることを意図して，北朝鮮に対する「太陽政策」を行い，米韓関係は揺らいでいた。FTA には，このような米韓関係を修復する効果があると考えられていた。

　また，貿易および他の政策改革を推進している開発途上国が経済大国と FTA を締結した場合，国内の反対勢力を抑えながら，改革の持続性を維持しなければならないため，結果として，FTA を通じて国際信用度が高まるという間接的な経済効果が期待できた（Panagariya 1999）。事実，外交通商部の FTA 担当者は，FTA を単なる経済的な意味での貿易協定というよりも，国際規範を念頭に置いた，韓国の国際信用度を高めるための政策として認識していた[12]。

このように，韓国のFTA事例研究の大多数は，国際システム変数に関心を注いでいる。韓国のFTA政策に関する政治的アプローチによる研究のほとんどは国際要因の研究であり，国内要因から分析した研究が十分になされているとはいえない（Yu 2006; 金 2012; 奥田 2007; Solis 2013; Yoshimatsu 2005, 2012; Yoshimatsu and Ziltener 2010; Moon and Cho 2009）。FTAという課題は，構成国の政治問題と不可分であるにもかかわらず，国内政治変数に関する研究は未開拓の領域として残っているのである。韓国のFTA戦略については日本でも高い関心が持たれているものの，国内政治システムの特徴を含め，その政策形成過程は十分に研究されていないのが現状である。したがって，本章では，国内政治アプローチに基づいて分析を行う。

2 国内要因の検討

まず，韓国のトップダウン型の政策決定過程を見てみよう。韓国では，「委任大統領制（Delegative Presidentialism）」と言われるほどに大統領の権限が強大であり，大統領のリーダーシップの下に，様々な相手国と同時に交渉を進めるという「同時多発的」FTA推進戦略が掲げられている。韓国が困難な状況下で米韓FTAを妥結に導くことができたのは，大統領の支持という要因が大きいからだともいわれている。例えば，米韓FTAは，盧大統領と外交通商部によって進められ，国家経済諮問委員会などの他の政府部局は，その意思決定過程から外されていた[13]。これは，韓国の通商政策が高度に集中化したものであることを端的に示している（Moon and Cho 2009）。

現在は産業通商資源部がFTA担当部局ではあるが，従来の韓国の通商政策は，大統領と外交通商部を軸に，通商関連行政部局が中心になって推進されてきた。このようなFTA推進システムは，国際交渉において効果的であったと評価されている。多くの専門家は，通商交渉本部という独立した組織が作られたことで，韓国のFTA政策が「費用最小化戦略」から「利益極大化戦略」へと転換し，米国，EUを含む巨大経済圏とのFTAが推進・締結されたことを

---

[12] 外交通商部関係者に対する筆者のインタビュー，2009年7月14日（詳細については，金 2008, 2010を参照）。

[13] 同上。

大きな成果として捉えている（イ 2007: 122）。

一方で，通商交渉本部が外交通商部に属していることから，政治論理を重んじる外交組織と経済論理を重視する通商組織とが混合してしまい，通商利益に対する考慮が不足したとの指摘もあった（モク 2002: 15）。また，今まで韓国があまりにも短期間に多くのFTAを推進してきたため，交渉時限が短く設定され，性急に進められることになったという批判もある（チェ 2006b: 99）。

韓国の通商政策において，議会の影響力，あるいは業界など民間部門の影響力は比較的弱い。現在，韓国政府のFTA推進における問題点として，国民世論と利害関係者の意見がきちんと反映されていないことが挙げられる。これまでのFTA推進過程において，対外交渉は成功していると評価される反面，対内交渉において，利害関係者の意見の集約・調整が十分ではないという点が常に指摘されてきた（ジョン 2010: 136）。例えば，国民の世論や，FTA締結に伴う利害関係者の意見を政府に直接伝えるチャンネルが不足しており，国会を通じた間接的な伝達さえも，国会の制限的参加のために十分に機能していない。ほとんどの利益集団は，政府の政策決定過程に自らの利益を効率的かつ合法的に伝達する政治的手段を備えていないのである。特に，FTAに強く反対する国内集団は，その大多数が労働者，農民，中小企業経営者などの社会的・経済的弱者であり，彼らは大企業などのように官僚，政治家との緊密な私的関係（非公式チャンネル）さえも確保できずにいる。したがって，利益集団と通商担当者との対話と妥協は存在せず，市街でのデモ，反政府集会，あるいは抗議の意を示す剃髪や焼身のような極端な手段が一般化されてきた（チェ 2005a: 4）。

韓国のFTA政策に対して，利害集団の姿勢は「反対は強く，支持は弱く」というパターンをとっている。これは，「同時多発的」FTA推進戦略を進めている韓国政府の立場としては不利な政治経済構造である。なぜなら，政府と賛FTA連合（pro-FTA coalition）を結び，政府のFTA推進を積極的に支援する勢力が存在しないことを意味するからである（チェ 2005a）。

現在，韓国ではFTA政策を策定し，推進するプロセスにおいて，手続き上の公開性と民主性を確保するための規則や法規が不足している。2004年に制定された「FTA締結手続き規定」では，FTA締結プロセスにおける透明性と信頼性確保のために，FTA交渉の前に国民の意見を集約するための公聴会を

開催するなど，段階別の手続きと利害関係者らの意見集約を取り決めているが，それでも十分ではない状況にある。したがって，利益集団の通商政策決定過程への参加機会が少なく，決定された通商政策に対して常に異議申立てがなされている（ジョン 2010: 135）。

このような状況で，利益集団の中でも国際的な競争において最も弱い立場にある農業部門の動きはどうだろうか。韓国の農業部門の事業規模は非常に小さく，農家世帯の75.6%は作付面積0.1～1.5ヘクタールの零細農家である。農業従事者の高齢化も進んでおり，農業人口の3分の1が65歳以上である[14]。現在も，専業農家が総農業人口の42%であり，日本の専業農家比率の11%を大きく上回っている。韓国の農家が国際競争に加わるのは明らかに困難である（Solis 2013）。また，政府と農業団体をつなぐチャンネルは希薄である。農業団体は政府のFTA政策決定プロセスから除外されており，利害関係者の意見集約はなされていない。このため，本来であれば政府は農業団体からの抑制を受けにくい。

しかし，韓国の農業団体は，政府に自らの要求を伝える通常のチャンネルが乏しいにもかかわらず，FTAに対する強い阻害要因として機能している。農業団体は通常のチャンネルを持たない代わりに，「世論」や「マスコミ」を巧みに利用して，FTAに反対する立場を掲げている。例えば，代表的な農業団体である「全国農民団体協議会」[15]は，メディアを通じて頻繁に声明文を発表し，大規模な集会を組織するといった手段を通じて，世論を味方につけて政府に圧力をかけている[16]。このようにして，FTA準備プロセスに対して大きな影響力を行使していたのである。他方，農民の強い反対とFTAに反対する世論に対して，政府は適切な政策を打ち出すことができていない。

第3節　FTAの事例

本節では，以上にまとめられる動きを3つの交渉過程から浮き彫りにする。

---

14) 韓国国家統計ポータル (n.d.)「농가 및 농가 인구（農家および農家人口）」。
15) 他にも農業協同組合中央会，全国農民会総連盟，韓国農業経営人中央連合会，全国女性農民会総連などがある。
16) 前掲，外交通商部関係者に対する筆者のインタビュー。

第 5 章　韓国の FTA 交渉過程　167

具体的には，韓チリ FTA，日韓 FTA，米韓 FTA の交渉過程に焦点を絞る。2002 年 10 月に締結した韓チリ FTA は，韓国初の FTA であった。しかし同協定は，締結こそしたものの，内容に乏しいといわれている。日韓 FTA は，交渉が中断された稀な事例であり，2004 年 11 月の第 6 回交渉を最後に，交渉再開の見込みが立っていない状態にある。米韓 FTA は，国内の激しい抵抗が際立った事例であり，2006 年 2 月の正式な交渉開始宣言の後，紆余曲折を経て，2012 年 3 月に発効している。交渉過程に注目すると，国内調整における様々な問題点が浮き彫りになった。以下では，国内政治要因に焦点を当てて，これらの事例を分析する。

1　韓チリ FTA 交渉プロセス

　韓国がチリを最初の FTA 締結国に選んだ背景には，大幅な国内調整の必要がなさそうな小規模な貿易相手国であり，チリが有する幅広い貿易ネットワークを活用できるとの見込みがあり，何よりも農産物輸入量の急な増加を十分に抑制できる相手である，という思惑があった（Park and Koo 2008; Ahn 2013; Solis 2013）。

　1998 年 11 月，対外経済調整委員会はチリとの FTA 推進を決定し，合意を形成した。計 2 回の高級作業会議を経て，99 年 9 月に韓チリ FTA の正式な交渉開始が合意された。同年 12 月の第 1 次交渉を皮切りに正式交渉が始まったが，2000 年 12 月の第 4 次交渉後，交渉はいったん中断された。しかし，2001 年 10 月には，韓国通商交渉本部長とチリ外相との会談において交渉再開が合意され，2002 年 8 月の第 5 次交渉をもって，交渉が再開された。そして，同年 10 月のジュネーブでの第 6 次交渉において交渉が妥結し，韓国初の FTA が誕生することになった。

　しかし，韓チリ FTA は発効するまでに紆余曲折を経ている。この協定は 2003 年 2 月にソウルで正式に署名された。チリ側では，同年 8 月に早くも批准同意案が下院を通過し，翌年 1 月には上院も通過して発効に向けた国内手続きを完了していた。韓国側では，2003 年 7 月に批准同意案が国会に提出された。しかし，批准に向けたプロセスは極めて難航した。当時の外交通商部の FTA 政策担当者によれば，難航した理由は，開放対象となったブドウなどの

生産者がチリとのFTAによって相当な被害を受けうることを知り，批准を阻止しようとしたからであった[17]。批准同意案は本会議に上程されたが，同年12月29日の第1回採決で否決され，翌年1月の第2回採決，さらには2月の第3回採決でも否決された。韓チリFTA協定への署名後1年が経過した2004年2月16日の第4回採決で，賛成162票，反対71票でようやく可決された。両国での批准を受け，2004年4月に韓国初のFTAである韓チリFTAが正式に発効した。ここに至るまでに，協定に向けた議論開始から5年半が経過していたのである。

韓国の2005年版の『外交白書』は，韓チリFTA締結の経験について，「韓国初のFTAである韓チリFTAは何よりも貴重な学習の場となり，この経験が今後推進される同時多発的なFTA交渉において貴重な資産として用いられるだろう」[18]と述べている。

韓チリFTA交渉過程において，国内政治における利益団体の影響力は大きかった。例えば，農林部は強硬な譲許案を提出して交渉の進展を遅らせたが，その背景には農業団体の影響力があった。当時のFTA政策担当者によると，農業団体，FTA関連団体，市民団体，地方自治体は，交渉開始以来，一貫して韓チリFTA交渉に反対し，FTAから農業部門を除外することを要求していた[19]。農業団体は，農林部主催の政策懇談会や政策協議会を利用し，政府の政策決定メカニズムに圧力を加えていた。特に，全国農民団体協議会は，メディアを通じて多くの声明文を発表し，また大規模な集会を組織するなどして影響力を行使した[20]。農林部がこうした農業団体と生産団体からの圧力に強く影響を受けた結果，農林部の譲許案はこれらの団体の利害を代弁する方向で作成され，チリ側にとって受け入れがたいものとなった[21]。

韓国メディアは，共同研究を始めてから3年の間，4回にわたって交渉が行われるまで，農業団体との重要な協議の場であるはずの「韓チリFTA推進関

---

17) 前掲，外交通商部関係者に対する筆者のインタビュー。
18) 外交通商部（2005: 147）。
19) 前掲，外交通商部関係者に対する筆者のインタビュー。
20) 同上。
21) 経団連担当者に対する筆者のインタビュー，2007年11月14日。韓国側が提出した交渉案には，チリの最大輸出品目であるブドウ，リンゴ，ナシが例外品目として含まれており，チリ側には到底受け入れられない内容であった。

連協議会」から実際には農業団体が外されてきたことを指摘し，世論を刺激した[22]。一部のメディアは，チリ側の譲許案の内容公開を求める農業団体の要求を外交通商部が拒んだと報じ，政府を批判した[23]。政府の対応に不満を抱いた全国農民団体協議会は，政府による FTA の説明会への参加を拒否した（韓国農村経済研究院 2004: 130）。そして，抗議デモ，集会，議会への乱入，断食デモなどの大規模な反対運動を繰り返すようになった。このような動きは，『朝鮮日報』，『東亜日報』などの有力新聞紙に連日大々的に報道され，FTA 反対の世論を煽った。韓国政府は国内における否定的世論を憂慮するあまり，適切な政策を打ち出せなかったため，韓チリ FTA は批准までに 5 年半もの歳月を費やすことになったのである[24]。

以上のように，政府と農業団体をつなぐ公式のチャンネルが確立していなかったにもかかわらず，農業団体は世論への訴えという手段を巧みに駆使し，過激な反対運動を続けた。全国農民団体協議会は，外交通商部の交渉における農民代表の参加を要求し，政府への反対勢力として影響力を行使した[25]。

2 米韓 FTA 交渉プロセス

次に，米韓 FTA 交渉過程を見てみよう。韓国政府にとっての米韓 FTA の重要な経済的意義は，「世界最大の市場を持つ相手との FTA」ということであった。当時，米国市場での韓国のシェアは，95 年には 3.3％であったが，10 年後の 2005 年には 2.6％に落ちていた。米国との FTA によって，シェア縮小に歯止めをかけるのが韓国政府の狙いであった（奥田 2007: 30）。韓国政府は，米韓 FTA の経済効果として，実質 GDP の 5.66％増加や 35 万人の雇用機会増加，27.7 億ドルの貿易黒字の拡大などを挙げた[26]。盧大統領は 2005 年 2 月の国会国政演説で，「FTA は我が国の経済の持続的成長のための積極的戦略」という認識の下，「北東アジアの経済ハブ構想」の一環として，FTA を通商戦略の中心だと明言した。2006 年 2 月の対外経済委員会では，「米韓 FTA は我々

---

22) 『世界日報』2001 年 2 月 24 日。
23) 『農民新聞』2002 年 7 月 5 日。
24) 前掲，外交通商部関係者に対する筆者のインタビュー。
25) 『東亜日報』2002 年 11 月 14 日。
26) 外交通商部 (n.d.)「한미 FTA 경제효과（米韓 FTA 経済効果）」。

が主導して提案し，交渉入りした成功例」として位置づけている。

　米韓FTAは，その経済的な影響もさることながら，安全保障や対北朝鮮政策など，国の根幹に関わる政治・外交的な諸事項にも影響を与える側面を持ち合わせていた。これは，政策決定者も強く認識していた点であった[27]。韓国政府が米韓FTAを進めた背景には，北朝鮮問題で生じた米韓同盟の亀裂をFTAで埋めようとする意図があった[28]。ブッシュ政権と盧政権との間で対北朝鮮政策や在韓米軍問題を巡って軋轢が生じていたため，李政権は，米韓FTAを通じて両国の関係を改善する必要があった。すなわち，米韓FTAは経済協定ではあるが，両国間の経済的な結び付きの強化によって，米韓同盟を強化するという外交・安全保障の側面が重要であった[29]。それは，韓国政府が米韓FTAの成功について，「通商大国である韓国の出発点であり，米韓同盟強化の近道」であると強調したことからも窺える[30]。米韓FTAの行方に関する国民の関心は，非常に高かった。

　米韓FTAは，2006年2月の正式交渉の開始が宣言されて以来，紆余曲折を経て2007年4月に妥結している。2006年2月2日の第1回公聴会において対外経済長官会議の報告がなされ，その翌日に米韓FTA交渉の開始が正式に宣言された。同年3月と4月に2回の非公式の事前準備協議が開催され，同年5月から2007年3月まで計8回にわたる公式交渉が行われた。2007年3月に高級事務レベル交渉と通商長官会談で合意に至り，同年4月に交渉が妥結し，6月に米韓FTAが署名された。同年9月には批准案が国会に提出され，2009年4月に国会外交通商統一委員会を通過し，2012年3月に発効に至っている。

　米韓FTAを巡っては，韓国の国論を二分する激しい議論が繰り広げられることになった。賛成・反対それぞれの立場の論者が主張を繰り広げ，メディアも交渉の進捗状況や賛否両派の動きを逐一報道した。交渉開始が宣言されて1カ月余りで，相当な数の農業団体と市民団体が米韓FTAに反対する意思を明らかにし，2006年3月末にこれらは1つの組織を結成した。いわば，「韓米FTA阻止のための汎国民運動本部」(汎国民運動本部) が発足したのである。農

---

27) 前掲，外交通商部関係者に対する筆者のインタビュー。
28) 『京郷新聞』2006年8月8日。
29) 前掲，外交通商部関係者に対する筆者のインタビュー。
30) 『プレシアン』2006年10月19日。

民，労働者，中小商工業者を代表する経済団体はもちろんのこと，環境，文化，教育，医療などの公益問題を扱う市民団体，さらに米韓FTAに反対する進歩学会の代表が，この運動に参加した。公式発表で310の数に上る社会経済団体が，汎国民運動本部として組織化した。これらの団体は積極的な活動を繰り広げた。メディアとの連携の下で，各種セミナーや公開討論会を開催し，米韓FTAから予想される損害や副作用を発表するなど，反対世論を盛り上げるための活動を活発に行った。これらの反対運動は，平沢（ピョンテク）の米軍基地拡張反対運動に見られる反米感情を反映したものでもあった。すなわち，米韓FTAが韓国の経済植民地化や伝統の破壊を促すと主張し，反FTAと反米感情を結び付け，多くの米韓FTA反対デモ[31]を主導したのである[32]。当時の政策官僚は，こうした反対世論を政府のFTA政策推進を阻害する要因だと認識していた[33]。

　事実，農業団体の反対運動は，政府の動きに影響を与えた。2006年2月の米国とのFTA交渉開始は，政府関係者の数人以外にはほとんど知らされていなかった中で，突然宣言された。「FTA締結手続き規定」で定められているFTA公聴会は2月2日に開催されたが，交渉開始宣言日の前日に形式的に行われたに過ぎず，農民の激しい抗議によって中断された。公聴会は2006年6月にも開かれたが，2月と同様の事情で中断されている。

　結局，交渉開始宣言前の説明不足は，交渉期間中も尾を引くことになった。国民との意思疎通を欠いたまま，見切り発車の形で進行した米韓FTA交渉は，「ボタンのかけ違い」，「拙速交渉」とも揶揄された（奥田 2007: 74）。米韓FTAの農業分野における高いレベルの市場開放も，農業団体の抵抗を強くした一因であった。関税の短期（5年）撤廃対象は934品目と，品目数基準全体の61％（輸入額基準68％）に上り，一方，長期（10年以上）撤廃品目は174品目と，全体品目の11.4％であった。市場開放が全く行われない品目は1％（コメなど16品目）に過ぎなかった。農業団体は，豪州，カナダ，メキシコなど，韓国と交渉中の他の国が米韓FTAと同様の市場開放レベルを要求するなど，農業部門

---

31) 例えば，2006年7月12日には，2万6,500人に及ぶ米韓FTA反対デモがソウルで行われている。
32) 『東亜日報』2006年6月22日。
33) 前掲，外交通商部関係者に対する筆者のインタビュー。

への開放圧力を強めるのではないかと懸念して，抵抗を続けた[34]。

交渉開始宣言から4カ月後の世論調査では，76.9％が米韓FTAの妥結を多少遅らせてでも，社会的・経済的な影響を顧慮して慎重に交渉すべきとの立場を表明した[35]。このような世論調査の結果は，農業団体の抵抗とあいまってFTAへの反対世論を促し，政府のFTA政策の推進を困難にした[36]。また韓国政府は，自らが定めた参加促進規定まで無視して米国とのFTA交渉に踏み切ったとの批判を受けた。

このような状況を打開すべく，盧大統領は，政府間交渉をまとめた2007年4月までの10年間で約21兆ウォン規模の農民支援や農業改革策を講じただけでなく，自ら先頭に立って農民らの猛烈な反発を正面突破した[37]。盧大統領は米韓合意前後，大統領直属の「韓米FTA締結支援委員会」を設けて前副首相をトップに任命した。対米交渉チームとは別に反対派の説得チームを編成し，公聴会などを合計200回以上も開催した[38]。さらに「正確な情報を提供する」として，新聞広告を使って反対意見に対応した。盧大統領はこのようにして，米韓FTA反対論を収めていったのである。

3　日韓FTA交渉プロセス

日韓FTAは，韓国が経済危機に直面していた98年から議論され始めた。これは，韓国におけるFTA交渉の歴史の中でも，韓チリFTAと並んで最も古いFTAの1つだといえる。

その発端は，98年9月に開かれた韓国産業連合会の月例会議の場で，当時の駐韓大使であった小倉和夫が，日韓FTAに関する共同研究を始めるべきと発言したことであった[39]。これを受けて，同年10月，金大中大統領が訪日の際に「21世紀に向けた新たな日韓パートナーシップのための行動計画」を提案し，韓国対外経済政策研究院とアジア経済研究所による共同研究が正式に始

---

34)　ハンギルリサーチ（2006）。
35)　同上。
36)　前掲，外交通商部関係者に対する筆者のインタビュー。
37)　『日本経済新聞』（2010年11月7日）。
38)　同上。
39)　前掲，外務省関係者に対する筆者のインタビュー。

まった。次いで 2000 年 10 月，韓国の全国経済連合会と日本の経団連が，第 17 回日韓財界会議で日韓 FTA 推進検討のための専門家機構の設立に合意し，翌年には「日韓 FTA ビジネス・フォーラム」が開催された。さらに 2002 年 3 月，ソウルで金大統領と小泉純一郎首相が「日韓 FTA 産官学共同研究会」の設立に合意した。2003 年 10 月に行われたバンコク APEC 首脳会議では，盧大統領と小泉首相が 2005 年までの合意を目標に，正式な FTA 交渉を開始することを決めた。それから 2 カ月後の 2003 年 12 月に，日韓 FTA 交渉は開始された。しかし 2004 年 11 月の第 6 回を最後に交渉は中断され，いまだに正式な交渉再開の目処は立っていない。

韓国の『外交白書』からは，2006 年版を最後に FTA 政策紹介の項から日韓 FTA の記述が消えている。交渉中断の経緯について韓国政府は，「日本が農産物分野であまりにも低い譲許水準（貿易量基準 50％）を提示したために次期交渉日程を定められず，2004 年 11 月以来交渉が中断された状態である」と述べている（外交通商部 2006: 152）。今後の方針については，「日本とは交渉時限よりも，内容を重視する高い水準の包括的 FTA 推進という韓国の既存の立場を堅持し，日本が農水産物の市場開放に誠意ある提案をしてくる場合，交渉再開の是非を検討する予定である」と厳しい姿勢を示している（外交通商部 2006: 152-153）。

しかし，11 年近く日本との FTA 交渉が頓挫している背景には，何よりも韓国国内からの強い抵抗があると思われる。韓国政府は，表向きの理由としては，日本の農水産業の市場開放幅が期待値以下だという点を挙げている。しかし，実際には日韓 FTA に対する韓国国内の反発が相当なものであったため，このような否定的な国内世論を憂慮して消極的な態度をとらざるをえなくなったのである[40]。

日韓は産業構造が競合関係にある上，産業競争力や関税構造が対照的であるため，利害関係が厳しく対立した[41]。日韓 FTA が締結された場合，韓国の農業は日本に対して優位に立つことが困難である。韓国の輸入関税撤廃により，日本から鯛などの高級魚や，ミカン等のかんきつ系果物，さらにはタバコの輸入

---

40) 農林水産部関係者に対する筆者のインタビュー，2009 年 7 月 13 日。
41) 同上。

が拡大するとの予測から，韓国の農業団体は日韓 FTA の締結に反対した。また，軽工業分野では優位になることが予想される半面，精密機械産業が打撃を受けるという現実があった。最初から反対の立場を明確にしていた農業，労働および中小企業セクターの声は，時間が経つにつれてさらに声高になっていった。政策決定者は，両国の FTA に関して，歴史認識の違いなどによる規範的な対立に加え，損害を被る産業の抵抗などに伴った政策実行の取引費用が大きな障壁になっていると認識していた[42]。

日韓 FTA 交渉が継続されなかった原因は，国内での否定的な世論を考慮した韓国政府の消極的な態度による部分が大きい[43]。また，こうした農業団体の強い抵抗に対して，韓国政府が適切な政策を打ち出すことができなかったこともある[44]。

第4節 TPP加入への示唆

韓国は，盧政権の「同時多発的」FTA 推進と，李政権の「グローバル FTA ネットワーク」推進戦略によって，短期間で高い FTA 推進の実績を記録した。国内政治条件が FTA 推進にとって良好ではなかったにもかかわらず，これらの政権下での15年間で多数の FTA を締結して FTA 不毛地から脱却し，FTA リーダー国として浮上した。それは全世界において，韓国のみが米国および EU の両方とバイラテラルな FTA を締結していることからも明らかである。韓国政府が，短期間で多数の FTA を締結することが可能だったのは，政策決定過程において FTA 専用担当部局を設置し，政府主導で積極的に FTA 推進政策を実施した側面が大きい（ジョン 2010: 141）。韓国の FTA による政治外交面における成果も肯定的に評価して良いだろう。特に米韓 FTA に関しては，安全保障の外部効果が大きかった。韓国と米国のようなオープンな民主主義国家同士の経済関係の深化は，より大きな外部効果をもたらすだろう（チェ 2007b）。

---

42) 前掲，外交通商部関係者に対する筆者のインタビュー。
43) 全国経済人連合会日韓 FTA 担当者に対する筆者のインタビュー，2009年11月1日；前掲，外交通商部関係者に対する筆者のインタビュー。
44) 前掲，外交通商部関係者に対する筆者のインタビュー。

一方で，韓国のトップダウン型の意思決定プロセスの弱点として，審議の内容が不透明であること，利害関係者の参加がないに等しいことなどが批判されており，立法府や市民社会からの抵抗を生み出している点も看過してはならないだろう（Solis 2013: 13）。また，FTA 万能主義を懸念する声もある。通商政策最高責任者が，内容より件数を優先した推進目標を掲げたことは批判を受けている（ジョン 2010: 131）。FTA 締結自体を目標とするのではなく，競争力強化のための規制緩和や制度改革なども並行して顧慮されるべきである[45]。また，国民的合意の形成や審議の透明性は，FTA を推進していく上で考慮されるべき重要な要素である。市場の自由化が及ぼす影響は，様々な利益団体によって異なるため，韓国内の不安や潜在的な軋轢を最小限にとどめるには，多様な意見に耳を傾けることが必要となるだろう[46]。

　本章の分析では，FTA によって損害を被る集団に対して，政府が適切な政策を施さなかったことが，FTA 締結に際しての障壁になった事実が判明した。FTA に伴う補償問題の具体例を見てみると，盧大統領は補償政策を打ち出したが，その内容は農業団体にとっては納得のいくものではなかった。「FTA の締結に伴う農漁業人等の支援に関する特別法（FTA 特別法）」が導入され，また「韓チリ FTA 農業支援対策案[47]」も発表されたが，いずれも所期の目的を達成していなかった[48]。

　そこで韓国政府は，最も被害を受けることが懸念される農業分野に関して，農業体質強化による構造調整促進を目的とした「農業・農村基本計画」を打ち出し，2004 年から 10 年間で総額 119 兆ウォンに上る財政投融資計画を施している。また，FTA に伴う農業への打撃を緩和するために，2004 年から 7 年間，1 兆 2,000 億ウォンの「FTA 履行支援基金」を取り決め，生産施設高度化などを通じた競争力強化に向けて 8,592 億ウォンを，さらに廃業補償および所得補填などに 3,188 億ウォンの支出を割り当てている。ほかにも，農業経営の大型

---

[45]　ジョン（2010）は，FTA 国内対策本部の役割も再考されるべきと主張する。現在の広報機能を中心にしたアプローチから脱却し，企業の FTA 活用を支援し，国内交渉の結果を対外交渉に反映させる体制に発展させるべきとしている。

[46]　総合研究開発機構・中国国務院発展研究中心・韓国対外経済政策研究院（2008）。

[47]　この対策案の主な内容は，FTA によって被害を被ると予想される農業分野に，7 年間で 1 兆ウォンの支援，所得補填や廃業農家への補償金などの提供をすることである。

[48]　『朝鮮日報』2003 年 1 月 11 日。

化のための農地銀行に対する土地委託について譲渡所得税を優遇するほか，農漁村での創業企業に対する投資資金補助などの優遇策も打ち出し，FTA 締結に伴う農業部門に対する被害補填を支援している。

　本章の政策的貢献は，以下の通りである。韓国の事例で見られたような国内の阻害要因を克服することにより，TPP のような多国間・地域 FTA 形成が促されることが予想される。本章の分析を通じて，農業団体が世論というツールを用いて，FTA 政策を阻害したことが明らかになった。客観的に見ると国全体の利益が優先されるべき状況でも，農業団体は世論を味方にして FTA 推進を阻んだのである。農業団体と世論との関係を改めることによって，地域 FTA 形成の可能性は高まってくるであろう。

　ソリスが指摘するように，韓国が TPP に加盟することにより，貿易収入の増加，非関税障壁の撤廃に向けて続けられている中国・日本との交渉における交渉力強化，韓国で FTA が増え過ぎたことで複雑化した状況の整理，米国との前向きな連携強化など，多くの便益を得ることができる（Solis 2013）。

　韓国の TPP 加入においては，農業部門との調整が一番の課題となろう。そのためにも，政策決定者は損害を被る団体との対話の場を設けて，必要な調整をするべきであろう。強硬な反対世論と政治的圧力の形成を回避するためにも，被害を受ける集団との効率的な対話のチャンネルを構築し，ひいては，民意を適切に吸収・反映できる制度的・法的な措置を検討するべきである。また，損害が予想される場合，政府は事前に損害の範囲および想定額を算定し，それによる補償の方法や程度，対象などを迅速に決定するべきである。

　本章では，従来の韓国の FTA 研究で見落とされていた国内政治の要因を見ることにより，FTA 研究に新しい視点を提示することを試みた。本章が明らかにした韓国の FTA 推進における阻害要因は，世論というチャンネルを駆使した農業団体の反対である。東アジア各国の中でも類似した産業構造をもつ日本においては，類似した要因が働いているのではないだろうか。中国や ASEAN の事例の検討などは，今後の課題として残すことにする。

第6章　日本のTPPを巡る国内政治過程

第1節　はじめに

「TPPへの交渉参加は国家百年の計である」。安倍晋三首相は2013年3月15日の記者会見でTPP交渉参加を表明した際に，その意義についてこのように述べている[1]。さらに，TPPはアジア・太平洋の世紀の幕開けとなったのであり，このラストチャンスを逃してしまうと，日本が世界のルール作りから取り残されると力説した[2]。

本章では，このようなTPPを巡る日本の新たな政策シフトに関して検討する。第Ⅱ編では，日本がなぜWTOに基づいた多国間中心主義からFTAを重視する二国間主義に転換したのか，その要因を明らかにした。しかし，最近の日本のFTA政策には新しい動向，すなわち二国間のものから「地域的な多国間主義（Regional Multilateralism）」へのシフトが見られる。本章では，日本がこうした新たな政策シフトの中でいかなる阻害要因に直面し，それがどのように克服されるかについて考察する。

本章の構成は，以下の通りである。本書の分析枠組みである国内政治アプローチに基づいて，第2節ではTPPを概観し，日本のTPP参加を巡るプロセスを検討する。第3節では，日本のTPP参加提案に至った背景とTPPを促進した要因を考察する。第4節では，日本がTPP推進において直面している阻害要因について明らかにする。最後にこれらを総括し，今後の課題と展望について述べる。

---

1)　首相官邸（2013）。
2)　同上。

表 6-1 交渉の分野および内容

TPP協定交渉では24の作業部会が設けられているが、これらの部会は「首脳交渉会合」のように特定の分野を扱わないものや、「物品市場アクセス」(工業)、「物品市場アクセス」(繊維・衣料品)、「物品市場アクセス」(農業)のように、分野としては1つだが扱う品目ごとに会合を整理するなど、必ずしも会合と分野とが1対1で対応しているとは限らず、今後の交渉次第で複数の会合に分かれる可能性もある。また、作業部会ごとに協定テキストの「章立て」が行われるとは限らず、今後の交渉次第で複数の会合の成果が協定の複数の章に盛り込まれる可能性もある。「分野横断的事項」、作業部会のように1つの章に統合され、または、複数の作業部会の成果が1つの章に統合される可能性もある。

(1) 物品市場アクセス (作業部会としては、農業、繊維・衣料品、工業) 物品の貿易に関して、関税の撤廃や削減の方法等を定めるとともに、内国民待遇など物品の貿易を行う上での基本的なルールを定める。	(2) 原産地規則 関税の減免の対象となる「締約国の原産品(=締約国で生産された産品)」として認められる基準や証明制度等について定める。	(3) 貿易円滑化 貿易規則の透明性の向上や貿易手続きの簡素化等について定める。	(4) SPS (衛生植物検疫) 食品の安全性を確保したり、動物や植物が病気にかからないようにするための措置の実施に関するルールについて定める。	(5) TBT (貿易の技術的障害) 安全や環境保全等の目的から製品の特質や生産工程等について「規格」が定められることがあるところ、これが貿易の不必要な障害とならないように、ルールを定める。
(6) 貿易救済 ある産品の輸入が急増し、国内産業に被害が生じたり、そのおそれがある場合、国内産業保護のため当該産品に対して、一時的にとることのできる緊急措置(セーフガード措置)について定める。	(7) 政府調達 中央政府や地方政府等による物品・サービスの調達に関し、締約国の産品等や入札の手続き等のルールについて定める。	(8) 知的財産 知的財産の十分で効果的な保護、模倣品や海賊版に対する取締り等について定める。	(9) 競争政策 貿易・投資の自由化で得られる利益が、カルテルや競争を害する行為・政策の強化・改善、政府間協力等について定める。	(10) 越境サービス 国境を越えるサービス(サービス貿易)に対する無差別待遇や数量規制等の貿易制限的な措置とならないルールを定めるとともに、市場アクセスを改善する。
サービス				
(11) 商用関係者の移動 貿易や投資の促進のためのビジネス・投資に従事する自然人の入国および一時的な滞在の要件や手続きに関するルールを定める。	(12) 金融サービス 金融分野のビジネスを越えるサービスの提供について、金融サービス分野に特有の定義や義務等に関するルールを定める。	(13) 電気通信サービス 電気通信サービスの分野について、通信インフラを有する主要なサービス提供者の義務等に関するルールを定める。	(14) 電子商取引 電子商取引のための環境・ルールを整備する上で必要となる原則等について定める。	(15) 投資 内外投資家の無差別原則(内国民待遇、最恵国待遇)、投資に関する紛争解決手続きについて定める。	(16) 環境 貿易や投資の促進のために環境基準を緩和しないこと等を定める。
(17) 労働	(18) 制度的事項 協定の運用等について当事国間で協議等を行う「合同委員会」の設置やその権限について定める。	(19) 紛争解決 協定の解釈の不一致等により締約国間の紛争を解決する際の手続きについて定める。	(20) 協力 協定の合意事項を履行するための国内体制が不十分な国に対し、技術支援や人材育成を行うこと等について定める。	(21) 分野横断的事項 複数の分野にまたがる規制や規則が、通商上の障害とならないよう、規定を設ける。
貿易や投資の促進のためビジネス等における労働環境のための労働基準を緩和すべきでないこと等について定める。					

第2節　TPP と日本

1　TPP の概要

　まず，TPP の概要を見る必要があるだろう。TPP は，「産業革命やルネサンスに匹敵する歴史的な大転換」[3] として捉えられ，歴史的観点からは「冷戦終結をしのぐ」ともいわれている[4]。アジア太平洋地域における高い水準の自由化を目標として掲げ，最終目標を「アジア太平洋自由貿易圏（FTAAP: Free Trade Area of the Asia-Pacific）」の構築とし，その目標に向けて現在交渉が進められている。表6-1 で示されるように，物品の関税の撤廃・削減[5] やサービス貿易のみならず，非関税分野（投資，競争，知的財産，政府調達など）の国際ルール作りのほか，環境，労働，分野横断的事項などの新しい分野を含む包括的な協定である。そのため，TPP は「21 世紀の FTA」として位置づけられている。

　TPP は，もともとはアジア太平洋の相対的に小さな諸国であるシンガポール，ニュージーランド，チリ，ブルネイの4カ国によって「環太平洋戦略的経済連携協定（P4: Trans-Pacific Strategic Economic Partnership Agreement）」として締結され，2006 年5月に発効した。2010 年3月に米国[6]，豪州，ペルー，ベトナムが加わり，計8カ国での交渉が開始された。同年10 月にマレーシア，2012 年10 月にはメキシコとカナダ，そして翌 2013 年7月に日本が交渉に参加し，2015 年9月現在，計12 カ国が交渉に参加している（図6-1）。

　アジア太平洋の他の国々も関心を示している。例えば，韓国産業通商資源部の崔京林（チェ・ギョンリム）次官補は，2013 年9月の外国人記者クラブでの記者会見において，TPP に関して「参加の是非について集中的に検討をしている」と述べた[7]。韓国政府は 2014 年3月，TPP 参加を検討するとの声明を発

---

3)　ハーバード大学ローレンス・サマーズ教授（元米財務長官）による。
4)　『日本経済新聞』2010 年 12 月 27 日。
5)　物品貿易については，すべての品目について原則として即時，または 10 年以内の段階的関税撤廃を定めている。
6)　オバマ大統領は TPP への参加を，米国の製品輸出増と雇用の増加を目的に決定している（Kirik 2009）。
7)　韓国が TPP に参加しても中国との関係に否定的な影響は与えないとも語った（『日本経済新聞』2013 年 9 月 13 日）。

図6-1　アジア太平洋における広域経済連携の進捗

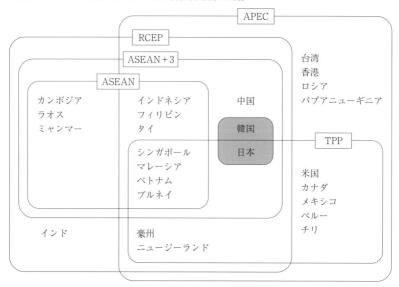

出所）内閣官房TPP政府対策本部（2014）より引用。

表している[8]。中国の李克強首相も2014年4月に海南省で開かれたアジアフォーラムで，TPPについて「中国はオープンな態度」であり，「公平で開放的な貿易環境につながるなら，TPPが成果をあげることは望ましい」として，関心を示した[9]。ほかにも，タイ，フィリピン，台湾なども関心を示している。

TPPへの日本の参加は，日米にとって事実上の日米FTAとして見なされて

[8) 2014年3月6日には日韓はTPP事前協議を開き，韓国は「意見の取りまとめ結果などを総合的に検討・分析した後，TPPについて最終的な立場を定める」との声明を発表している（『日本経済新聞』2014年3月7日）。

9) 『日本経済新聞』2014年4月11日。また，2013年7月に開かれた日中韓賢人会議では，中国社会科学院アジア太平洋・グローバル戦略研究院の李向陽院長は「中国はこれまでより積極的にTPPに注目している」と指摘し，注目を集めた。
　2015年10月6日，中国の国営新華社通信はTPPに関連し，「短期的にはTPPと衝突するかもしれない」としながらも，「中国は将来の加入を排除しない」との考えを示している（『日本経済新聞』2015年10月7日）。さらに，中国共産党の機関紙『学習時報』は2015年10月25日，中国はTPPに適切な時期に参加すべきとする解説記事を掲載した。「TPPのルールと中国における改革や市場開放の方向性は合致している」と指摘した上で，「中国の国有産業がどのような影響を受けるかを慎重に検討する必要はあるが，中国は国内の改革状況に合わせて適切な時期にTPPに参加すべき」との考えを示している（ロイター，2015年10月26日）。

いる。それは，TPP 参加国の名目国内総生産（GDP）の 8 割を日米の 2 カ国が占めているからである。また，APEC 全体の GDP の中で TPP 交渉参加国が占める割合も，70.8％に達する。世界全体の GDP の中で TPP 交渉参加国が占める割合は 38％（2012 年）であるが，TPP が FTAAP に拡大すると 57％になり，TPP が世界的な貿易制度に発展する可能性がある[10]。浦田によれば，TPP が発効することにより，日本と米国の GDP は，それぞれ 2.0％，0.4％増大する。さらに FTAAP が発効すれば，日本と米国の GDP は，それぞれ 4.3％，1.3％増大する。TPP，FTAAP によって，世界の GDP は，それぞれ 0.2％，1.9％増大するという[11]。

　米国は，より多くの APEC メンバーが TPP に入ることで，「クリティカル・マス」が形成され，参加しないメンバーにとって不参加のコストが高くなり，参加国数がさらに増えるという見通しに基づいて戦略を進めていた（Solis 2011）。実際，日本が TPP 参加への表明をしたことは，カナダとメキシコが TPP に参加する原動力になったといわれている。

　さらに，最近の米国が TPP 推進を加速している背景に，中国主導の「アジアインフラ投資銀行（AIIB：Asian Infrastructure Investment Bank）」[12]の存在がある。AIIB は，アジア地域のインフラ整備と持続可能な発展を目的に設立された[13]。資本金は 1,000 億ドル（12 兆円）で，2015 年内の発足を目指している。2015 年 9 月の現時点では，イギリス，ドイツ，フランス，インド，韓国などを含む 57 カ国が参加を表明しているが，日本と米国は参加していない。

　さらに，2014 年 11 月の APEC 首脳会議で中国の習近平国家主席は「一帯一路（新シルクロード）」構想[14]を提唱した。シルクロード経済圏のインフラ整備

---

10)　『日本経済新聞』2014 年 3 月 21 日。
11)　同上。
12)　AIIB に参加する計 67 カ国・地域の合計 GDP は約 60 兆ドルで，その総人口は 48 億人である。
13)　AIIB はアジアで膨らむインフラ需要への対応を目的に掲げている。アジアのインフラ需要は 2010〜20 年で 8 兆ドル（960 兆円）に上るとされる。日米は，無理な融資による焦げ付きや環境破壊を懸念し，参加の是非を留保している。主な参加表明国は，中国，韓国，インド，ASEAN 10 カ国，豪州，ニュージーランド，サウジアラビア，カタール，オマーン，クウェート，トルコ，英国，ドイツ，フランス，イタリア，スイス，デンマーク，ロシアである（『日本経済新聞』2015 年 5 月 22 日）。
14)　「一帯一路」は，中国から欧州へ抜ける陸路と，中国沿岸から中東，アフリカに至る海

や資源開発を支援する，総額 400 億ドル（約 4 兆 5,800 億円）の基金を独自に立ち上げる計画であり，AIIB とともに周辺国を含めたインフラ投資を主導していく考えを示している[15]。米国は，自らが主導する TPP がまとまらない場合，アジア市場における貿易や投資のルール作りを中国に主導されてしまうと懸念している。オバマ大統領は 2015 年 4 月 17 日の記者会見で，「我々がアジアで新しいルール作りを支えなければ，中国が自国に有利なルールを作ることになる。今後 20～30 年も市場から締め出される」と，焦りを隠さなかった[16]。

TPP 交渉は 9 年前に始まって以来，難航してきた。2014 年 2 月に開催されたシンガポールでの閣僚会合では，ルール分野において多くの進展が見られ，市場アクセスについても，物品のほか，サービス，投資，政府調達など全般にわたって積極的に交渉が行われた。しかしながら，2013 年 12 月の閣僚会議での合意失敗に引き続き，同会合でも大筋合意に至らなかった。その理由として，知的財産権の保護，国有企業に対する優遇策，環境規制などを巡り，米国などの先進国と，マレーシアやベトナムなどの新興国が対立したことが挙げられる[17]。また，一番のネックとして，交渉参加国の中で圧倒的な経済規模を持つ日米両国の関税分野での対立があった。

このように遅々として進まなかった TPP 交渉は，2015 年 6 月 29 日，TPP 合意の核心となる米国の貿易促進権限（TPA: Trade Promotion Authority）法案が署名され，成立したことで，大きく前進することになった[18]。TPA 法案が成立しなければ，参加国が妥結しても米議会で覆る可能性があり，同法案成立が TPP 妥結の前提といわれていた。TPA 成立によって，停滞していた TPP 交渉は大筋合意に向けて動き出し，2015 年 9 月現在山場を迎えている。一方で，

　　　　路の 2 ルートで経済圏を築く国家戦略である（『日本経済新聞』2015 年 10 月 6 日）。
15）　『日本経済新聞』2015 年 11 月 10 日。
16）　『週刊朝日』（2015）。
17）　『日本経済新聞』2014 年 3 月 21 日（浦田秀次郎）。
18）　TPA とは，政府が議会への事前通知等の条件を満たす限り，議会は政府が交渉した通商協定の個々の内容の修正を求めずに，迅速な審議によって当該協定の締結を一括して，承認するか否かを決するというものである。1974 年通商法で TPA が創設されて以降，米ヨルダン FTA 以外の米国のすべての通商協定は，TPA の下で議会承認が行われてきた。一部のメディアによると，自由化に積極的な共和党が，消極的な民主党に妥協しつつ TPA 法の成立を急いだのは，米国が中国より先に通商のルール作りで主導権を握りたいとの意図があったからだという（『朝日新聞』2015 年 6 月 26 日）。

ジェネリック医薬品の生産に関わる新薬の権利保護，国有企業の扱いなど，米国を中心とする先進国と新興国が対立している懸案は依然として残っている。投資分野では，多国籍企業が進出先の政府を訴えることのできる「ISDS (Investor-State Dispute Settlement) 条項[19]」が焦点となる。このほか，少数民族や文化面などの TPP 協定の適用除外を定める法的・制度的事項の「例外」分野の設定にも難しい調整が続くと思われる[20]。TPP 交渉の行方が注目されている。

2 TPP を巡る日本の交渉プロセス

TPP は安倍政権の成長戦略の核心であり，その実現はアベノミクスの成否にも直結するといわれる[21]。内閣府によると，TPP を締結し，すべての参加国が関税などを 100% 撤廃して締結した場合のマクロ経済効果について，日本側のセンシティブ分野の国内生産にマイナスの影響が発生する一方，他の分野の国内生産でそれを上回るプラスの効果があるという。総合的に見れば，日本の実質 GDP は 10 年間で 1.23〜1.62% (≒ 6.1〜8.0 兆円) 増加するとされる (内閣官房 2010b)[22]。にもかかわらず，2015 年 9 月現在，日本の TPP 交渉は難航している。日本国内の農業団体の強い反対に対して，政府は適切な政策を打ち出すことができていないのである。以下では，日本の TPP を巡る交渉プロセスを考察する。

日本政府は，従来 TPP には関心を示さず，アジア経済統合を進める政策と並行して，二国間による FTA を積極的に進めてきた[23]。しかし，2010 年 10 月，菅直人首相は所信表明演説の中で，「TPP への参加を検討し，FTAAP の構

---

19) ISDS 条項は，「投資家対国家間の紛争解決条項」を指す。投資協定や FTA において，投資家とその投資を受け入れている国との間で，協定に関する争いが生じた場合に国際仲裁を活用して争いを解決する仕組みを定める規定である。
20) 一部の国は米企業による手続きの乱用を恐れている。このため，法的根拠のない申立てを迅速に却下する規定や，申立期間を一定年数に制限し，乱用を防ぐ措置などが検討されている (『日本経済新聞』2015 年 7 月 4 日)。
21) 『朝日新聞』2015 年 6 月 26 日；『日本経済新聞』2014 年 3 月 21 日。
22) 政府による TPP 試算は，内閣官房，経産省，農水省による試算の 3 つがある。中でも内閣府の試算が，日本経済全体に与える影響を考える上で，最も包括的な試算とされる。
23) 日本は『通商白書』において，WTO における多国間の貿易自由化の代替案として FTA 戦略をも採用することを明言し，「FTA/EPA は地域統合の一形態である」と記している (通商白書 2001: 161)。

築を目指す」と述べ，初めて TPP 交渉入りについて触れた[24]。さらに同月8日，新成長戦略実現会議で，TPP を「第三の改革のシンボル」とした上で，「米国，韓国，中国，ASEAN，豪州，ロシア等のアジア太平洋諸国と成長と繁栄を共有するための環境を整備するにあたっては，EPA・FTA が重要である。その一環として，TPP への参加を検討し，FTAAP の構築を視野に入れ，APEC 首脳会議までに，我が国の経済連携の基本方針を決定する」という方向性が示された[25]。

翌11月の閣議決定で菅内閣は，日本政府の基本方針として，「FTAAP に向けた道筋の中で唯一交渉が開始している TPP 協定については，その情報収集を進めながら対応していく必要があり，国内の環境整備を早急に進めるとともに，関係国との協議を開始する」と宣言した。同時に，「すべての品目を自由化交渉対象とし，高いレベルの経済連携を目指す」とともに，「食料自給率の向上や国内農業・農村の振興と両立させるために，農業構造改革推進本部（仮称）を設置」すると述べ，TPP 参加を「平成の開国」だと強調した[26]。このように例外品目を設けない意思を政府の公式文書に明示したのは，日本の通商政策上初めてのことであった（寺田 2012）。また11月30日には，総理大臣を議長とする「食と農林漁業の再生推進本部」が設置された。

2011年3月に発生した東日本大震災以降，交渉参加の問題を先送りしてきた日本政府だったが，野田佳彦首相は同年11月の APEC 首脳会談にて，TPP 交渉参加に向けて関係国と協議を開始することを正式に表明するに至った。

国際的には，野田首相の事実上の参加表明のインパクトは大きかった。すなわち，日本の参加は ASEAN 中心の緩慢だったアジア太平洋地域統合の動きに刺激を与えることとなった。カナダとメキシコが参加意欲を示しただけでなく，これまで ASEAN＋3の枠組みに固執してきた中国が，日本提案の ASEAN＋6に対しても柔軟な姿勢に転じた[27]。例えば，2011年の ASEAN＋6の非公式会合では，日中両国が自ら進めてきた統合枠組みにこだわらず，貿

---

24) 首相官邸（2010b）。
25) 2010年6月に閣議決定した『新成長戦略基本方針』では，アジアの成長を取り込むために国内改革を進め，国外に向けては FTAAP を構築すると記している。
26) 首相官邸（2010a）。
27) 岡部（2012: 100）。

易，投資，サービスの自由化に向けた作業部会を設置することを共同で提言している[28]。

2013年2月22日に行われた日米首脳会談の共同声明において，安倍首相とオバマ大統領は，「日本には一定の農産物，米国には一定の工業製品というように，両国とも二国間貿易上のセンシティビティ（重要品目）が存在すること」を認識したとし，「最終的な結果は交渉の中で決まっていくものであることから，TPP交渉参加に際し，一方的に全ての関税撤廃をあらかじめ約束するよう求められるものではない」と確認した[29]。すなわち，100％の完全自由化は絶対的ではなく，「聖域なき関税撤廃」が交渉参加の前提ではないことが明確になったのである。

同年3月1日，自民党は総裁直属の「外交・経済連携本部」の下部組織として「TPP対策委員会」を新設した。委員長には農水族幹部の西川公也が就任した。西川は農水族ではあるが，WTO交渉に関わった経験から貿易自由化の流れを止められないことも認識していた[30]。西川の起用の背景には，TPPに理解を持つ農水族幹部に党内の反対派や慎重派をまとめさせようという安倍首相の意図があった[31]。

JA全中など業界団体や地方議会を調整にあたる「主幹会議」を設け，総括には農水族の宮腰光寛元副農相が就任した[32]。対策委員会には，農業，外交，財務金融，厚生労働，経済産業の5つのグループが設けられ，西田昌司参院議員ら慎重派がメンバーとなった。党内の異論を対策委員会の中に抑え込む狙いであった[33]。西川は「国が一丸となって進むようにするのが委員会の使命だ」と述べ，結束を訴えている[34]。

28）『朝日新聞』2011年8月14日。
29）『日本経済新聞』2013年2月23日；内閣官房TPP政府対策本部（2014）。2013年2月の自民党政務調査会・外交・経済連携調査会「TPP交渉参加に対する基本方針」では，①「聖域なき関税撤廃」を前提とする限り，交渉参加に反対する，②自由貿易の理念に反する自動車等の工業製品の数値目標は受け入れない，③国民皆保険制度を守る，④食の安全安心の基準を守る，⑤国の主権を損なうようなISDS条項は合意しない，⑥政府調達・金融サービスなどはわが国の特性を踏まえる，としている。
30）『日本経済新聞』2013年3月24日。
31）同上。
32）『毎日新聞』2013年3月6日。
33）『農業協同組合新聞』2013年3月7日。

3月13日のTPP対策委員会は,「TPP対策に関する決議」を採択し,「農林水産分野の重要5品目などの聖域の確保を最優先し,それが確保できないと判断した場合は,脱退も辞さないものとする」と明記した[35]。さらに「聖域」として,政府はコメ[36],砂糖に,麦,乳製品,牛肉を加えた5分野の農産品を挙げ,優先順位を決める検討に入った[37]。

このような動きを踏まえて,同年3月15日に安倍首相は記者会見を行い,日本がTPP交渉に参加するとの決断を表明した。4月12日にはTPP交渉参加に向けた日米協議に合意した。これに対し,衆・参農林水産委員会はTPPに関する決議を出し,農林水産分野の重要5品目を除外または再協議の対象とし,段階的な関税撤廃も認めないこと,それが確保できない場合は脱退も辞さないことを決議している[38]。そして同年7月23日,交渉参加国11カ国の国内手続きが完了し,日本が正式に交渉に参加するに至った。

その後,2014年2月に開催されたシンガポールでの閣僚会合は,日米間で甘利明TPP担当大臣とフロマン(Froman, M.)米通商代表の会談に向けて,懸案解決に向け事務レベルで引き続き折衝を続けたにもかかわらず,大筋合意には至らなかった[39]。日本は米国が要求する全農産品の関税撤廃に抵抗したのに対し,米国は日本の要求する自動車関税の撤廃時期の明示や部品の関税撤廃に抵抗したためである[40]。両国政府の抵抗の背景には,自由化に反対する国内業界とその業界から支持を得た政治家の存在があった。

同年3月にオランダ・ハーグで会談した安倍首相とオバマ大統領は,TPP交渉を加速化させることで一致し,日米間の残された課題について集中的に交渉を行った。4月の日米首脳会談の際にも閣僚級協議が行われ,共同声明で

---

34) 『毎日新聞』2013年3月6日。
35) 自由民主党(2013)。
36) 農業総産出額の約8兆5,000億円のうち,コメは約1兆8,000億円であり,もはや主力ではないといわれている。農家の平均年齢は66歳で,稲作農家は70歳を超えている。農林水産族の権力の低下は,安倍政権でコメの減反廃止や農協改革が遅ればせながら進む要因になったといわれる(『日本経済新聞』2015年6月3日)。
37) 『日本経済新聞』2013年3月3日。これら5項目の品目を関税撤廃から除外すると,自由化率は93.5%となる。
38) 内閣官房TPP政府対策本部(2014)。
39) 通商白書(2014: 271)。
40) 『日本経済新聞』2014年3月21日。

は，日米が協力してTPPを早期妥結へ導くことが重要であるとの認識の下，他の参加国との協議を日米が連携して加速していくことが打ち出された[41]。このような前進はあるものの，2015年9月現在，日米はいまだに懸案のコメや自動車分野で合意に至っていない[42]。

第3節　促進要因：日本のTPP提案の背景

　菅首相が2010年10月の所信表明演説で突然のように「TPP検討」を提案した背景には，主に次の3点を挙げることができよう。1点目として，対米関係という要因が挙げられる（木村 2011; 寺田 2011; Solis 2013; Solis and Katada 2015; Kim 2013b）。米国は，以前から日本の農産物市場の開放を求めてきた[43]。同時に，そこには鳩山由紀夫政権下で不協和音が生じていた対米関係を修復させる意向を明らかにすることで，日米同盟を強化する狙いもあった[44]。中国との関係を重視して東アジア共同体を唱えた鳩山政権では，沖縄の普天間基地代替施設移転問題に関して日米間で齟齬が生じるなど，日米関係全体が冷え切った状態にあった。当時の長島昭久防衛大臣政務官が「米国には無理して日米安保を維持しなくてもいいとの考えがあり，日本がつなぎとめる努力」が必要であると説いたように（寺田 2013），TPPは，日米市場統合によって米国の日米安保への関与を促進する政策とも解釈された。例えば，数多くの研究では（Capling and Ravenhill 2011; Auslin 2012; Solis and Katada 2015），TPPの締結を通じて日米関係が強化されることにより，アジアにおける中国の力を減じることにつながる

---

41) 「日米共同声明：アジア太平洋およびこれを越えた地域の未来を形作る日本と米国・2014年4月25日」（通商白書 2014: 271-272）。

42) 米国は主食のコメだけで年17万5,000トンの受入れを日本に求めており，甘利TPP担当大臣は受入れは難しいと返答した。日本は加工米も含めてTPPの参加11カ国に10万トン弱の枠を割り当てる案も検討したが，溝は埋まっていない。自動車部品では，日本側が関税（2.5%）の即時撤廃を求め，米国は撤廃までの期間をできるだけ延ばす考えを示し，一部品目に隔たりを残した（『日本経済新聞』2015年4月21日）。

43) 米国の『貿易協定プログラムに関する年次報告』（USTR 2008）において，USTRは「米国を排除するいくつかの地域的経済統合イニシアティブの」アジア太平洋地域における進展に関し，懸念を表明している（浦田 2011b: 102）。

44) 例えば，2010年10月7日に行われた記者会見で，篠原孝農林水産副大臣は，菅首相の所信表明演説にTPP参加検討が言及されている理由の1つとして，日米関係の重視を挙げている。

と論じている[45]。こうした思惑は，安倍首相の記者会見での次の発言からも明らかである。

　TPPの意義は，我が国への経済効果だけにとどまりません。日本が同盟国である米国とともに，新しい経済圏をつくります。そして，自由，民主主義，基本的人権，法の支配といった普遍的価値を共有する国々が加わります。こうした国々と共に，アジア太平洋地域における新たなルールをつくり上げていくことは，日本の国益となるだけではなくて，必ずや世界に繁栄をもたらすものと確信をしております。さらに，共通の経済秩序の下に，こうした国々と経済的な相互依存関係を深めていくことは，我が国の安全保障にとっても，また，アジア・太平洋地域の安定にも大きく寄与することは間違いありません[46]。

　さらに対中戦略も見据え，安倍首相は2015年4月末の米議会演説で「TPPには単なる経済利益を超えた，長期的な安全保障上の大きな意義がある」と再度強調している[47]。

　2点目として，工業製品の輸出拡大を図ろうとする財界の要求があった（浦田 2011b；馬田・浦田ほか 2012；石川 2011；馬田 2011；渡邊 2014；Katada and Solis 2010）。TPPは，東アジアの広域FTA構想に参加していなかった米国をはじめ，アジア太平洋地域の多数の国が参加し，高いレベルの貿易自由化を目指すとともに，新しいルールを含めた広範な分野のルールについて交渉しており，TPPのルールがアジア太平洋の事実上のルールになる可能性が高い。経団連はこのような「ルール作り」の重要性を指摘し，TPPの早期加入を促した。TPPへの日本の参加は不可避だとの認識の下で，「TPPに参加するとしても，ルールが一旦出来上がった後では一方的にそれらを受け入れざるを得なくなってしまう。（略）アジア太平洋地域におけるルール作りを主導することにより，

---

45) *Nikkei Weekly* 2010年11月15日。また，米国の狙いを，中国包囲網を強化するために日米同盟をより確固たるものにするためとする見解もある（*The Financial Times* 2012年9月9日）。
46) 首相官邸（2013）。
47) 『朝日新聞』2015年6月26日。

域内の経済成長と雇用の創出に貢献するべき」と早期加入の必要性を声高に叫んでいた[48]。

　3点目として，韓国という要因があった（ソン 2014; Koo 2010; Kim 2013b）。韓国は，米国とは 2007 年に FTA 交渉を妥結させ，2012 年 3 月に FTA が発効した。また EU とも 2011 年 7 月に FTA が発効した。2012 年 5 月には中国との FTA 交渉開始を宣言し，2015 年 6 月に正式署名に至っている。すなわち，日本の三大輸出市場である米国，EU，中国に対し，韓国は FTA 政策を積極的に推進していた。もともと東アジアにおける FTA 競争に後れを取っているという認識があった日本政府は，日本が被るであろう経済的・外交的不利益に対して危機感を抱いていた[49]。2011 年 10 月の民主党の「経済連携プロジェクトチーム（PT）」第 1 回総会でも，座長の鉢呂吉雄前経産相が韓国に言及し，米国議会での米韓 FTA 承認を契機に日本も TPP をどうするか決める時期になったと述べ，韓国に後れを取ってしまうとの懸念を強く示している[50]。

　例えば，2009 年の米国向け輸出の約 6 割が有税であり，日本の輸出企業が米国に対して支払った関税は約 3,000 億円に上った。韓国が先んじて FTA を結んでいるために，韓国と競合する輸出品において価格競争の面で不利益を被る可能性があった。特に日韓の場合，競合する割合が 7 割と高く，FTA の有無が日本の輸出品にさらなる影響を直接的に及ぼしかねないことが危惧された（寺田 2012: 260）。日本の TPP 参加は，韓国に追いつくという日本の輸出業界の要請に応えることを意味した[51]。

第 4 節　阻害要因：農業「下位政府」の強さ

　他方で，所信表明で菅首相の TPP 参加表明が「参加を検討する」との表現

---

[48]　経団連（2011）。
[49]　民主党関係者（PT メンバー）に対する筆者のインタビュー，2012 年 9 月 7 日。このような認識は，内閣官房の資料に「TPP 不参加は対米貿易では韓国との間で不利益が生まれる」，「米韓 FTA が発効すれば日本企業は米国市場で韓国企業より不利になる。TPP 参加により同等の競争条件を確保すべき」と強い懸念が示されていることからも窺える（内閣官房 2010a）。
[50]　『中央日報』2011 年 10 月 15 日。
[51]　早稲田大学浦田秀次郎に対する筆者のインタビュー，2012 年 12 月 4 日。

にとどまった背景には，農業分野をはじめとする国内からの反発があった。2010年10月当時，仙谷由人官房長官と前原誠司外相がTPP推進派であった一方，鹿野道彦農水相が反対しており，さらに当初は推進派だった大畠章宏経産相が一転して慎重派になったことが困難に拍車をかけた。この背景には，大畠経産相が所属する鳩山グループが中心になって形成した「TPPを慎重に考える会」があった。メンバーには農村地域や参議院1人区の議員が多く，民主党議員の3割近い140名もの国会議員が参加していた。同会においては，農業団体のFTA反対表明やFTA反対派の研究者の講演会などが行われた。会長の山田正彦前農水相は，「TPPは関税をゼロにするだけではなく，金融も医療も保険もサービスも全部ゼロにしてしまうという国の形を変える大きな問題」との認識の下，「TPPは黒船だ。関税を撤廃したら日本の農業は壊滅する」と強く反発していた[52]。

一方，民主党政務調査会のFTAに関するプロジェクトチームとして「APEC・EPA・FTA対応検討プロジェクトチーム（PT）」が設置され，TPPの対応への取りまとめ作業に入った。PTでは，賛成論もあったものの，発言者数では慎重意見のほうが多数であった[53]。山口壮座長は，TPP交渉への参加問題に関し，党内では賛否両論があるため意見集約は困難との認識を明らかにした[54]。最終的に，PTは2010年11月に「情報収集のための協議を行い，TPP交渉に入るかどうか検討する」との文言を盛り込んだ政府への提言案をまとめた[55]。

PTの提言では，経済連携推進について，「"国を開き"，他国の開国を促し，経済連携を戦略的に推進することで，アジア諸国等の活力とリンクしていくことが重要」との認識を示し，また「農業分野において，適切な国内改革の先行的推進は不可欠」ではあるが，「TPPについては，農林水産業への影響に止まらず，非関税分野にも多大な影響がおよび"国のかたち"が変わることにも繋がりかねないため，慎重な対応が求められる」と，農業界への配慮を示している[56]。

---

52) 『ニューズウィーク日本版』2010年10月28日。
53) 『日本経済新聞』2010年10月29日。
54) 『ブルームバーグ』2010年10月28日。
55) 民主党（2010）。

日本のTPP交渉が難航している主たる要因は,「農業者戸別所得補償制度」[57]の拡充・強化に反対する「全国農業協同組合中央会(JA全中)」の存在である[58]。戸別所得補償制度とは,GATTの下で直接支払いとして先進国が関税に代えて導入すべき措置として奨励されていたものである。米国やEUは戸別所得補償を行っているが,日本では農産物価格に応じて販売手数料収入が決まるJA全中の存在が実施の妨げになっている[59]。菅首相はTPP交渉参加に向けて,民主党の農業政策の柱であった戸別所得補償制度の拡充を柱とした2兆円規模の農業支援策の検討[60]を行った[61]。

JA全中は農政の総合指導機関として,営農指導のみならず,政府・国会などへの陳情や要請運動をも行ってきた。2011年10月にJA全中は,TPP交渉参加反対に関する国会請願を衆・参議長に提出している。JA全中・農水族・農水省を中心とする強力な「下位政府」(Mulgan 2008: 172)が,農産物貿易の自由化を困難にしている。いわゆる「農政トライアングル」[62](山下 2009)である。本間(2010)は,自民党の農林水産部会など,国会審議前に党による政策審議が行われる中で,農業保護的な政策が進められたが,そこには農業団体と自民党の緊密な関係があったことを指摘する。このことは,TPP反対国会請願に自民党の衆参議員の8割以上が賛成していることからも推察できる。JA全中に代表される農業団体と政治の間でのインフォーマルな制度が構築されているのである。

JA全中は,TPPは農業だけではなく医療なども深刻な影響を受けると主張し,日本医師会などを巻き込んで一大反対運動を展開した(山下 2012: 184)。大規模な反対集会を開き[63],TPP交渉参加反対1,000万署名全国運動を繰り広げ

---

56) 民主党APEC・EPA・FTA対応検討プロジェクトチーム(2010a)。
57) 現在の戸別所得補償制度は,2010年度の「プログラム」試行期間を経て閣議決定され,2011年度より本格的に実施されている。
58) 民主党関係者・PTメンバーに対する筆者のインタビュー,2012年9月7日。
59) 同上。
60) このような検討の結果は,2011年10月25日に食と農林漁業の再生推進本部が決定した「我が国の食と農林漁業の再生のための基本方針・行動計画」として取りまとめられた(内閣府 2011)。
61) 『産経新聞』2010年10月24日。
62) 『日本経済新聞』2015年6月3日。
63) 例えば,東京の国技館ではTPPの交渉参加に反対する農業団体や消費者団体の計6,000

たのである[64]。TPP によって消費者は安全な日本の農産物を食べられなくなると主張し，JA 全中は消費者も運動に巻き込んだ[65]。さらに，2010 年 10 月の新成長戦略実現会議で JA 全中は，TPP は日本の食料安全保障と両立できないとして，日本の交渉参加に強い反対を表明した[66]。また，TPP への参加によって日本の農業が受ける打撃は明瞭であるのに対し，TPP 交渉における日本の目標がはっきりしていなかったことも，TPP への反対意見を搔き立てた（岡部 2011）。それは，民主党経済連携 PT で，「TPP については，具体的でわかりやすいメリットが見えにくい」と指摘されたことからも窺える[67]。

2015 年 6 月 29 日に TPA 法案が成立し，TPP 交渉が最終局面に入ってからも，JA 全中は依然として，TPP 交渉において「コメなどの重要品目については除外，または再協議の対象とすること」や「国民への十分な情報提供」を約束した国会決議を守るよう，政府・与党に強く求めている。

このように，JA 全中に代表される農業団体の抵抗と政府内の農業関係集団が，TPP 交渉を妨げている[68]（Choi and Oh 2011; Mulgan 2014; Kim 2013b）。農業団体が，族議員や農水省とのつながりを通じて政策決定過程への強いチャンネルを持っているため，TPP 合意を困難にしているのである。

第 5 節　おわりに

日本政府にとって TPP の重要な意義は，米国のアジア回帰[69]，中国の経済的・軍事的台頭，日本のプレゼンスの低下などの，新たな国際環境下におけるアジア太平洋地域の経済秩序の形成に参加することにある。それは，米国との

　　　人を集めた大規模な集会が開かれている（『朝日新聞』2011 年 11 月 9 日）。
64) 『朝日新聞』2011 年 10 月 24 日。
65) 　前掲，民主党関係者（PT メンバー）に対する筆者のインタビュー。
66) 　JA 全中の考え方については，2011 年 8 月 2 日の「食と農林漁業の再生実現会議」配布資料である『いっしょに考えませんか，TPP と日本の農業・くらし：TPP 等に関する JA グループの基本的考え方』を参照のこと（全国農業協同組合中央会 2011）。
67) 　民主党経済連携プロジェクトチーム（2011）。
68) 　前掲，民主党関係者（PT メンバー）に対する筆者のインタビュー。
69) 　オバマ大統領は，TPP を経済・軍事面で掲げる「アジア回帰」戦略の中核と位置づけてきた。すなわち，アジアへの輸出拡大で雇用を増やし，IT や製薬などの分野で高い水準のルールを作ることを目的としている（『朝日新聞』2015 年 6 月 26 日）。

FTAへの道を開き，それによって高いレベルの「同時多発的FTA交渉」を進めてきた韓国に追い付くという日本の輸出業界の要請に応えることでもある。いわば，「失われた20年」といわれる日本経済の課題を解決するため，TPPを新たな需要と雇用創出の契機とし，これを成長につなげる政策として捉えている。

　すなわち，TPPへの参加は，従来より日本が培ってきた産業の国際競争力を活用し，アジア太平洋地域の高度成長を取り込み，日本経済を成長させようとする積極的なFTA戦略を意味する。少子高齢化や巨額の政府債務などの深刻な問題を抱える日本経済の再興には，TPPと構造改革を核とした成長戦略の実行が欠かせない[70]。自由化を進めるには，農業を含む構造改革を進め，競争力を強化することが重要である[71]。

　一部で主張されている中国の「封じ込め」は現実的とはいえない。ソリスによると，TPPの目的は，最終的に中国の市場改革を促進できるようなアジア太平洋のプラットフォームを構築することである（Solis 2013）。2015年6月1日に中国は韓国とFTAに正式署名し，中韓FTAを通じて，RCEPなどの多国間交渉で主導権を握ろうとしている。中韓FTAの基本方針として「全方位」を掲げ，日米が中国抜きで進めるTPP交渉を警戒している。このような動きに対し，日本はAIIBに協力し，TPPへの中国の参加を促すことで，公正で透明度の高い国際ルールを構築でき，長期的には日本の国益につながるのではないだろうか[72]。

　TPP合意に向けた日本の障害は，農業自由化への反対の動きである。具体的には，コメ，麦，牛・豚肉，乳製品，砂糖の「聖域」5項目の自由化への抵抗が依然として強い。JA全中などの農業団体は，族議員や農水省とのつながりを通じて，政策決定過程への強いチャンネルを持っている。このため，韓国ほどには世論の盛り上がりが大きくないとしても，政策に対するその影響力は極めて強い。そもそも，韓国の大統領制の強さに対し，日本の首相・政府のリーダーシップの弱さ，農水族・農水省・農業団体のつながりに典型的に見ら

70）『日本経済新聞』2014年3月21日。
71）同上。
72）『日本経済新聞』2015年5月20日。

れる「下位政府」の強さは，日本政治の構造的特徴の1つであり，こうした下位政府が世論を巻き込んで組織する反対運動に抵抗して，政策決定を行うことは極めて困難である。さらに，農業者戸別所得補償制度はJA全中の影響力を弱めるものであるため，これを拡充することに対してもJA全中は抵抗する。このため，TPPの代償としての補償措置を拡充することも困難となっており，これもTPPの推進を困難にする要因となっている。

最後に，このような「鉄のトライアングル」が揺れ動く兆しが見えているのも，付け加えておくべきだろう。2013年11月に安倍政権はコメ政策を転換し，「減反」[73]を2018年になくす方針を正式決定した。さらに「減反」に協力していた農家への補助金も段階的に減らし，2018年度に廃止すると盛り込んだ[74]。1970年から40年以上続いてきたコメ政策を転換したのである。さらに，2015年4月3日，日本政府は安倍首相のアベノミクス政策を推進するために，農協改革を進めることを盛り込んだ重要な3法案を閣議決定した。それは，農業協同組合法（農協法），農地法[75]，農業委員会法の3法案の改正を軸とした，農業の生産性向上を目指す一連の改革であり，2016年4月の施行を目指している。地域農協を束ねるJA全中の権限を大幅に縮小し，地域農協の経営の自由度や独自性を高め，強い農業への足掛かりとする狙いである[76]。

このような動きに対して，従来，減反を死守してきた自民党農水族や農協の抵抗は目立たないといわれる。農水族が変容した最大の要因は，農家の高齢化によって集票力が低下したことだろう。自民党内でも世代交代が進み，2009年および2012年の衆議院選挙を経て，加藤紘一，谷津義男を含む多くのベテランの農水族議員が落選・引退したのも一因と思われる[77]。

---

73) 減反は，国が農家ごとにコメの生産量を割り当てて価格を維持する生産調整である。
74) 『日本経済新聞』2013年11月26日。
75) 農地法改正案では，株式会社等の農業生産法人への出資比率の上限を緩和する。資本の増強を容易にし，事業規模の拡大を促す狙いである。農協数の集約など経営基盤の強化を目指す独自施策を進めてきたJA全中は，「農家の所得増加に本当につながるか理解しがたい」として改革に反対していたが，2月に方針転換した（『日本経済新聞』2015年4月10日）。
76) 農協の大規模な改革は約60年ぶりである。全国約700の地域農協の経営目的を「農業者の所得の増大」とし，JA全中は2019年9月末までに一般社団法人に転換する（『日本経済新聞』2015年4月3日）。
77) かつて自民党を支えた農村の急速な疲弊により，農家の平均年齢は66歳，稲作農家は

加えて，JA全中改革の動きも挙げられる。2015年6月から7月にかけて行われたJA全中の会長選挙で，全中に権限が集中するピラミッド型構造を問題視し，組織運営改善を訴えてきた「改革派」の奥野長衛が選ばれた[78]。奥野はTPPについて，政府・与党と連携していく必要性を強調し，これまでの対決路線から転換する姿勢を示した。「いたずらな対決姿勢では世の中は動かない。農家にとって一番，効果的なことを訴えていくべきだ」と，政府・与党と協力する姿勢を明らかにした[79]。

　さらに，奥野は「このままでは世の中にそぐわない組織になるという危機感を持つ多数の支持があった」と自身の当選を説明している[80]。その背景には，JA茨城県中央会の加倉井豊邦会長の存在があった[81]。加倉井は，JA全中によるTPP反対運動などを批判し，全中会長選でも守旧派と対峙し，本音では改革を求めている地域農協組合長や中央会長らを切り崩した[82]。自民党インナーの1人は，「自己改革を推し進めないと，抵抗勢力のレッテルを貼られる。農家にも国民にも見捨てられる」[83]との危機感が背景にあることを露わにしている。このような農協改革の動きは，日墨FTA締結過程で見られたような農業関係集団の内部調整によって促されたといえるだろう。TPP交渉が大詰めを迎える中で，合意後の農業振興策も見据え，協調路線への転換が必要と判断されたのである。TPP交渉妥結に向け，日本の農政は大きな転換期を迎えることとなった。

　日本は今後，どのような方向に向かうのか。まさに今，歴史の岐路に立たされている。

　　　70歳を超える。戦後，一時600万戸を超えた農家の数は直近で約250万戸まで減った（『日本経済新聞』2013年11月9日）。
78）『朝日新聞』2015年7月3日。
79）『毎日新聞』2015年8月18日。また，奥野は，「政策提言はするが，政府と対立するのは本来の協同組合の仕事ではない」とし，政府の農協改革に反発を続けた万歳章現会長との違いを強調している（『朝日新聞』2015年7月16日）。
80）同上。
81）『週刊ダイヤモンド』2015年7月14日。
82）同上。
83）『日本農業新聞』2015年2月28日。

付記）

　本書の脱稿（2015 年 9 月）後の 2015 年 10 月 5 日，TPP 交渉は大筋合意に至った。TPP 合意については，日本政府は輸入関税をかけている 834 品目の約半数の関税を撤廃したが，コメ・麦・牛肉などの重要 5 項目に関しては，関税ゼロでの最低輸入枠の設定や関税引下げで折り合った（『日本経済新聞』2015 年 10 月 10 日）。安倍首相は大筋合意を受けて，すべての閣僚による TPP 総合対策本部を設置した。農業の振興や競争力強化など，総合的な対策の検討を本格化させる見通しである。今後は，TPP に関連する国内法の改正手続きも並行して進めることになる。

終 章

 本書では，まず，これまでWTO体制に基づく多国間主義を支持してきた日本が，FTAに代表される経済地域主義を通商政策の重要な柱とするようになったのはなぜかという問いに答えることを試みた。特に，FTA締結に至るまでの交渉プロセスにおける国内アクター間の対立と協調のパターン，およびその対立を協調へと導いた要因を明らかにした。

 次に，最近の日本のFTA政策の新しい動向，すなわち，二国間FTAを中心としたものから，多国間FTAの実現を通じて地域的な多国間主義を本格的に進めることも目指すダブルレイヤー通商政策へとシフトする兆しが見られる点に着目し，この新たな政策シフトにおける阻害要因がどのように克服されるかについて考察した。

第1節　理論編のまとめ

 理論編では，まず序章において，日本の通商政策の歴史を概観し，日本のFTAの全体像を検討した。どのような歴史の流れの下で日本のFTA政策への転換が行われたのか，その位置づけを試みた。

 第1章では，日本のFTAへの政策転換に関するこれまでの議論を国際要因（外圧型），国内要因（内圧型），制度型，理念型の観点から検討し，それぞれの問題点を明らかにした。その結果，本書においては国内要因に焦点を当てるアプローチが有効と判断した。しかし，内圧型にも問題があった。すなわち，日本のFTA政策の推進要因に関する従来の研究では，FTA推進省庁としての経産省と外務省の役割に焦点を当て，両省庁が連携してFTAへの抵抗勢力である農業関係集団を説得したとの見方が主流であった。または，経団連による経

産省への圧力に注目する研究が多数を占めていた。しかし，このような内圧型の先行研究において，抵抗集団としての農業関係集団の内部における対立と妥協が考慮されていなかった。そこで，本書では，この「農業関係集団内の対立と妥協（内部調整）」という要素に注目し，その検証を試みた。

第2章では，分析の枠組みと研究の意義を提示した。本書は分析の視点として，日本の通商政策転換を，単なるマルチからバイへの転換としてではなく，アジア通貨危機以降に日本が消極的なアジア政策から積極的なアジア政策推進へとシフトする過程の一環として捉えた。その意味で重要なのが「骨太の方針2006」であり，日星FTAから日墨FTA締結までのプロセスにおける農業問題のタブーの解消は，アジアにおける日本のFTA推進モデルとなるばかりでなく，この「骨太の方針2006」につながった点にその意義を見出せる。

分析対象として，日星FTAおよび日墨FTAを取り上げた。とりわけ日墨FTAは，日本がアジアにおけるFTAを推進する上で避けて通れない農業問題というタブーの本格的解消を試みたという意味で，将来における日本のFTAモデルとして意義があった。その交渉過程を検討することで，政府と経済団体，そして農業団体間における争点が明らかとなった。この点は，これからの日本のFTA政策を見ていく上で，重要であると考えた。

このような両事例の分析枠組みの中で，外的要因および内的要因に注目した。外的要因として，日星FTAの事例ではアジア通貨危機を，日墨FTAの事例では中国・ASEAN FTA締結を取り上げ，内的要因として政策決定者集団（外務省，経産省，農水省，首相官邸）を，政治集団として自民党（農林水産部会，FTA特命委員会）を，利益集団としては経団連およびJA全中を取り上げた。また，事例分析の手法として，政府関係者および利益団体20人のインタビューを用いた。従来の日本のFTA政策研究において，インタビューによる実証研究は稀であり，これは，従来の研究では見られない本書の特徴であった。

第2節　事例検証のまとめ：事例編I

上記の分析枠組みと手法に基づいて，第3章では日星FTAの締結に至るプロセスを4つの時期に分けて分析した。予備期においては，外務省内および通

産省内のマルチ派とFTA派の対立・協調のパターンが明らかとなった。前半期における巻き返しとして，宮沢蔵相による河野外相への説得と田中経済局長のイニシアティブ，大島審議官の提案による4省の勉強会などがあった。

後半期においては，谷津農水相によるFTA反対派に対する説得が巻き返しとなった。農水省は，農産物に関してはWTOで交渉すべきとの頑なな態度だったが，FTAに前向きであった谷津農水相は，シンガポールとのFTAを支持して，反対派の国会議員を抑え，説得した。特に自民党農林水産部会の強硬なFTA反対派であった桜井，松岡を説得し，シンガポールとのFTAへの了承を得た。さらに，中川貿易調査会長には早い段階から了承を得ていた。谷津農水相は，農業に一定の犠牲が生じるとして，国家戦略としてFTAを捉えるべきと考えていた。すなわち，谷津農水相がFTA推進におけるキーパーソンの役割を果たした。以上から，FTA締結を推進した要因として，省庁間の対立や説得よりも，農業関係集団の内部調整が有効に機能していたことが明らかとなった。

収束期においては，日星FTA交渉における収斂としての小泉政策演説（「共に歩み共に進む」）があった。この演説は，北東アジアと東南アジアを結び付ける初の具体的取組みであった。それは，日星FTAの成功による自信から生まれたものであった。その意味で日星FTAは，その後のFTA交渉に向けた試金石の役割を果たした。このFTAは産業界が望んだものでは決してなく，実質的な内容には乏しいものであった。しかし，通産省（経産省）と外務省の中に存在していたFTAへの拒否感を低減させる上では大きな意味があり，そこにこのFTAの意義があった。農業にこだわりを持つ国といきなりFTA交渉を始めようとすれば，外務省や通産省（経産省）のFTA担当者は，省内における抵抗と省外における抵抗の双方に対処しなければならなかったはずであった。シンガポールという非農業国とFTAを最初に結ぶことによって，前者については相当な程度の処理がなされ，FTA推進を巡って国内における障害がほぼ農業に限定されるという形で，問題を処理しえたのである。これによって，次に控える日墨FTAが締結しやすい環境が整備された。

第4章においては，日墨FTA締結までのプロセスを，やはり4つの時期に分けて分析した。予備期においては，メキシコからのFTA締結の提案と経団

連の陳情があった。メキシコからの提案に対しては、アジアにこだわる経産省の躊躇および経団連内部の対立があった。多くのメキシコ進出企業は日墨FTA締結を望んでいたが、当初、経産省のFTA担当者の念頭にあったのは、東アジア諸国とのFTA締結だった。しかしながら、農産品輸出の大国ではないメキシコとのFTA締結は、日本企業に対する差別解消という大義名分も存在し、かつ農産品のタブーを取り除くという、シンガポールとのFTAでは果たせなかった新たな課題に対応することのできるチャンスでもあった。これらの要因が重なり、経産省は日星FTAのときとは異なり、日墨FTA締結に向けて積極的にコミットした。

　前半期においては、抵抗アクターを説得する農水省の役割が明らかとなった。利益集団が対立する中（経団連対JA全中・養豚業界）、経団連の活発な提言と養豚業界の攻勢（FTA等対策委員会の設立、50万人署名運動）があった。このような利益集団間の意見調整の場として、自民党内のFTA特命委員会がその機能を果たした。FTA特命委員会は、経団連やJA全中などの利益団体との意見調整の場を設けるという役割を果たした。同委員会は、設立当初から外務省と協力する立場に立ち、外務省と自民党の合作委員会とも評された。さらに、同委員会の谷津農水相は農水族の大物であったため、農林部会との対立を回避することができた。同委員会設立の動機は、メキシコとのFTA締結というよりは、もともとは「アジア」との締結にあった。

　2003年8月末、農水省は方針を転換し、それ以前の自民党農林水産物貿易調査会の決定を覆す形で、豚肉を除くメキシコからの農産物輸入額の9割以上を無税とする思い切った関税撤廃案を提示した。これは、農林水産品に対する関税はWTOの場でのみ議論するという立場を転換し、FTA締結に向けて前向きに取り組むようになったことを意味した。これによって、それ以後のFTA交渉においては、シンガポールとの場合とは異なり、農産品に関してゼロ回答となることはなく、農業分野においてもある程度の前向きな取組みがとられることが明らかになった。これは農水省の公式な変化を意味し、その点で重要だった。

　このような農水省の変化は2つの要因によるものだった。第1に、抵抗勢力としてのレッテルを貼られることを懸念した国際協調派議員による説得、第2

に，アジアとのFTA推進という，すでに他のアクター間で共有されていた認識が，農業関係者にも共有されるようになったことであった。こうして，農水省は自民党農水族や農業関係者に積極的に説得を行った。対メキシコ貿易で生じている4,000億円の損失は国益上問題があるという根拠を示して，農水省は自民党の農業関係議員やJA全中，養豚業界を説得した。以上のように，日星FTA同様，日墨FTAにおいても，省庁間の対立・説得より農業関係集団の内部調整が有効に機能していたことが検証された。

メキシコとのFTA交渉は，その後のアジアにおいてイシューとなる農業問題を扱う上での，試金石となる初の機会であった。その意味で，将来のアジアとのFTAと関連づけて考えられていた。アジアとのFTA推進の重要性については，農業関係者も国会議員も同様に理解を示していた。

後半期においては，官邸による人事を通じたリーダーシップが重要な働きを担った。すなわち，小泉首相による中川経産相，亀井農水相，額賀政調会長の任命によりFTA推進シフトが敷かれ，この官邸主導型の基盤の下で農業関係者との意見調整が行われた。

結果的に，日墨FTAは農業関係者を巻き込み，うまくまとめて調整した積み上げ型のモデルだった。メキシコとの交渉を経て，農水省は「みどりのアジアEPA推進戦略」を策定した。それは，アジア地域とのFTAの締結に積極的に取り組むという意思表明であった。さらに，日星FTAおよび日墨FTAの締結プロセスにおける調整を通じて，それ以後の日本のFTA政策の方向性が2006年からの「骨太の方針」に盛り込まれ，FTA推進が農業問題や農水省の利害を超えて，内閣の方針となるに至った。それ以後のアジアにおける日本のFTA政策のロードマップが提示されたのである。

以上の日星FTAおよび日墨FTAプロセスの分析から明らかになった日本のFTA政策への転換要因は，以下の3点である。

第1に，従来いわれていた省庁間の対立・説得ではなく，農業関係集団の内部調整が有効に機能したという点である。第2に，従来は抵抗勢力であった農業集団を巻き込んだ形で，調整型の政治過程が功を奏したという点である。第3に，FTAを通じて対アジア政策の積極化を目指していたという点である。

結果として，日本のFTA政策への転換は，単に通商政策におけるマルチか

らバイへの転換ではなく，積極的なアジア政策の一環として位置づけられることが証明された。また，日本のFTA政策の意思決定過程においては，抵抗アクターが意思決定プロセスから外されることはなく，その決定はトップダウンではなく調整型の過程の中で行われたことが明らかとなった。

第3節　事例検証のまとめ：事例編Ⅱ

事例編Ⅱ（第5～6章）では，国内政治の要因に着目して，韓国のFTA政策決定プロセス，および日本におけるTPPを巡るプロセスを検討した。

第5章では，韓国のFTA政策形成過程をアジア地域統合における制度化の一環として捉え，韓国のFTA推進の促進要因と阻害要因を検討した。特に，従来の韓国のFTA研究で見落とされていた国内政治の要因を見ることにより，FTA研究に新たな視点を提示することを試みた。東アジアで多国間および地域FTAの動きが二国間FTAほど見られないのは，国内の阻害要因が強く働いているからだと推測された。本書で明らかになった韓国における阻害要因は，世論というチャンネルを駆使した農業団体の反対であった。また，FTAによって損害を被る集団に対し，政府が適切な政策を施さなかったことも問題の1つであった。盧武鉉大統領によって打ち出された補償政策も農業団体にとって納得のいくものではなかった。

第6章では，国内政治アプローチに基づいて，日本のTPP加入を巡るプロセスの分析を行った。JA全中などの農業団体は，族議員や農水省とのつながりを通じて，政策決定過程への強いチャンネルを持っている。このため，韓国ほど世論の盛り上がりは大きくないとしても，政策に対するその影響力は極めて強かった。そもそも，韓国の大統領制の強さに対し，日本の首相・政府のリーダーシップの弱さと，農水族・農水省・農業団体のつながりに典型的に見られる「下位政府」の強さは，日本政治の構造的特徴の1つであり，このような下位政府が，韓国のように世論を巻き込み，組織的な反対運動に抵抗して政策決定を行うことは極めて困難である。さらに，農業者戸別所得補償制度はJA全中の影響力を弱めるものであるため，これを拡充することに対してもJA全中は抵抗する。このため，TPPの見返りとして補償措置を拡充することも

困難となっており，これも TPP の推進を阻む要因である。この意味で，現在進む農協改革の行方は極めて重要な意味を持つといえる。

日韓の両事例には，多くの類似点がある。両国政府ともに，米韓 FTA および TPP の締結により，輸出の促進と国内の自由化を推進し，それによって国内の経済成長や雇用創出を促そうとする戦略的意図を持っていた。それに加え，どちらも前政権が対米自立的な政策を掲げて対米関係に軋轢をもたらしたことから，それを修復する必要性に迫られており，米韓 FTA や TPP はそうした対米関係修復の一手段という意味をも持っていた。そして，両国ともに農業団体が反対論の急先鋒となり，その阻止を目指している点においても共通していた。両国の農業団体は，国民的な反対世論を喚起することを目指して，メディアを利用し，大衆的なデモを組織した。国内社会に存在する反米的なナショナリズムに訴えることで反対世論を喚起したという点でも，両国の反対派の手法は類似していたといえる。両国は東アジア各国の中でも類似した産業構造を持ち，対米関係の重要性という点でも同様であるため，こうした似通った構図が生まれたといえる。

とはいえ韓国は，政府の進め方に拙速ともいえる面が多くあったにもかかわらず，紆余曲折を経ながらも，米韓 FTA を妥結し，批准・発効に至った。韓国では，日本と違い，政府と農業団体をつなぐチャンネルは希薄であった。このため，世論というチャンネルを通じて社会的な反対の機運を喚起する手法に，より依存することとなった。韓国の反対運動は，その外見的な盛り上がりに比して，政策に対する直接的な影響力は強くなかったのだといえる。他方，強大な韓国の大統領制は，最終的にこうした反対運動の影響に抵抗して政策決定を行うことを可能にした。結果として農業団体の反対が多少なりとも抑制され，妥結が円滑に進んだといえよう。

以上，本書で考察した FTA 交渉の国内レベルの分析結果は，パットナム (Putnam, R.D.) の「2 レベルゲーム・モデル」への理論的な貢献ともなるであろう。パットナムのモデルは，国家間の交渉を，国際レベルと国内レベルという 2 つのレベルで行われるゲームとして理解する。国際交渉の場を「レベル 1」と呼び，相手国との合意を批准するか否かについて政府が国内の諸集団と折衝する場を「レベル 2」と呼ぶ。2 レベルゲーム・モデルで用いられる重要

な概念は「ウィンセット (win-set)」である。これは，国内から支持を得られる範囲に収まる，相手国との合意事項の集合である (Putnam 1993)。

通常の「2レベルゲーム・モデル」の視点では，ウィンセットを決める要因は，政府と国内アクターをつなぐチャンネルだと考えられる。しかし，本書は韓国の事例の分析を通じて，政府と国内アクターをつなぐチャンネルが希薄である条件の下でも，国内の利益団体が駆使する世論というルートが，ウィンセットを決める要因として働きうることを明らかにした。とはいえ，その力は日本に比べれば限定的であった。日本の事例は，国内の利益団体が政府の政策決定過程への強いチャンネルを持っていること，そして政府のリーダーシップが弱いことが，ウィンセットを決める要因となった。

事例編IIの政策的貢献は，以下の通りである。韓国の事例で見られた国内の阻害要因を克服することにより，多国間の地域FTAの形成が促されることが予想される。本書の分析では，客観的に見ると国全体の利益が優先されるべき状況でも，農業団体は世論というツールを使ってFTA推進を阻んだ。この農業団体と世論との関係は，今後の地域FTA形成の可能性を大きく左右する要因ともなるであろう。東アジア各国の中でも類似した産業構造を持つ日本においても，類似した要因が働いていると考えられる。

その意味で，今後の研究課題として，韓国の農業集団に関する研究と日韓比較を充実させるべきであろう。アジア域内で経済発展段階，産業・貿易構造，民主主義発展段階などにおいて相対的に類似性の高い日韓両国において，どのような要因（公式・非公式の政治システム，安全保障要因などの政治的要因）が通商政策における相違を生み出すのか，またそれらが今後TPPや日韓FTA，日中韓FTAにどのような影響を及ぼしうるのかについて，有意義な示唆を与えることになるだろう。さらに，中国やASEANの事例の検討なども，今後の課題としたい。

第4節　事例の検証から得た示唆

日本のTPP交渉は，今後も困難に直面することとなろう。事態がTPPの推進に向けて動くとすれば，その要因となるものの1つは，TPPにより不利益

を被る分野への補償措置であろう。とりわけ農業者戸別所得補償制度の拡充は，農業分野の反対を弱める効果を持つものであり，最も重要な要因となるだろう。また，TPP で利益を得る分野の声がいかに政策的な影響力を持ちうるか，さらには，TPP のメリットについて世論を説得する政府の能力，政府の安定的な政権基盤の確立という点も，極めて重要な要因となるであろう。加えて，農協改革の動きにも注目してよいだろう。JA 全中は自己改革への意欲を示しており，TPP 対応における今後の JA 全中の推移を注視すべきであろう。

　政策決定者は，TPP で損害を被る団体と話し合う場を設けて，必要な調整をするべきであろう。強硬な反対世論と政治的圧力の形成を回避するためにも，被害を受ける集団との効率的な対話のチャンネルを構築し，ひいては，民意を適切に吸収・反映できる制度的・法的な措置を検討すべきである。また，損害が予想される場合，政府は事前に損害の範囲および想定額を算定し，それによる補償の方式や程度，対象などを迅速に決定すべきである。さらに，日墨 FTA 締結過程で見られた農業関係集団の内部調整や，小泉首相の人事を通じたリーダーシップなども，農業の阻害要因を克服するにおいて有効な手段として考えられるだろう。

　本書で述べた問題点を克服し，TPP のような地域 FTA を形成することができれば，経済的な結び付きがより強まり，ひいては社会的・政治的な絆も強化され，統合が加速していくと思われる。地域協力の促進によって人々の相互学習の機会が増えれば，共通の知識を持った人々のネットワークが形成される。その結果，国際ルールと規範が途上国にも共有され，現地におけるガヴァナンスの向上が期待される。それがさらに東アジアの地域統合を加速していく。そのようなサイクルを期待したい。

主要参考文献

英語文献

Acharya, A. 1999. "Realism, Institutionalism, and the Asian Economic Crisis," *Contemporary Southeast Asia*, 21 (1): 1-29.
Adler, E. 1997. "Seizing the Middle Ground: Constructivism in World Politics," *European Journal of International Relations*, 3 (3): 319-363.
Aggarwal, V. K. and Koo, M. G. 2005. "Beyond Network Power? The Dynamics of Formal Economic Integration in Northeast Asia," *The Pacific Review*, 18 (2): 189-216.
———. and Urata, S. eds., 2006. *Bilateral Trade Arrangements in the Asia-Pacific: Origins, Evolution, and Implications*, New York: Routledge.（浦田秀次郎・上久保誠人監訳〈2010〉『FTAの政治経済分析——アジア太平洋地域の二国間貿易主義』東京：文眞堂）
Ahn, C. Y. and Cheong, I. et. eds., 2005. *Korea-Japan FTA: Toward a Model Case for East Asian Economic Integration*, Seoul: Korea Institute for International Economic Policy.
Ahn, D. 2010. "Legal and Institutional Issues of Korea-EU FTA: New Model for Post-NAFTA FTAs?," *SciencesPo, Policy Brief*, 〈http://gem.sciences-po.fr/content/publications/pdf/AHN_KOREU%20FTA%20201010.pdf〉(Accessed August 1, 2015).
———. 2013. "Dispute Settlement Systems in Asian FTAs: Issues and Problems," *Asian Journal of WTO & International Health Law and Policy*, 8 (2): 421-438.
Amako, S., Matsuoka, S. and Horiuchi, K. 2013. *Regional Integration in East Asia: Theoretical and Historical Perspectives*, Tokyo: UNU Press.
Auslin, M. 2012. "Getting It Right: Japan and Trans-Pacific Partnership," *Asia-Pacific Review*, 19 (1): 21-36.
Avery, W. P. 1996. "American Agriculture and Trade Policymaking: Two-Level Bargaining in the North American Free Trade Agreement," *Policy Sciences*, 29 (2): 113-136.
———. 1998. "Domestic Interests in NAFTA Bargaining," *Political Science Quarterly*, 113 (2): 281-305.
Balassa, B. A. 1962. *The Theory of Economic Integration*, London: George Allen & Unwin: 1-5.（中島正信訳〈1963〉『経済統合の理論』東京：ダイヤモンド社）
Baldwin, R. 1993. "A Domino Theory of Regionalism," *NBER Working Paper* 4465, Cambridge: National Bureau of Economic Research.
———. 1995. "A Domino Theory of Regionalism," in: Baldwin, R., Haaparanta, P. and Kiander, J. eds., *Expanding European Regionalism: The EU's New Members*, Cambridge: Cambridge University Press: 25-48.
———. 1997. "The Causes of Regionalism," *The World Economy*, 20 (7): 865-888.
Beeson, M. 2003. "ASEAN Plus Three and the Rise of Reactionary Regionalism," *Contemporary Southeast Asia*, 25 (2): 251-268.
Bhagwati, J. 1993. "Regionalism and Multilateralism: An Overview," in: De Melo, J. and Panagariya, A. eds., *New Dimensions in Regional Integration*, New York: Cambridge University Press: 22-51.
———. 1995. "US Trade Policy: The Infatuation with Free Trade Areas," in: Bhagwati, J. and Krueger, A. O. eds., *The Dangerous Drift to Preferential Trade Agreements*, Washington: The AEI Press: 1-18.

Blyth, M. 2002. *Great Transformations: Economic Ideas and Institutional Change in the Twentieth Century*, Cambridge: Cambridge University Press.
Bowles, P. 2002. "Asia's Post-Crisis Regionalism: Bringing the State Back In, Keeping the States Out," *Review of International Political Economy*, 9 (2): 230-256.
Busch, M. L. and Milner, H. 1994. "The Future of the International Trading System: International Firms, Regionalism, and Domestic Politics," in: Stubbs, R. and Underhill, G. R. D. eds., *Political Economy and the Changing Global Order*, Toronto: McClelland and Stewart: 259-276.
Calder, K. E. and Ye, M. 2004. "Critical Junctures and Comparative Regionalism," *The Journal of East Asian Studies*, 4: 191-226.
Capling, A. and Ravenhill, J. 2011. "Multilateralising Regionalism: What Role for the Trans-Pacific Partnership Agreement?" *The Pacific Review*, 24 (5): 553-575.
Caporaso, J. A. 1998. "Regional Integration Theory: Understanding Our Past and Anticipating Our Future," in: Sandholtz, W. and Sweet, A. S. eds., *European Integration and Supranational Governance*, Oxford: Oxford University Press: 334-351.
Chase, K. A. 2003. "Economic Interests and Regional Trading Arrangements: The Case of NAFTA," *International Organization*, 57 (1): 137-174.
Checkel, J. T. 1999. "Social Construction and Integration," *Journal of European Public Policy*, 6 (4): 545-560.
——. 2001. "Why Comply? Social Learning and European Identity Change," *International Organization*, 55 (3): 553-588.
Choi, Y. J. and Caporaso, J. A. 2002. "Comparative Regional Integration," in: Carlsnaes, W., Risse, T. and Simmons, B. A. eds., *Handbook of International Relations*, London: Sage: 480-499.
Choi, B. I. and Oh, J. S. 2011. "Asymmetry in Japan and Korea's Agricultural Liberalization in FTA: Domestic Trade Governance Perspective," *The Pacific Review*, 24(5): 505-527.
Crawford, J. and Fiorentino, R. V. 2005. "The Changing Landscape of Regional Trade Agreements," *WTO Discussion Papers*, 8: 1-33.
Crone, D. 1993. "Does Hegemony Matter? The Reorganization of the Pacific Political Economy," *World Politics*, 45 (4): 501-525.
Davison, L. and Johnson. D. 2002. "Multilateralism, Bilateralism and Unilateralism: a Critical Commentary on the EU's Triple-track Approach to the International Dimension of Competition Policy," *European Business Review*, 14 (1): 7-19.
Dent, C. M. 2003. "Networking the Region? The Emergence and Impact of Asia-Pacific Bilateral Free Trade Agreement Projects," *The Pacific Review*, 16 (1): 1-28.
——. 2006. "The New Economic Bilateralism in Southeast Asia: Region-Convergent or Region-Divergent," *International Relations of the Asia-Pacific*, 6 (1): 81-111.
Desker, B. 2004. "In Defence of FTAs: from Purity to Pragmatism in East Asia," *The Pacific Review*, 17 (1): 3-26.
Dougherty, J. E. and Pfaltzgraff, R. L. 1981. *Contending Theories of International Relations: A Comprehensive Survey*, New York: Harper & Row.
Evans, P. B., Jacobson, H. K. and Putnam, R. D. eds., 1993. *Double-Edged Diplomacy: International Bargaining and Domestic Politics*, Berkeley: University of California Press: 431-468.
Finnemore, M. and Sikkink, K. 1998. "International Norm Dynamics and Political Change," *International Organization*, 52 (4): 887-917.

Garrett, G. and Lange, P. 1995. "Internationalization, Institutions, and Political Change," *International Organization*, 49 (4): 627-655.

Gilpin, R. 1981. *War and Change in International Politics*, Cambridge: Cambridge University Press.

Goh, C. T. and Shipley, J. 1999. "Singapore and New Zealand Get on With Free Trade," *International Herald Tribune*, September 14.

Goldstein, J. 1996. "International Law and Domestic Institutions: Reconciling North American 'Unfair' Trade Laws," *International Organization*, 50 (4): 541-564.

Gourevitch, P. 1977. "International Trade, Domestic Coalitions, and Liberty: Comparative Responses to the Crisis of 1873-1896," *Journal of Interdisciplinary History*, 8 (2): 281-313.

——. 1986. *Politics in Hard Times: Comparative Responses to International Economic Crises*, Ithaca: Cornell University Press.

Grieco, J. M. 1997. "Systemic Sources of Variation in Regional Institutionalization in Western Europe, East Asia, and the Americas," in: Mansfield, E. D. and Milner, H. V. eds., *The Political Economy of Regionalism*, New York: Columbia University Press.

Gries, P. H. 2005. "China Eyes the Hegemon," *Orbis: A Journal Of World Affairs*, 49 (3): 401-412.

Grossman, G. M. and Helpman, E. 1995. "The Politics of Free-Trade Agreements," *The American Economic Review*, 85 (4): 667-690.

——. eds., 2002. *Interest Groups and Trade Policy*, Oxford: Princeton University Press.

Haas, E. B. 1961. "International Integration: The European and the Universal Process," *International Organization*, 15 (3): 366-392.

Haggard, S. 1997. "Regionalism in Asia and the Americas," in: Mansfield, E. D. and Milner, H. V. eds., *The Political Economy of Regionalism*, New York: Columbia University Press: 20-49.

Herkenrath, M. 2007. "Civil Society: Local and Regional Responses to Global Challenges – An Introduction," in: Herkenrath, M. ed., *Civil Society: Local and Regional Responses to Global Challenges*, 1, Münster: Lit Verlag: 1-26.

Hettne, B. 1999. "Globalization and the New Regionalism: the Second Great Transformation," Hettne, B., Inotai, A. and Sunkel, O. eds., *Globalism and the New Regionalism*, New York: Palgrave Macmillan: 1-24.

——. and Söderbaum, F. 2008. "The Future of Regionalism: Old Divides, New Frontiers," in: Cooper, A., Hughes, C. and De Lombaerde, P. eds., *Regionalization and Global Governance: The Taming of Globalisation?*, London: Routledge: 61-79.

Hiebert, M. 2003. "The Perils of Bilateral Deals," *Far Eastern Economic Review*, 166 (51): 19-20.

Higgott, R. A. 1998. "The Asian Economic Crisis: A Study in the Politics of Resentment," *New Political Economy*, 3 (3): 333-356.

——. 2001. "Economic Globalization and Global Governance: Towards a Post-Washington Consensus?" in: Rittberger, V. ed., *Global Governance and The United Nations System*, Tokyo: UNU Press: 127-157.

Hiwatari, N. 2003. "Embedded Policy Preferences and the Formation of International Arrangements after the Asian Financial Crisis," *The Pacific Review*, 16 (3): 331-359.

Holton, R. J. 1998. *Globalization and the Nation-State*, London: Palgrave MacMillan.

Hurrell, A. 1995. "Explaining the Resurgence of Regionalism in World Politics," *Review of In-*

ternational Studies, 21 (4): 331-358.
Hveem, H. 2003. "The Regional Project in Global Governance," in: Söderbaum, F. and Shaw, T. M. eds., *Theories of New Regionalism: A Palgrave Reader*, New York: Palgrave Macmillan: 81-98.
Iida, K. 1993. "When and How Do Domestic Constraints Matter?: Two-Level Games with Uncertainty" *Journal of Conflict Resolution*, 37 (3): 403-426.
Kahler, M. 1992. "Multilateralism with Small and Large Numbers," *International Organization*, 46 (3): 681-708.
Katada, S. N. and Solis, M. 2010. "Domestic Sources of Japanese Foreign Policy Activism: Loss Avoidance and Demand Coherence," *International Relations of the Asia-Pacific*, 10 (1): 129-157.
Katzenstein, P. J. 1997. "Introduction: Asian Regionalism in Comparative Perspective," in: Katzenstein, P. J. and Shiraishi, T. eds., *Network Power: Japan and Asia*, Ithaca: Cornell University Press: 1-46.
―――. and Shiraishi, T. 2006. *Beyond Japan: The Dynamics of East Asian Regionalism*, New England: Cornell University Press.
Keohane, R. O. and Nye, J. S. 1977. *Power and Interdependence*, Boston: Little, Brown.（滝田賢治監訳〈2012〉『パワーと相互依存』東京：ミネルヴァ書房）
―――. 2000. "Introduction," in: Keohane, R. O. and Nye, J. S. eds., *Governance in a Globalizing World*, Washington: Brookings Institution.
Kim, J. 2010a. "Governance Reconsidered in Japan: Searching for New Paradigms in the Global Economic Downturn," *The Korean Journal of Policy Studies*, 24(2): 123-142.
―――. 2010b. "Bilateral Trade Agreements in the Asia-Pacific: Origins, Evolution, and Implications (Review)," *Asian Regional Integration Review*, 2: 120-128.
―――. 2013a. "East Asian Integration and Domestic Politics," Amako, S., Matsuoka, S. and Horiuchi. K. eds., *Regional Integration in East Asia: Theoretical and Historical Perspectives*, Tokyo: UNU Press: 49-69.
―――. 2013b. "Japan and the Trans-Pacific Partnership (TPP): Rule Setter or Follower?" *Journal of Asia-Pacific Studies*, 21: 193-203.
Kindleberger, C. 1973. *The World in Depression, 1929-1939*, Berkeley: University of California Press.（石崎昭彦・木村一朗訳〈1982〉『大不況下の世界―1929-1939』東京：東京大学出版会）
―――. 1981. "Dominance and Leadership in the International Economy: Exploitation, Public Goods, and Free Rides," *International Studies Quarterly*, 25 (2): 242-254.
Kirik, R. 2009. *Speech at United States House of Representatives and United States Senate* (December 14), Executive Office of the President (Office of the US Trade Representative).
Koo, M. G. 2006. "From Multilateralism to Bilateralism? A Shift in South Korea's Trade Strategy," in: Aggarwal, V. K. and Urata, S eds., *Bilateral Trade Agreements in the Asia-Pacific: Origins, Evolution, and Implication*, New York: Routledge: 140-159.
―――. 2008. *South Korea's FTAs: Moving from an Emulative to a Competitive Strategy*, Tokyo: Waseda University Global COE Program, Global Institute for Asian Regional Integration (GIARI).
―――. 2010. "Embracing Free Trade Agreements, Korean Style: From Developmental Mercantilism to Developmental Liberalism," *Korean Journal of Policy Studies*, 25 (3): 101-123.
Krasner, S. D. 1976. "State Power and the Structure of International Trade," *World Politics*, 28

(3): 317-347.

Krauss, E. 2003. "The US, Japan, and Trade Liberalization: from Bilateralism to Regional Multilateralism to Regionalism+," *The Pacific Review*, 16 (3): 307-329.

———. and Naoi, M. 2011. "The Domestic Politics of Japan's Regional Foreign Economic Policies," in: Aggarwal, V. K. and Lee, S. eds., *The Domestic Determinants of Asian Regionalism*, New York: Springer: 49-69.

Krishna, P. 1998. "Regionalism and Multilateralism: A Political Economy Approach," *The Quarterly Journal of Economics*, 113 (1): 227-251.

Lake, D. A. and Powell, R. eds., 1999. *Strategic Choice and International Relations*, Princeton: Princeton University Press.

Lawrence, R. Z. 1996. *Single World, Divided Nations? International Trade and OECD Labor Markets*, Washington: Brookings Institution Press.

Lee, J. W. and Park, C. Y. 2008. "Global Financial Turmoil: Impact and Challenges for Asia's Financial Systems," *Asian Economic Papers*, 8 (1): 9-40.

Levy, P. I. 1997. "A Political-Economic Analysis of Free-Trade Agreements," *American Economic Review*, 87 (4): 506-519.

Lincoln, E. J. 2004. *East Asian Economic Regionalism*, Washington: Brookings Institution Press.

Lorenz, D. 1991. "Regionalisation versus Regionalism: Problems of Change in the World Economy," *Intereconomics*, 26 (1): 3-10.

Lu, F. 2003. "Free Trade Area: Awakening Regionalism in East Asia," China Center for Economic Research, Peking University.

Mack, A. and Ravenhill, J. 1995. *Pacific Cooperation: Building Economic and Security Regimes in the Asia-Pacific Region*, Boulder: Westview Press.

Mansfield, E. D. 1998. "The Proliferation of Preferential Trading Arrangements," *Journal of Conflict Resolution*, 42 (5): 523-543.

———. and Milner, H. V. 1999. "The New Wave of Regionalism," *International Organization*, 53 (3): 589-627.

———. and Reinhardt, E. 2003. "Multilateral Determinants of Regionalism: The Effects of GATT/WTO on the Formation of Preferential Trading Arrangements," *International Organization*, 57 (4): 829-862.

Mearsheimer, J. J. and Walt, S. M. 2003. "An Unnecessary War," *Foreign Policy*, 134: 50-59.

Milner, H. V. 1987. "Resisting the Protectionist Temptation: Industry and the Making of Trade Policy in France and the United States during the 1970s," *International Organization*, 41 (4): 639-665.

———. 1988. *Resisting Protectionism: Global Industries and the Politics of International Trade*, Princeton: Princeton University Press.

———. and Keohane, R. O. 1996. "Internationalization and Domestic Politics: An Introduction," in: Keohane, R. and Milner, H. eds., *Internationalization and Domestic Politics*, Cambridge: Cambridge University Press: 3-24.

Ministry of Economy, Trade and Industry. 2000. "Joint Announcement of the Japanese and Singapore Prime Ministers on the Initiation of Negotiations for Concluding a Bilateral Economic Partnership Agreement," 〈http://www.meti.go.jp/policy/trade_policy/jsepa/study/html/102200_announcement.html〉 (Accessed August 1, 2015).

Ministry of Foreign Affairs of Japan. 2000. "Japanese-Singapore Economic Agreement for a

New Age Partnership," *Joint Study Group Report.* ⟨http://www.mofa.go.jp/region/asia-paci/singapore/econo_b.html⟩ (Accessed August 1, 2015).

Moon, S. and Cho, I. 2009. "The Role of Domestic Factors in International Trade Policy: Demystifying the Sudden Start of the Korea-U.S. FTA," *Korea Observer*, 40 (3): 587-614.

Moravcsik, A. 1993a. "Introduction: Integrating International and Domestic Theories of International Bargaining," in: Evans, P., Jacobson, H. K. and Putnam, R. eds., *Double-Edged Diplomacy: International Bargaining and Domestic Politics*, Berkeley: University of California Press: 3-42.

———. 1993b. "Preferences and Power in the European Community: A Liberal Intergovernmental Approach," *Journal of Common Market Studies*, 31 (4): 473-524.

———. 1998. *The Choice for Europe: Social Purpose and State Power from Messina to Maastricht*, Ithaca: Cornell University Press.

Mulgan, A. G. 2006. *Japan's Agricultural Policy Regime*, London/New York: Routledge.

———. 2008. "Japan's FTA Politics and the Problem of Agricultural Trade Liberalization Preview," *Australian Journal of International Affairs*, 62 (2): 164-178.

———. 2012. "Can Trade Talks Drive Reform in Japan?" *Current History*, 111 (746): 241-243.

———. 2014. "Bringing the Party Back In: How the DPJ Diminished Prospects for Japanese Agricultural Trade Liberalization under the TPP," *Japanese Journal of Political Science*, 15(1): 1-22.

Munakata, N. 2001. *Evolution of Japan's Policy Toward Economic Integration*, Washington: The Brookings Institution.

———. 2006. "Has Politics Caught Up with Markets?" in: Katzenstein, P. J. and Shiraishi, T. eds., *Beyond Japan: the Dynamics of East Asian Regionalism*, Ithaca: Cornell University Press: 130-157.

Ng, B. K. 2002. "Singapore Has Concluded Three New Trade Accords and Is Negotiating a Few More. Why the Heightened Involvement in FTAs?" *International Enterprise Singapore*. ⟨http://www.iesingapore.gov.sg/wps/wcm/connect/My+Portal/Main/Press+Room/IE+Journal/⟩ (Accessed August 1, 2015).

Nikkei Weekly, 2010. "TPP Throws Japan into Hot Debate" (November 15): 4.

Ogita, T. 2003. "Japan as a Late-coming FTA Holder: Trade Policy Change for Asian Orientation?," in: Okamoto, J. ed., *Whither Free Trade Agreements?: Proliferation, Evaluation and Multilateralization*, Chiba: Institute of Developing Economies: 216-251.

Onuf, N. 1989. *World of Our Making: Rules and Rule in Social Theory and International Relations*, Columbia: University of South Carolina Press.

Panagariya, A. 1999. "Regionalism and Multilateralism: An Overview," in: De Melo, J. and Panagariya, A. eds., *New Dimensions in Regional Integration*, Cambridge: Cambridge University Press: 22-51.

Park, S. H. and Koo, M. K. 2008. "Forming a Cross-regional Partnership: The South Korea-Chile FTA and Its Implications," in: Katada, S. and Solis, M. eds., *Cross-Regional Trade Agreements: Understanding Permeated Regionalism in East Asia*, Berlin: Springer: 27-46.

Pekkanen, S. M. 2005. "Bilateralism, Multilateralism, or Regionalism? Japan's Trade Forum Choices," *Journal of East Asian Studies*, 5 (1): 77-103.

Pelagidis, T. and Papasotiriou, H. 2002. "Globalisation or Regionalism? States, Markets and the Structure of International Trade," *Review of International Studies*, 28 (3): 519-535.

Pempel, T. J. 2005. *Remapping East Asia: The Construction of a Region*, Ithaca: Cornell Uni-

versity Press.
Petri, P. A., Plummer, M. G. and Zhai, F. 2012. *The Trans-Pacific Partnership and Asia-Pacific Integration: A Quantitative Assessment*, Washington: Peterson Institute.
Putnam, R. D. 1988. "Diplomacy and Domestic Politics: The Logic of Two-Level Games," *International Organization*, 42 (3): 427–460.
——. 1993. "Diplomacy and Domestic Politics: The Logic of Two-Level Games," in: Evans, P. B., Jacobson, H. K. and Putnam, R. D. eds., *Double-Edged Diplomacy: International Bargaining and Domestic Politics*, Berkeley: University of California Press: 431–468.
Rajan, R. S. 2005. "Trade Liberalization and the New Regionalism in the Asia-Pacific: Taking Stock of Recent Events," *International Relations of the Asia-Pacific*, 5 (2): 217–233.
Ravenhill, J. 2002. "A Three Block World? The New East Asian Regionalism," *International Relations of the Asia-Pacific*, 2 (2): 167–195.
——. 2003. "The New Bilateralism in the Asia Pacific," *Third World Quarterly*, 24 (2): 299–317.
——. 2010. "The 'New East Asian Regionalism': A Political Domino Effect," *Review of International Political Economy*, 17 (2): 178–208.
Raymond, R. 1991. "The Globalization Paradigm: Thinking Globally," in Bromley, D. G. ed., *Religion and the Social Order: New Directions in Theory and Research*, Greenwich: JAI Press: 207–224.
Rhyu, S. 2011. "South Korea's Political Dynamics of Regionalism: A Comparative Study of Korea-Japan FTA and Korea-U.S. FTA," in: Aggarwarl, V. K. and Lee, S. J. eds., *Trade Policy in the Asia Pacific: The Role of Ideas, Interests, and Domestic Institutions*, New York: Springer: 71–87.
Rogowski, R. 1987. "Political Cleavages and Changing Exposure to Trade," *The American Political Science Review*, 81 (4): 1121–1137.
——. 1989. *Commerce and Coalitions: How Trade Affects Domestic Political Alignments*, Princeton: Princeton University Press.
Ruggie, J. G. 1998. *Constructing the World Polity: Essays on International Institutionalization*, London: Routledge.
Schoppa, L. J. 1993. "Two-Level Games and Bargaining Outcomes: Why Gaiatsu Succeeds in Japan in Some Cases But Not Others," *International Organization*, 47 (3): 353–386.
——. 1999. "The Social Context in Coercive International Bargaining," *International Organization*, 53 (2): 307–342.
Scollay, R. and Gilbert, J. P. 2001. *New Regional Trading Arrangements in the Asia-Pacific?*, Washington: Institute of International Economics.
Snidal, D. 1991. "Relative Gains and the Pattern of International Cooperation," *The American Political Science Review*, 85 (3): 701–726.
Sohn, Y. and Koo, M. G. 2011. "Securitizing Trade: The Case of the Korea-U.S. Free Trade Agreement," *International Relations of the Asia-Pacific*, 11(3): 433–460.
Solis, M. and Urata, S. 2007. "Japan's New Foreign Economic Policy: A Shift Toward a Strategic and Activist Model?," *Asian Economic Policy Review*, 2 (2): 227–245.
——. and Katada, S. N. 2007. "The Japan-Mexico FTA: A Cross-Regional Step in the Path Towards Asian Regionalism," *Pacific Affairs*, 80 (2): 279–301.
——. and Katada, S. N. 2009. "Explaining FTA Proliferation: A Policy Diffusion Framework," Solis, M., Stallings, B. and Katada, S. N. eds., *Competitive Regionalism: FTA Diffusion in*

the Pacific Rim, London: Palgrave Macmillan: 1-24.

―――. 2010. "Can FTAs Deliver Market Liberalization in Japan? A Study on Domestic Political Determinants," *Review of International Political Economy*, 17 (2): 209-237.

―――. 2011. "Global Economic Crisis: Boon or Bust for East Asian Trade Integration?" *The Pacific Review*, 24 (3): 311-336.

―――. 2013. "South Korea's Fateful Decision on the Trans-Pacific Partnership," *Foreign Policy*, 31: 1-21.

―――. and Katada, S. 2015. "Unlikely Pivotal States in Competitive Free Trade Agreement Diffusion: The Effect of Japan's Trans-Pacific Partnership Participation on Asia-Pacific Regional Integration," *New Political Economy*, 20 (2): 155-177.

Stubbs, R. 2002. "ASEAN Plus Three: Emerging East Asian Regionalism?" *Asian Survey*, 42 (3): 440-455.

Terada, T. 2003. "Constructing an 'East Asian' Concept and Growing Regional Identity: From EAEC to ASEAN+3," *The Pacific Review*, 16 (2): 251-277.

The Business Times. 2002. "Japan Pact Gives Services Firms Here a Leg Up," January 14: 1.

The Financial Times. 2010. "Rising China is a Real Contender," March 16: 13.

―――. 2012. "US Needs Japan as its Best Ally in Asia," September 9.

The Straits Times, 1998. "Asia will Not Forget," February 14: 40.

―――. 1999. "Japan, S'pore to Study Trade Pact," December 9: 1.

―――. 2002. "Japan, S'pore Sign Landmark Trade Deal," January 14: 1.

The Washington Post. 1998. "Where's Japan?" January 18: 8.

Urata, S. 2002. "Globalization and the Growth in Free Trade Agreements," *Asia-Pacific Review*, 9 (1): 20-32.

USTR. 2008. "Bilateral and Regional Negotiations and Agreements," 〈https://ustr.gov/sites/default/files/Chapter%20111.%20Bilateral%20and%20Regional%20Negotiations%20and%20Agreements.pdf〉 (Accessed September 1, 2015).

―――. 2009. "USTR Ron Kirik Remarks on Trans-Pacific Partnership Negotiations," 〈https://ustr.gov/about-us/policy-offices/press-office/press-releases/2009/december/ustr-ron-kirk-remarks-trans-pacific-partnership-n〉 (Accessed September 1, 2015).

Väyrynen, R. 2003. "Regionalism: Old and New," *International Studies Review*, 5 (1): 25-51.

Vernon, R. 1991. "Sovereignty at Bay: Twenty Years after Millennium," *Journal of International Studies*, 20 (2): 191-195.

Webber, D. 2001. "Two Funerals and a Wedding? The Ups and Downs of Regionalism in East Asia and Asia-Pacific after the Asian Crisis," *The Pacific Review*, 14 (3): 339-372.

Wendt, A. 1992. "Anarchy is What States Make of It: the Social Construction of Power Politics," *International Organization*, 46 (2): 391-425.

―――. 1999. *Social Theory of International Politics*, New York: Cambridge University Press.

―――. 2002. "Rationalism v. Constructivism: Skeptical View," in: Carlsnaes, W., Risse, T. and Simmons, B. eds., *Handbook of International Relations*, London: Sage: 52-72.

WTO. (n.d.). "Regional Trade Agreements: Facts and Figures," 〈http://www.wto.org/english/tratop_e/region_e/regfac_e.htm〉 (Accessed August 1, 2015).

Wyatt-Walter, A. 1995. "Regionalism, Globalization, and World Economic Order," in: Fawcett, L and Hurrell, A. eds., *Regionalism in World Politics: Regional Organization and International Order*, Oxford: Oxford University Press: 74-121. (菅英輝・栗栖薫子訳〈1999〉『地域主義と国際秩序』福岡：九州大学出版会)

Yamada, A. 2003. "The United States' Free Trade Agreements: From NAFTA to the FTAA," in: Okamoto, J. ed., *Whither Free Trade Agreements?: Proliferation, Evaluation, and Multilateralization*, Tokyo: JETRO: 119-147.

Yoshimatsu, H. 2005. "Japan's Keidanren and Free Trade Agreements: Societal Interests and Trade Policy," *Asian Survey*, 45 (2): 258-278.

―――. and Ziltener, P. 2010. "Japan's FTA Strategy toward Highly Developed Countries: Comparing Australia's and Switzerland's Experiences, 2000-09," *Asian Survey*, 50(6): 1058-1081.

―――. 2012. "Political Leaders' Preferences and Trade Policy: Comparing FTA Politics in Japan and South Korea," *Asian Politics & Policy*, 4(2): 193-212.

Yu, H. S. 2006. "Political Institution and Protectionism in Korea: the Case of Korea-Chile FTA Ratification Process," *Korea Observer*, 37(4): 643-673.

邦文文献（五十音順）

青木健・馬田啓一編（2002）『日本の通商政策入門』東京：東洋経済新報社.

青木保・浦田秀次郎ほか（2005）『東アジア共同体と日本の針路』伊藤憲一・田中明彦監修，東京：日本放送出版協会.

浅川公紀（2005）「米州における地域主義と米国の貿易政策」山本武彦編『地域主義の国際比較――アジア太平洋・ヨーロッパ・西半球を中心にして』東京：早稲田大学出版部：274-275.

朝倉弘教・松村敦子（2000a）「日本・シンガポール自由貿易地域の形成を考える」『貿易と関税』48巻4号：44-59.

―――・―――（2000b）「日本・メキシコ自由貿易地域の形成を考える」（上）（中）（下）『貿易と関税』48巻10号，11号，12号：64-75, 31-45, 26-36.

浅門九郎治・志澤勝ほか（2004）『日・墨FTA交渉大筋合意について』全国農業会議所内部資料.

朝日新聞（1984）「外務省，米貿易包括法を懸念　ガット精神に背き，運用次第で保護主義に」10月14日：9.

―――（1987）「気になる米加のブロック化（社説）」10月17日：5.

―――（1988）「通産省，日・米自由貿易協定の研究の検討部会設置」8月3日：1.

―――（1998）「二国間協定を推進　貿易・投資自由化対応　通産省が新通商方針」12月13日：1.

―――（1999）「日韓の通商関係「自由貿易」へ対話進む（気流）」1月7日：11.

―――（2001a）「対メキシコ，自由貿易協定へ研究会　首脳会談で設置合意」6月6日：13.

―――（2001b）「あすまでに合意も　日本・シンガポール自由貿易協定」9月4日：8.

―――（2001c）「幅広い分野で共通化　シンガポールと自由貿易協定締結」10月13日：11.

―――（2001d）「FTA拡大に農業がネック　平沼経産相，シンガポール通産省と会談」10月14日：9.

―――（2002a）「『株価9千円台続けば金融機関への影響大』日本経団連の奥田会長」7月27日：11.

―――（2002b）「シンガポール，FTAへ傾斜」11月24日：5.

―――（2003a）「対メキシコFTA　大詰め難航，焦る経済界　豚肉巡る調整続く」10月10日：1.

―――（2003b）「メキシコが譲求求める　FTA閣僚折衝開始」10月14日：2.

―――（2003c）「主導権握れぬ日本　メキシコとFTA合意できず」10月17日：3.

―――（2003d）「小泉首相，苦戦の外交舞台　APECで「北朝鮮拉致」文書明記失敗」10月

22日：4.
―― (2003e)「農業保護策，見直し急 「規模拡大」の農家に補助金　農水省方針」10月23日：12.
―― (2003f)「政府，FTA交渉再開へ 対メキシコ，年内妥協目指す」10月31日：2.
―― (2003g)「FTA交渉，官邸が主導 谷内官房副長官補をメキシコに派遣」11月23日：1.
―― (2003h)「官邸にFTA会議設置　省庁の「縦割り」排除狙う」12月4日：4.
―― (2003i)「農業・労働分野が焦点　日本，アジア3カ国とFTA交渉入り合意」12月13日：13.
―― (2004a)「メキシコを最優先で FTA（社説）」2月27日：2.
―― (2004b)「歴史的和解？農政巡り意見交換　日本経団連会長と農協中央会会長」2月28日：9.
―― (2004c)「これからが大変だ FTA合意（社説）」3月12日：2.
―― (2011a)「アジア自由貿易推進　ASEAN・日中など合意」8月14日：1.
―― (2011b)「全中，TPP反対署名を提出」10月24日：2.
―― (2011c)「TPP反対派，集会に6千人　JAなど開催」11月9日：4.
―― (2015a)「TPP合意へ日米加速「大統領に交渉一任」成立へ」6月26日：1.
―― (2015b)「(社説) TPP交渉　大筋合意へ加速せよ」6月26日：16.
―― (2015c)「JAがTPP特別決議／熊本県」7月1日：31.
―― (2015d)「全中次期会長に「改革派」奥野氏」7月3日：6.
―― (2015e)「鶏肉・卵，関税撤廃の方向 40品目の大半 TPP日米交渉」7月14日：7.
―― (2015f)「JA『透明性ある組織作る』全中次期会長・奥野氏が抱負／三重県」7月16日：26.
天児慧（2005）「新国際秩序構想と東アジア共同体論――中国の視点と日本の役割」『国際問題』538号：27-41.
―― (2006)『中国・アジア・日本――大国化する「巨龍」は脅威か』東京：筑摩書房.
荒井寿光ほか（2000）「経済構造改革と自由貿易協定」経団連・外務省・大蔵省・通産省共催シンポジウム報告書『自由貿易協定と日本の選択』.
井川一宏（2003）「東アジアの地域統合」『国民経済雑誌』187巻1号：99-114.
池田信夫（2010）「民主党をゆるがす『黒船』TPP騒動」『ニューズウィーク日本版』2010年10月号.
石川幸一（2005）「ASEANのFTA」『愛知大学国際問題研究所紀要』126号：27-47.
―― (2011)「新段階に進むアジア太平洋の地域統合」『アジア研究』57巻3号：10-24.
――・馬田啓一・渡邊頼純編（2014）『TPP交渉の論点と日本――国益をめぐる攻防』東京：文眞堂.
石黒馨（2003）「自由貿易地域の形成と国内政治」『国民経済雑誌』187巻1号：77-97.
石田淳（2000）「コンストラクティヴィズムの存在論とその分析射程」『国際政治』124号：11-26.
石原洋介（2004）「日本のFTA戦略とグローバリゼーション」『一橋論叢』132巻6号：943-965.
一箭拓朗（2005）「東アジア諸国とのEPAに関するJAグループの考え方について」『農村と都市をむすぶ』55巻8号：39-47.
伊藤元重（2005）「FTAとEPAについて」『貿易と関税』53巻1号：4-11.
内山融（1993）「『結果志向の通商政策』の政治学　上」『貿易と関税』41巻2号：44-57.
―― (1999)「WTOと我が国通商政策の転換――日米自動車協議を事例として」『貿易と関

税』47巻1号：32-47.
――（2007）『小泉政権――「パトスの首相」は何を変えたのか』東京：中公新書．
馬田啓一（1999a）「WTOと地域主義，今後の日本の通商政策」『杏林社会科学研究』15巻1・2合併号：1-14.
――（1999b）「地域主義の新たな展開と日本の通商政策」『世界経済評論』43巻7号：15-25.
――（2001）「日本の通商政策と自由貿易協定――地域統合の政治経済学」『杏林社会科学研究』16巻4号：1-18.
――・浦田秀次郎・木村福成編著（2005）『日本の新通商戦略――WTOとFTAへの対応』東京：文眞堂．
――（2011）「米国のTPP戦略――背景と課題」『海外事情』59巻9号：31-45.
――・浦田秀次郎・木村福成編著（2012）『日本のTPP戦略――課題と展望』東京：文眞堂．
――（2014）「メガFTAの潮流と日本の対応」石川幸一・馬田啓一・渡邊頼純編著『TPP交渉の論点と日本』東京：文眞堂：33-46.
浦田秀次郎（1997）『国際経済学入門』東京：日本経済新聞出版社．
――・日本経済研究センター編（2002a）『日本のFTA（自由貿易協定）戦略――「新たな開国」が競争力を生む』東京：日本経済新聞出版社．
――編著（2002b）『FTA（自由貿易協定）ガイドブック』東京：日本貿易振興機構．
――・日本経済研究センター編（2004a）『アジアFTA（自由貿易協定）の時代』東京：日本経済新聞出版社．
――（2004b）「日本のWTO／FTA戦略――国内経済の復活とアジア経済統合の推進」『国際問題』532号：18-31.
――・毛里和子・深川由起子編（2007）『東アジア共同体の構築2　経済共同体への展望』東京：岩波書店．
――（2007）「急増するFTAの貿易への影響」『国際問題』566号：39-47.
――（2008）「東アジア経済共同体と日本」『東アジアへの視点』東アジア研究センター，3月号：45-52.
――（2011a）「日本のFTA戦略――実態と評価」『海外事情』59巻9号：16-30.
――（2011b）「戦略なき日本のTPP交渉」『潮』623号：100-105.
――（2012）「東アジアにおける地域経済統合」浦田秀次郎・金ゼンマ編著『グローバリゼーションとアジア地域統合』東京：勁草書房：91-125.
海老名一郎（2005）「日本・メキシコ経済連携協定の2レベル・ゲーム分析」『拓殖大学経営経理研究』76号：75-90.
尾池厚之・国松麻季（2000）「自由貿易協定の効用と問題点」『貿易と関税』48巻5号：32-53.
――（2002）「日本・シンガポール経済連携協定とその応用の方向性について」『貿易と関税』50巻3号：23-37.
――（2006）「日本のEPA交渉の展開と展望――日本型EPAの確立と新たなる挑戦」『貿易と関税』54巻12号：24-39.
――（2007）「東アジアを舞台とする各国の攻防――経済連携交渉をめぐる主導権争い」『貿易と関税』55巻9号：10-40.
――・長渕憲二（2010）「韓国FTA政策と韓国EU・FTAの概要(1)」『貿易と関税』58巻6号：23-32.
大蔵省（1999，2000）『貿易統計』．
大蔵省外国為替等審議会アジア金融・資本市場専門部会（1998）「アジア通貨危機に学ぶ：

短期資金移動のリスクと 21 世紀型通貨危機」〈https://www.mof.go.jp/about_mof/councils/gaitame/report/1a703.htm〉（2015 年 9 月 1 日確認）.
大芝亮・山田敦（1996）「グローバル・ガバナンスの理論的展開」『国際問題』438 号：2-14.
大矢根聡（2004）「東アジア FTA：日本の政策転換と地域構想——『政策バンドワゴニング』から『複雑な学習』へ」『国際問題』528 号：52-66.
——（2005）「コンストラクティヴィズムの視座と分析——規範の衝突・調整の実証的分析へ」『国際政治』143 号：124-140.
大田弘子（2006）『経済財政諮問会議の戦い』東京：東洋経済新報社.
岡部信司（2011）『TPP 問題と日本農業』東京：農林統計協会.
岡部直明（2012）「TPP と東アジアの結合目指せ——歴史の転換で問われる日本の戦略」『海外事情』60 巻 4 号：93-103.
荻田竜史（2004）「『超大国』米国と『遅れて来た国』日本の FTA 戦略」渡辺利夫編『東アジア市場統合への道——FTA への課題と挑戦』東京：勁草書房.
奥田聡（2007）『韓米 FTA——韓国対外経済政策の新たな展開』千葉：日本貿易振興機構アジア経済研究所.
奥野（藤原）正寛（1997）「政府・企業関係の比較制度分析に向けて」青木昌彦ほか編『東アジアの経済発展と政府の役割』東京：日本経済新聞出版社.
小尾美千代（2005）「東アジアにおける FTA／EPA による地域経済統合の展開と共同体形成」『北九州大学外国語学紀要』114 号：97-121.
郭洋春（2005）「グローバリゼーション下における韓国の FTA 戦略」『愛知大学国際問題研究所紀要』125 号：25-49.
外務省（1997, 1998, 2000, 2002a, 2003a, 2004, 2005）『外交青書』.
——（2002b）「日本の FTA 戦略」〈http://www.mofa.go.jp/mofaj/gaiko/fta/senryaku.html〉（2015 年 7 月 31 日確認）.
——（2002c）「東アジアの中の日本と ASEAN——率直なパートナーシップを求めて」小泉総理大臣の ASEAN 諸国訪問における政策演説〈http://www.mofa.go.jp/mofaj/press/enzetsu/14/ekoi_0114.html〉（2015 年 7 月 25 日確認）.
——（2002d）「経済関係強化のための日墨共同研究会報告書」〈http://www.mofa.go.jp/mofaj/area/mexico/nm_kyodo/pdfs/nm_kyodo_04.pdf〉（2015 年 7 月 25 日確認）.
——（2002e）「新たな時代における経済上の連携に関する日本国とシンガポール共和国との間の協定—想定問答」内部資料.
——（2003b）「日 ASEAN 東京宣言」〈http://www.mofa.go.jp/mofaj/kaidan/s_koi/asean_03/sengen.html〉（2015 年 8 月 1 日確認）.
——（2004）「今後の経済連携協定の推進についての基本方針」〈http://www.mofa.go.jp/mofaj/gaiko/fta/hoshin_0412.html〉（2015 年 7 月 29 日確認）.
——・財務省・農林水産省・経済産業省（2004）「日・メキシコ経済連携協定に関する大筋合意について」〈http://www.maff.go.jp/j/kokusai/renkei/fta_kanren/f_mexico/pdf/jmepa.pdf〉（2015 年 8 月 2 日確認）.
——・農林水産省（2004）「日墨 FTA 交渉非公式次官級協議の結果について」.
——（2015）「我が国の経済連携協定（EPA）の取組」〈http://www.mofa.go.jp/mofaj/files/000037892.pdf〉（2015 年 7 月 30 日確認）.
——（n.d.）「日本・シンガポール新時代経済連携協定の背景」〈http://www.mofa.go.jp/mofaj/area/singapore/kyotei/kk_hiakei.html〉（2015 年 7 月 25 日確認）.
——（n.d.）「農産物 5 品目の取扱いについて」〈http://www.mofa.go.jp/mofaj/area/mexico/

keizai_noukou.html〉(2015 年 7 月 29 日確認).
──(n.d.)「経済連携協定／自由貿易協定」〈http://www.mofa.go.jp/mofaj/gaiko/fta/index.html〉(2015 年 7 月 24 日確認).
──(n.d.)「日本の経済連携協定(EPA)」〈http://www.mofa.go.jp/mofaj/gaiko/fta/pdfs/kyotei_0910.pdf〉(2015 年 9 月 1 日確認).
外務省経済局(2013)「日本の EPA・FTA について」〈http://www.mofa.go.jp/mofaj/gaiko/fta/epa_seminar/1301/pdfs/betten1.pdf〉(2015 年 8 月 30 日確認).
外務省中南米局(2001)『日・メキシコ首脳会談(発言・応答要領)』外務省大臣官房総務課情報公開室.
兼光秀郎(1991)『国際経済政策──サミット・保護主義・ガットの世界』東京:東洋経済新報社.
菊池努(2001)「『東アジア』地域主義の可能性──ASEAN＋3(日中韓)の経緯と展望」『国際問題』494 号:16-33.
──(2004)「『競争国家』の論理と経済地域主義」藤原帰一・李鍾元・古城佳子・石田淳編『国際政治講座 3 経済のグローバル化と国際政治』東京:東京大学出版会.
──(2005a)「『地域』を模索するアジア──東アジア共同体論の背景と展望」『国際問題』538 号:42-55.
──(2005b)「『東アジア共同体』構想──背景と展望」黒柳米司編『アジア地域秩序と ASEAN の挑戦』東京:明石書店:191-211.
金庚美(2007)「FTA と国内政治──日韓 FTA 政策の比較から」『国際関係論研究』26 号:23-50 頁
金ゼンマ(2008)「日本の FTA 政策をめぐる国内政治──JSEPA 交渉プロセスの分析」『一橋法学』7 巻 3 号:683-719.
──(2010)「日本の音頭で地域 FTA を」『朝日新聞』11 月 17 日:17.
──(2011a)「東アジア FTA と国内政治──韓国の事例から」松岡俊二・勝間田弘編著『アジア地域統合の展開』東京:勁草書房:118-139.
──(2011b)「韓国の FTA 政策決定過程──東アジア共同体への示唆」『アジア太平洋討究』17 号:61-77.
──(2012)「グローバリゼーションとニュー・リージョナリズム──拡散と収斂の相互作用」浦田秀次郎・金ゼンマ編『グローバリゼーションとアジア地域統合』東京:勁草書房:40-65.
金都亨(2005)「韓日 FTA をめぐる内外利害対立の構図」『愛知大学国際問題研究所紀要』126 号:71-94.
木村福成(2002)「東アジアにおける生産ネットワーク構築と通商政策体系」『国際問題』506 号:19-36.
──(2003)「東アジアにおける FTA ネットワークの構築と日本」『国際問題』516 号:35-49.
──・安藤光代(2002)「自由貿易協定と農業問題」『三田学会雑誌』95 巻 1 号:111-137.
──・鈴木厚編著(2003)『加速する東アジア FTA──現地リポートに見る経済統合の波』東京:日本貿易振興機構.
──(2011)「東アジアの成長と日本のグローバル戦略」馬田啓一・浦田秀次郎・木村福成編著『日本通商政策論──自由貿易体制と日本の通商課題』東京:文眞堂:249-267.
金永洙(2005)「日本の通商政策転換と FTA 戦略──日中 FTA の可能性を踏まえながら」『桜美林国際学論集』10 号:165-180.
草野厚(1989)「対外政策決定の機構と過程」有賀貞・宇野重昭・木戸蓊・山本吉宣・渡辺

昭夫編『講座国際政治 4 日本の外交』東京：東京大学出版会：53-92.
経済財政諮問会議（2006a）『グローバル戦略』〈http://www5.cao.go.jp/keizai-shimon/cabinet/2006/global/item1.pdf〉（2015 年 7 月 29 日確認）.
――（2006b）「経済財政運営と構造改革に関する基本方針 2006」〈http://www5.cao.go.jp/keizai-shimon/cabinet/2006/decision0707.html〉（2015 年 7 月 29 日確認）.
経済産業省（1961, 1968, 1991, 1992, 1996, 1997, 1998, 1999, 2000, 2001, 2003, 2006a, 2011, 2014）『通商白書』.
――（2006b）「グローバル経済戦略」〈http://www.meti.go.jp/committee/summary/eic0009/pdf/006_05_02.pdf〉（2015 年 9 月 30 日確認）.
――（2011）『不公正貿易報告書』.
――（n.d.）「日本の地域別輸出構造の推移」〈http://www.meti.go.jp/policy/trade_policy/tradeq_a/html/dai4.html〉（2015 年 9 月 4 日確認）.
――（n.d.）「日本の地域別輸入構造の推移」〈http://www.meti.go.jp/policy/trade_policy/tradeq_a/html/dai5.html〉（2015 年 9 月 4 日確認）.
経済企画庁総合計画局（1989）『アジア太平洋地域繁栄の哲学――総合国力の観点からみた日本の役割』東京：大蔵省印刷局.
経済産業省通商政策局（2011）「東アジア経済統合に関する背景資料」〈http://www.meti.go.jp/policy/trade_policy/asean/data/EAS2011.pdf〉（2012 年 8 月 22 日確認）.
経済審議会（1999）「経済社会のあるべき姿と経済新生の政策方針」〈http://www.ipss.go.jp/publication/j/shiryou/no.13/data/shiryou/souron/14.pdf〉（2015 年 7 月 31 日確認）.
経団連（1998）「WTO の更なる強化を望む――国際ルールに則った多角的貿易体制の一層の推進に向けて」〈http://www.keidanren.or.jp/japanese/policy/pol166.html#part2〉（2015 年 7 月 30 日確認）.
――（2000a）「貿易投資委員会総合政策部会・第 7 回会合」議事録.
――（2000b）「日墨自由貿易協定締結に向けた交渉の早期開始を勧告する共同声明」〈http://www.keidanren.or.jp/japanese/policy/2000/016.html〉（2015 年 7 月 29 日確認）.
――（2003）「日墨経済連携協定の政府間交渉に関する要望」〈http://www.keidanren.or.jp/japanese/policy/2003/060.html〉（2015 年 7 月 29 日確認）.
――（2011）「わが国の通商戦略に関する提言」〈https://www.keidanren.or.jp/japanese/policy/2011/030/honbun.html〉（2015 年 8 月 1 日確認）.
経団連国際協力本部（2000）「自由化タスク・フォース第 2 回会合」議事録.
古城佳子（1998）「国際政治経済学の動向――「経済グローバル化」と国家，国家間協調の分析視角」（上）（下）『国際問題』456 号，457 号：70-80，57-66.
国会会議録（2000）「農林水産委員会」参議院農林水産委員会議事録 150 回.
――（2003）「農林水産委員会」参議院農林水産委員会議事録 156 回.
小寺彰（2003）「東アジア FTA の可能性――制度としての観点から」『日中経協ジャーナル』109 号：11-16.
――（2007）「FTA と WTO――代替か，補完か？」『国際問題』566 号：5-12.
小林弘明（2004）「わが国農政転換の国際的枠組み――WTO 体制への調和，FTA とその影響に関して」『農業経済研究』76 巻 2 号：62-79.
小原雅博（2005）『東アジア共同体――強大化する中国と日本の戦略』東京：日本経済新聞出版社.
小室程夫（2007）「FTA と原産地規則」『国際問題』566 号：13-26.
蔡東杰（2009）「トランスリージョナリズム VS グローバル化――東アジアと南アジアの動向を中心に」『問題と研究』38 巻 1 号：157-179.

財務省外国為替等審議会アジア金融・資本市場専門部会（1998）「アジア通貨危機に学ぶ——短期資金移動のリスクと 21 世紀型通貨危機」〈https://www.mof.go.jp/about_mof/councils/gaitame/report/1a703.htm〉（2015 年 8 月 2 日確認）．
坂井真樹（2003）「日本をめぐる FTA の動向と課題」『農村と都市をむすぶ』53 巻 9 号：4-27．
榊原英資（2005）「共通通貨『AMF』から『ACU』へ——これがアジア経済統合への近道だ」『Sapio』17 巻 3 号：23-25．
産経新聞（2010）「TPP 参加へ農業支援検討　苦肉の策…バラマキ懸念　終盤国会，大荒れも」10 月 24 日：2．
清水隆雄（2005）「東アジア自由貿易協定——日本の政策と数量的評価」『日本大学国際関係学部 Working Paper』504 号：1-31．
自民党 Daily News（2003）「日墨 FTA 交渉の状況について意見交換　農林水産物貿易調査会」8 月 21 日．
週刊朝日（2015）「アジアインフラ投資銀 AIIB の衝撃　取り残される日本」（4 月 24 日）120 巻 17 号：152-155．
週刊ダイヤモンド（2015）「農協を牛耳る守旧派に——NO　JA 全中に改革派会長誕生」（7 月 14 日）〈http://diamond.jp/articles/-/74829〉（2015 年 8 月 22 日確認）．
衆議院（1999）「衆議院本会議議事録」（1 月 20 日）145 回，2 号．
自由民主党（2004a）「"バランスのとれた決着" 日墨 FTA 協定を評価　農林水産物貿易調査会」．
——（2004b）「"国益考えると極めて有意義" 日・メキシコ FTA について額賀政調会長」3 月 18 日．
——（2013）「TPP 対策に関する決議」3 月 13 日．〈http://www.jimin.jp/policy/policy_topics/pdf/pdf091_1.pdf〉（2015 年 9 月 20 日確認）．
自由民主党政務調査会・外交・経済連携調査会（2013）「TPP 交渉参加に対する基本方針」〈https://www.jimin.jp/policy/policy_topics/pdf/pdf088_1.pdf〉（2015 年 8 月 1 日確認）．
首相官邸（2002）「日墨間の経済連携の強化のための協定交渉開始に関する日・メキシコ首脳共同発表」〈http://www.kantei.go.jp/jp/koizumispeech/2002/10/27mexico.html〉（2015 年 8 月確認）．
——（2010a）「包括的経済連携に関する基本方針」〈http://www.kantei.go.jp/jp/kakugikettei/2010/1109kihonhousin.html〉（2015 年 7 月 24 日確認）．
——（2010b）「第 176 回国会における菅内閣総理大臣所信表明演説」〈http://www.kantei.go.jp/jp/kan/statement/201010/01syosin.html〉（2015 年 7 月 24 日確認）．
——（2013）「平成 25 年 3 月 15 日安倍内閣総理大臣記者会見」〈http://www.kantei.go.jp/jp/96_abe/statement/2013/0315kaiken.html〉（2015 年 8 月 1 日確認）．
焦従勉（2005）「日中 FTA 戦略の比較」『社会システム研究』8 号：81-93．
須網隆夫（2004）「東アジアにおける地域経済統合と法制度化」『日本国際経済法学会年報』13 号：190-210．
関沢洋一（2006）「日本の FTA におけるセクター間対立の処理の仕方」『東京大学社会科学研究所研究会報告書』東京：東京社会科学研究所．
——（2008）『日本の FTA 政策——その政治過程の分析』東京：東京大学社会科学研究所．
全国農業会議所（2003a）『メキシコ出張報告』東京：全国農業会議所．
——（2003b）『農政対策ニュース』9 号，15 号，東京：全国農業会議所．
——（2003c）「養豚業界が FTA 等対策協議会設立」．
全国農業協同組合中央会（2011）『いっしょに考えませんか，TPP と日本の農業・くらし

──「TPP 等に関する JA グループの基本的考え方」.
全国農業協同組合連合会（2004）「対メキシコ FTA 交渉の大筋合意に対する全中会長談話」3 月 12 日．
全国農業新聞（2003a）「FTA 拡大作業部会　タイ，自由化にこだわり　米，鶏肉に言及」7 月 25 日：2．
── （2003b）「養豚業界が FTA 等対策協議会設立」7 月 25 日：3．
全国養豚経営者会議（2003）「自民党 FTA 特命委員会報告」『全豚 FAX 通信』18 号．
総合研究開発機構・中国国務院発展研究中心・韓国対外経済政策研究院（2008）『日中韓自由貿易協定の可能なロードマップに関する共同報告書および政策提言』〈http://www.nira.or.jp/pdf/0805report-J.pdf〉（2015 年 8 月 1 日確認）．
添谷芳秀（2005）「アジア外交 60 年──敗戦から東アジア共同体へ」『外交フォーラム』18 巻 8 号：28-33．
高原明生（2003）「東アジアの多国間主義──日本と中国の地域主義政策」『国際政治』133 号：58-75．
高龍秀（2004）「韓国における FTA 政策」『甲南経済学論集』44 巻 4 号：451-467．
竹田いさみ（2003）「序章　多国間主義の検証」『国際政治』133 号：1-10．
竹中治堅（2006）『首相支配──日本政治の変貌』東京：中央公論新社．
田代洋一（2006）「東アジア共同体のなかの日本農業」『農業経済研究』78 巻 2 号：77-84．
田辺智子（2005）「東アジア経済統合をめぐる論点」『調査と情報』489 号：1-10．
谷口誠（2004）『東アジア共同体──経済統合のゆくえと日本』東京：岩波書店．
陳曦（2005）「東アジアにおける FTA の形成と発展──日中韓における FTA 交渉」『エコノミスト・ナガサキ：経済研究科論集』11 号：31-64．
通商産業省通商政策局編（1992）『不公正貿易報告書（1992 年版）──ガットと主要国の貿易政策』東京：日本貿易振興会．
土田尚子（2001）「日墨自由貿易協定をめぐる国民レベルの議論を」経団連国際協力本部．
堤雅彦（2000）『進む域内経済統合と中国の WTO 加盟──CGE モデルを活用したシナリオ分析』東京：日本経済研究センター．
── （2004）「WTO／FTA と日本経済の再構成」『国際問題』532 号：32-46．
── （2005）「日本経済とアジアの FTA」『愛知大学国際問題研究所紀要』126 号：49-69．
寺田貴（2007）「東アジアにおける FTA の波及──規範の変化と社会化の視点から」『国際問題』566 号：27-38．
── （2011）「日米の APEC 戦略と TPP──『閉じられた地域主義』の幕開け」『海外事情』59 号：88-104．
── （2012）「日米の APEC 戦略と TPP──『閉じられた地域主義』と国内政治の行方」山澤逸平・馬田啓一・国際貿易投資研究会『通商政策の潮流と日本──FTA 戦略と TPP』東京：勁草書房：249-269．
── （2013）『東アジアとアジア太平洋──競合する地域主義』東京：東京大学出版会．
東京大学社会科学研究所編（2005）『「失われた 10 年」を超えて 1　経済危機の教訓』東京：東京大学出版会．
戸矢哲朗（2003）『金融ビッグバンの政治経済学──金融と公共政策策定における制度変化』東京：東洋経済新報社．
鳥海隆（2004）「東アジア共同体構想　ついに見えてきた実現への道筋」『週刊東洋経済』5931 号：114-115．
内閣官房（2010a）「包括的経済連携に関する検討状況」〈http://www.mofa.go.jp/mofaj/gaiko/fta/pdfs/siryou20101106.pdf〉（2015 年 7 月 24 日確認）．

―――（2010b）「EPA に関する各種試算」〈http://www.cas.go.jp/jp/tpp/pdf/2012/1/siryou2.pdf〉（2015 年 7 月 24 日確認）．

内閣官房 TPP 政府対策本部（2014）「TPP 協定交渉について」〈http://www.cas.go.jp/jp/tpp/pdf/2013/6/130617_tpp_setsumeikai_shiryou.pdf〉（2015 年 8 月 1 日確認）．

内閣府（2004）「平成 16 年第 34 回経済財政諮問会議議事要旨」〈http://www5.cao.go.jp/keizai-shimon/minutes/2004/1220/shimon-s.pdf〉（2015 年 7 月 29 日確認）．

―――（2011）「我が国の食と農林漁業の再生のための基本方針・行動計画」〈http://www.maff.go.jp/j/kanbo/saisei/pdf/shiryo1.pdf〉（2015 年 7 月 24 日確認）．

中川淳司（2011）「TPP で日本はどう変わるか？ (1)(2)」『貿易と関税』59 巻 7 号，8 号：4-9，4-11．

―――（2014）「TPP 交渉の行方と課題(1) TPP の背景と意義」『貿易と関税』62 巻 1 号：18-32．

中川昭一（2003）「いわゆる FTA の推進について」『小泉内閣メールマガジン』115 号．

―――（2004a）「年頭に寄せて」『経済産業ジャーナル』393 号：4-5．

―――（2004b）「我が国の経済連携（EPA/FTA）の推進について」『小泉内閣メールマガジン』158 号．

中村靖彦（2000）『農林族――田んぼのかげに票がある』東京：文藝春秋．

新堀聡（2002）「WTO 新交渉ラウンドと日本の貿易政策(1)」『貿易と関税』50 巻 6 号：24-33．

日・メキシコ共同プレス発表（2002）「日本国とメキシコ合衆国との間の経済連携の強化のための協定」〈http://www.maff.go.jp/j/kokusai/renkei/fta_kanren/f_mexico/pdf/fta-3-2.pdf〉（2015 年 7 月 29 日確認）．

日米 FTA 研究会編（2007）『日米 FTA 戦略』東京：ダイヤモンド社．

日経ビジネス（2001）「特集　大東亜厚底共栄圏　編集長インタビュー・人物　ゴー・チョクトン氏［シンガポール首相］」1 月 15 日号：42-44．

日本機械輸出組合（2004）『東アジア自由貿易地域の在り方――東アジア自由ビジネス圏の確立に向けて』東京：日本機械輸出組合．

日本経済研究センター（2000）『アジア・日本の潜在競争力』東京：日本経済研究センター．

―――（2001）『拡大する自由貿易協定と日本の選択』東京：日本経済研究センター．

日本経済新聞（2001）「シンガポール上級相示唆，自由貿易協定は中国への対抗策」9 月 6 日：5．

―――（2003a）「WTO 交渉決裂で戦略変化，通商政策，FTA に傾斜――国内の構造改革がカギ」9 月 24 日：3．

―――（2003b）「FTA 合意先送り――農産物難航時間切れ，日本，選挙控え譲歩限界．」10 月 17 日：3．

―――（2003c）「識者に聞く(1)　自民党政調会長額賀福志郎氏（FTA 試される日本）」12 月 10 日：5．

―――（2004a）「FTA，日本，メキシコと合意――自民『平穏』際立つ，農水族との調整すでに終え」3 月 11 日：2．

―――（2004b）「メキシコと FTA 締結で合意　対アジア，日本が主導（経済教室　小寺彰）」3 月 16 日：30．

―――（2004c）「東アジアの経済統合は日本の国益（社説）」8 月 17 日：2．

―――（2004d）「司令塔不在で FTA 競争に勝てるのか（社説）」9 月 21 日：2．

―――（2004e）「ゼミナール　展望・東アジア共同体（15）　貿易・投資　奔流になり始めた FTA」11 月 9 日：29．

―― (2005)「広がる中東民主化ドミノ（下）米，貿易で『アメとムチ』――『経済』通じ長期戦略も」3月30日：6．
―― (2010a)「TPP巡り政府・与党，賛否両論相次ぐ――農水副大臣，首相を批判」10月29日：2．
―― (2010b)「対米FTA，農民ら反発…，韓国，政治の覚悟で突破，大統領主導で説得」11月7日：3．
―― (2010c)「歴史の転換に10年戦略を――内向き日本に活路なし（核心）」12月27日：5．
―― (2013a)「TPP共同声明，日米，双方の主張配慮，重要品目，車や農産品念頭」2月23日：3．
―― (2013b)「コメ・砂糖『聖域』最優先，政府，TPPで検討，まず2国間交渉」3月3日：1．
―― (2013c)「自民農林族，その力は今――TPP反対・慎重派の本丸」3月24日：4．
―― (2013d)「韓国次官補『TPP参加検討』（ダイジェスト）」9月13日：7．
―― (2013e)「コメの減反，5年後に廃止へ――改革迫られた新・農林族（真相深層）」11月9日：2．
―― (2013f)「減反5年後廃止決定，政府，コメ政策を転換」11月26日：1．
―― (2014a)「韓国の参加意欲歓迎，政府がTPP事前協議，戦略に影響」3月7日：4．
―― (2014b)「TPP問われる日本（下）早稲田大学教授浦田秀次郎氏――世界貿易・投資の低迷防げ，日米首脳，早期決断を（経済教室）」3月21日：33．
―― (2014c)「博鰲アジアフォーラム――李首相，TPPに関心」4月11日：7．
―― (2015a)「『岩盤』改革を閣議決定，農協・雇用・特区の3法案」4月3日：1．
―― (2015b)「農協改革――事業規模の拡大促す（きょうのことば）」4月10日：3．
―― (2015c)「9合目の攻防，未明まで，日米TPP協議，合意持ち越し，日本，車関税の撤廃を，米国，コメ輸入増迫る」4月21日：1．
―― (2015d)「中国排除はできぬ現実（大機小機）」5月20日：19．
―― (2015e)「アジアインフラ投資銀行――中国主導，57カ国が参加表明（きょうのことば）」5月22日：3．
―― (2015f)「過渡期の自民『コメ議員』――TPP・農協…薄れる存在感（政策レーダー）」6月3日：4．
―― (2015g)「JA全中会長に奥野氏，『黒子に徹すべき』改革に意欲，TPP対応など課題に」7月3日：5．
―― (2015h)「電子商取引・金融も決着へ，TPP交渉，8割の分野にメド――知財・投資は難航，閣僚会合で判断へ」7月4日：3．
―― (2015i)「米，アジア軸足へ一歩，TPP実現，国内に壁――中国は『新シルクロード』，アジアに自国中心経済圏」10月6日：9．
―― (2015j)「TPP出遅れ組に焦り――中国，将来の加入排除せず，新華社報道，短期的には衝突も」10月7日：2．
―― (2015k)「特集――TPPがひらく新世代の経済圏、農家に打撃、強い経営必要」10月10日：6．
―― (2015l)「習主席，APEC・CEOサミットで講演，インフラ投資を主導」11月10日：3．
日本経済新聞社編（2001）『アジア地域統合への模索――The Future of Asia』東京：日本経済新聞出版社．
日本農業新聞（2015）「農協改革　攻防の軌道（下）組織分断　准組合員制度，人質に」2

月 28 日.
日本貿易振興会(2001)『世界の主要な自由貿易協定の概要整理調査報告書』東京：日本貿易振興会経済情報部.
ニューズウィーク日本版(2010)「民主党をゆるがす『黒船』TPP 騒動」10 月 28 日.
農業協同組合新聞(2013)「『TPP』自民党の対策委員会が検討開始」3 月 7 日.
農林水産省(2004)「農林水産分野におけるアジア諸国との EPA 推進について——みどりのアジア EPA 推進戦略」〈http://www.kantei.go.jp/jp/singi/keizairenkei/dai3/3sankou2.pdf〉(2015 年 8 月 1 日確認).
——(2010)「篠原農林水産副大臣記者会見概要」〈http://www.maff.go.jp/j/press-conf/v_min/101007.html〉(2015 年 7 月 24 日確認).
野林健(1987)『保護貿易の政治力学——アメリカ鉄鋼業の事例研究』東京：勁草書房.
——(1996)『管理貿易の政治経済学——米国の鉄鋼輸入レジーム：1959〜1995』東京：有斐閣.
畠山襄(1999)「自由貿易協定と日本」『貿易と関税』47 巻 8 号：6-13.
服部信司(2005)「日—メキシコ・日—タイとの FTA 交渉」『農村と都市をむすぶ』55 巻 8 号：28-38.
——(2011)『TPP 問題と日本農業』東京：農林統計協会.
浜口伸明(2005)『日本メキシコ経済連携協定の背景と問題点』東京大学 CREP Seminar.
林良造・荒木一郎監修,日米 FTA 研究会編著(2007)『日米 FTA 戦略——自由貿易協定で築く新たな経済連携』東京：ダイヤモンド社.
東アジア共同体評議会(2005)『東アジア共同体構想の現状,背景と日本の国家戦略』東京：東アジア共同体評議会.
平川均(2005)「経済統合と東アジア共同体構想」『愛知大学国際問題研究所紀要』126 号：1-25.
深川由起子(2005)「東アジアの新経済統合戦略——FTA を超えて」『アジア研究』51 巻 2 号：30-40.
——(2007)「自由貿易協定(FTA)の制度的収斂と東アジア共同体」浦田秀次郎・深川由起子編『東アジア共同体の構築 2 経済共同体への展望』東京：岩波書店.
——(2009)「日韓の地域主義(リージョナリズム)と「東アジア共同体」の形成」小此木政夫・文正仁編『東アジア地域秩序と共同体構想』東京：慶應義塾大学出版会.
——(2012)「東アジアの経済統合——制度収斂の新段階」浦田秀次郎・金ゼンマ編著『グローバリゼーションとアジア地域統合』東京：勁草書房：126-152.
深作喜一郎(2002)「東アジアの持続的成長と国際経済システム」『国際問題』506 号：2-18.
福田竜一(2005)「米豪自由貿易協定の交渉過程と影響分析——農業問題を中心に」『農林水産政策研究』10 号：33-66.
藤平治郎(2003)「自由貿易協定 日本・メキシコ FTA 決裂の舞台裏——果汁と鉱工業品で溝埋まらず」『世界週報』84 巻 42 号：28-29.
藤末健三・小池政就(2005)『FTA が創る日本とアジアの未来』東京：オープンナレッジ.
藤原帰一・李鍾元・古城佳子・石田淳編(2004)『国際政治講座 3 経済のグローバル化と国際政治』東京：東京大学出版会.
船橋洋一(1995)『アジア太平洋フュージョン——APEC と日本』東京：中央公論社.
ブルームバーグ(2010)「民主・山口座長：TPP に賛否両論,首相の決断が必要」〈http://www.bloomberg.co.jp/news/123-LAYSBV0YHQ0X01.html〉(2014 年 9 月 13 日確認).
本間正義(2006a)「国際化に対応する日本農業と農政のあり方」『農業経済研究』78 巻 2

号：85-94.
—— (2006b)「日本の農業と対外政策」『フィナンシャル・レビュー』81 号：50-81.
—— (2010)『現代日本農業の政策過程』東京：慶應義塾大学出版会.
毎日新聞 (2013)「TPP：自民対策委, 役員60人起用 慎重派取り込み躍起」3月6日：5.
—— (2015)「JA 全中：奥野長衛会長『TPP, 政府と連携』合意後の振興策, 視野」8月18日：6.
松石達彦 (2005)「東アジアにおける FTA 急増の背景とその問題点」『産業経済研究』46巻3号：405-428.
松下冽 (2009)「グローバル化とリージョナリズム——リージョナリズムの新たな可能性」篠田武司・西口清勝・松下冽編『グローバル化とリージョナリズム』東京：御茶の水書房：179-225.
松下満雄・清水章雄・中川順司編 (2009)『ケースブック WTO 法』東京：有斐閣.
馬淵紀壽 (2003)「自由貿易協定を巡って——対外通商政策転換についての論究」『名古屋学院大学論集 社会科学篇』40巻2号：1-18.
宮川眞喜雄 (2005)「東アジア共同体——その実像と虚像」『アジア研究』51巻2号：6-15.
宮下明聡・佐藤洋一郎編 (2004)『現代日本のアジア外交——対米協調と自主外交のはざまで』京都：ミネルヴァ書房.
民主党 (2010)「TPP（環太平洋経済連携協定）など経済連携推進について党の提言を取りまとめる」2010年11月4日〈http://www.dpj.or.jp/article/19187〉（2015年7月24日確認）.
民主党 APEC・EPA・FTA 対応検討プロジェクトチーム (2010a)「経済連携推進についての提言」〈http://kawauchi-hiroshi.net/images/topics/img/20111115_1140438786_FilePath_1.pdf〉（2015年8月15日確認）.
—— (2010b)『民主党 APEC・EPA・FTA 対応検討 PT 第 16 回結果概要』.
民主党経済連携プロジェクトチーム (2011)「経済連携 PT 提言〜APEC に向けて」〈http://www.dpj.or.jp/download/5351.pdf〉（2015年8月1日確認）.
宗像直子 (2001)「日本の地域経済統合政策の生成」宗像直子編著『日中関係の転機——東アジア経済統合への挑戦』東京：東洋経済新報社：85-129.
—— (2002)「東アジア経済統合へ日本は覚悟を固めよ」『論座』87号：102-109.
—— (2004)「日本の FTA 戦略」添谷芳秀・田所昌幸編『現代東アジアと日本1 日本の東アジア構想』東京：慶応義塾大学出版会：139-166.
守誠 (2004)「ブロック化する世界市場と日本の通商政策——『WTO の時代』から『FTA の時代』へ」『愛知学院大学論叢 経営学研究』13巻2号：133-173.
森川正之 (2005)「『FTA』に関する一考察」『大阪経済法科大学経済学論集』28巻2・3号合併号：86-99.
柳原透 (2004)「日本の『FTA 戦略』と『官邸主導外交』」『海外事情』52巻4号：92-108.
山影進編 (2001)『転換期の ASEAN——新たな課題への挑戦』東京：日本国際問題研究所.
——ほか編 (2003)『東アジア地域主義と日本外交』東京：日本国際問題研究所.
山澤逸平 (2001)「アジア太平洋の地域主義と日本の戦略」『国際問題』494号：2-15.
山下一仁 (2009)『農協の大罪——「農政トライアングル」が招く日本の食糧不安』東京：宝島社.
—— (2012)「TPP と農業・食の安全」馬田啓一・浦田秀次郎・木村福成編著『日本の TPP 戦略——課題と展望』東京：文眞堂：184-202.
山田敦 (2003)「アメリカ／勢いを増す経済超大国の FTA 戦略」『アジ研ワールド・トレンド』9巻2号：24-27.

山田高敬（1997）『情報化時代の市場と国家——新理想主義をめざして』東京：木鐸社．
山田俊男（2004）「WTO／FTAと世界・日本の農業——公正な貿易ルールの確立に向けて」『国際問題』532号：47-60．
山本武彦・天児慧ほか編（2007）『東アジア共同体の構築1 新たな地域形成』東京：岩波書店．
山本吉宣（1997）「地域統合の政治経済学：素描」『国際問題』452号：2-23．
——（2006）「東アジア共同体——機能的，非差別的共同体に向けて」『国際問題』551号：1-3．
——（2007）「地域統合理論と『東アジア共同体』」山本武彦・天児慧編『東アジア共同体の構築1 新たな地域形成』東京：岩波書店：315-346．
——（2012）「複合的グローバリゼーションと東アジア」浦田秀次郎・金ゼンマ編著『グローバリゼーションとアジア地域統合』東京：勁草書房：5-39．
吉野文雄（2004）「日本のFTA戦略——アジアの視点から」『海外事情』52巻4号：76-91．
読売新聞（2003a）「日・メキシコ，FTA最終合意できず 一部農産品など対立」10月17日：1．
——（2003b）「日・シンガポール，FTA発効1年，もともと『障壁』少なく…効果は部分的」12月3日：10．
——（2003c）「小泉首相FTA前向きで農水族反発 『農村滅びる』『選挙敗ける』」12月22日：4．
——（2004）「［社説］決断の年 本番迎えるFTA交渉 農業改革が自由貿易のカギだ」1月7日：3．
李鍾元（2004）「東アジア地域論の現状と課題——東アジアの地域協力と安全保障」『国際政治』135号：1-10．
ロイター（2015）「中国，TPPに適切な時期に参加すべき＝共産党機関紙」10月26日．
渡辺利夫編（2004）『東アジア市場統合への道——FTAへの課題と挑戦』東京：勁草書房．
渡部福太郎（1997）「WTOとリージョナリズム」『国際問題』452号：52-63．
渡邊頼純（2004）「WTO新ラウンドの可能性とFTAの動向」『国際問題』532号：2-17．
——監修，外務省経済局EPA交渉チーム編著（2007）『解説FTA・EPA交渉』東京：日本経済評論社．
——（2012）「アジア太平洋自由貿易圏のこれまでの歩みとTPP」『都市問題』103巻2号：4-10．
——（2014）「メガFTAsの潮流と日本の対応」石川幸一・馬田啓一・渡邊頼純編著『TPP交渉の論点と日本』東京：文眞堂．

韓国語文献

アン・セヨン（2003）「자유무역협정에 대한 국내이해집단의 반응에 관한연구（FTAに関する国内利益集団の反応に関する研究）」『貿易学会誌』28巻2号：55-79．
イ・スンジュ（2007）「한국통상정책의 변화와 FTA（韓国通商政策の変化とFTA）」『韓国政治外交史論叢』29巻1号：103-134．
イ・ホンベ（2000）「일본의 대외교역변화와 향후 전망（日本の対外交易変化と今後の展望）」『KIEP 세계경제（世界経済）』3巻5号：90-100．
——，キム・ハンヒ編（2003）『일본의 통상정책 변화와 한국의 대응방안（日本の通商政策変化と韓国の対応方案）』ソウル：韓国対外経済研究院．
——（2004）「일본의 통상정책변화와 한일FTA（日本の通商政策変化と韓日FTA）」『韓日経商論集』28巻：1-23．

イム・チョンソク，ミン・ギョンシク（2004）「일본의 통상정책변화와 대동아시아 FTA 추진전략（日本の通商政策変化と対東アジア FTA 推進戦略）」『東西研究』16 巻 2 号：5-30.
オクダ・サトル（2002）「한일자유무역협정에 관한 연구（韓日自由貿易協定に関する研究）」『国際通商研究』7 巻 1 号：149-175.
外交通商部（1998, 2005, 2006, 2007, 2014）『外交白書』
── (n.d.)「FTA 추진현황（FTA 推進現況）」〈http://www.fta.go.kr/main/situation/kfta/ov/〉（2015 年 7 月 24 日確認）.
── (n.d.)「한미 FTA 경제효과（米韓 FTA 経済効果）」〈http://www.fta.go.kr/us/data/2/〉（2015 年 7 月 24 日確認）.
── (n.d.)「FTA 정책요약（FTA 政策要約）」〈http://www.fta.go.kr/main/situation/kfta/psum/〉（2015 年 9 月 10 日確認）.
カン・インス（1999）『국제통상론（国際通商論）』ソウル：朴英社.
韓国国家統計ポータル (n.d.)「농가 및 농가 인구（農家および農家人口）」〈http://kosis.kr/wnsearch/totalSearch.jsp〉（2015 年 9 月 5 日確認）.
韓国対外経済政策研究院（2002）『한국의 태평양경제협력외교：방향과 전략（韓国の太平洋経済協力外交：方向と戦略）』ソウル：韓国対外経済政策研究院.
韓国農村経済研究院（2004）『농업부분 사회갈등의 실태와 관리방안 연구（農業部門社会葛藤の実態と管理方案研究）』ソウル：韓国農村経済研究院.
キム・キソク（2005）「동아시아 지역주의와 일본 대외경제정책의 딜레마（東アジア地域主義と日本の対外経済政策のジレンマ）」『国家戦略』11 巻 4 号：69-98.
キム・ソンフ，パク・キョンヨル（1999）「한일간 자유무역지대의 전망과 한국의 전략（韓日間自由貿易地帯の展望と韓国の戦略）」『인문논총（人文論叢）』6 集：45-62.
キム・テヒョン，ハン・ションジュン（1995）『외교와 정치：양면게임의 논리와 세계화시대의 국제협상전략（外交と政治：両面ゲームの論理と世界化時代の国際交渉戦略）』城南：世宗研究所.
キム・ホソプ（2001a）「아시아 경제위기 이후의 일본의 지역주의：한일자유무역협정 논의의 전개를 중심으로（アジア経済危機以降の日本の地域主義：韓日自由貿易協定論議の展開を中心に）」『韓国政治学会報』35 巻 1 号：253-267.
── (2001b)「일본의 FTA 정책과 국내정치（日本の FTA 政策と国内政治）」『日本研究論叢』19 号：130-156.
京郷新聞（2006）「盧大統領'한미 FTA 협상 강행' 배경 논란（盧大統領"米韓 FTA 交渉強行"背景が争点に）」8 月 8 日.
産業通商資源部（2013）「新政府の新通商ロードマップ発表」〈http://www.motie.go.kr/motie/ne/rt/press/bbs/bbsView.do?bbs_seq_n=78026&bbs_cd_n=16〉（2015 年 8 月 1 日確認）.
産業資源部国際産業協力審議官室（1998）「양자간자유무역협정 체결가능성검토（両国間 FTA 締結可能性の検討）」『対外経済通商政策研究資料』98 巻 8 号：6-13.
シン・イキヒ（1991）『일본의 외교정책（日本の外交政策）』ソウル：ウルユ文化社.
ジョン・インギョ（2001）『FTA 시대에 어떻게 대처할것인가？（FTA 時代にどう対処するのか）』ソウル：韓国対外経済政策研究院.
── (2010)「우리나라의 FTA 추진현황 및 추진체계（韓国の FTA 推進現況と推進システム）」『FTA 通商論』ソウル：ユルゴク出版社.
── (2004)「시장개방, 구조조정, 사회적 보상의 정치경제：한국 통상정책의경우（市場開放，構造調整，社会的補償の政治経済：韓国通商政策の場合）」『國際政治論叢』44 巻 4

号：169-195.
ジョン・ジョンギル（1993）「통상정책결정의 미국・일본・한국의 비교」（通商政策決定の米国・日本・韓国の比較）『行政論叢』31巻1号：175-190.
ジョン・スンヨン（2004）「일본의 동아시아 FTA 전략과 한일 FTA 의추진방향（日本の東アジア FTA 戦略と韓日 FTA 推進方向）」『国際地域論叢』1巻1号：61-93.
世界日報（2001）「［이코노미러］소신없는 농림부（エコノミー・ミラー，所信なき農林部）」2月24日．
ソウル経済新聞（2013）「경제부총리 부활… '미래부' 서 ICT 총괄（経済副総理復活，"未来部"にて ICT 総括）」1月15日．
ソン・ウンヒ（2002）「동북아 지역협력으로서 한중일 FTA 모색과 전망（北東アジア地域協力としての韓中日 FTA 模索と展望）」『韓国北東亜論叢』：3-22.
ソン・ヒヨン（2005）「한일양국의 통상정책과 FTA 협상전략에 관한연구（韓日両国の通商政策と FTA 交渉戦略に関する研究）」『関税学会誌』7巻1号：129-147.
ソン・ヨル（2006）「한국의 FTA 추진의 국제정치경제：FTA 경쟁과 따라잡기의 동학（韓国の FTA 推進の国際政治経済：FTA 競争と追いつきの動学）」『世界政治』6巻：93-133.
―――（2011）「위기이후 동아시아 다자경제제도의 건축경쟁（危機以降の東アジア多者経済制度の建築競争）」『국가전략（国家戦略）』17巻1号：39-66.
―――（2014）「일본의 TPP 교섭참가결정 분석：지역경제질서 건축전략의 맥락에서（日本の TPP 交渉参加決定分析：地域経済秩序構築戦略の脈絡から）」『日本研究論叢』39巻：235-254.
ゾ・ソンホ（1998）「한국대외경제정책의 정책결정모형정립에 관한 연구（韓国対外経済政策の政策決定模型定立に関する研究）」『延世社会科学研究』4巻：81-101.
チェ・テウク（2001a）「대외통상정책의 국제정치와 국내정치：한일 FTA 를중심으로（対外通商政策の国際政治と国内政治：韓日 FTA を中心に）」『韓国政治学学会報』35巻3号：1-21.
―――（2002）「지역주의의 제도화에 끼치는 국내정치변수의 영향력（地域主義の制度化に及ぼす国内政治変数の影響力）」『国家戦略』8巻3号：109-131.
―――（2003a）「한국의 FTA 확산전략과 정당체계의 개혁（韓国の FTA 拡散戦略と政党システムの改革）」『経済と社会』59巻：224-248.
―――（2005a）「한국의 FTA 정책결정과정（韓国の FTA 政策決定プロセス）」未来戦略研究院研究報告書：1-17.
―――（2006a）「한국의 FTA 정책결정과정（韓国の FTA 政策決定プロセス）」『韓国と国際政治』22巻2号：87-118.
―――（2007a）『한국형 개방선탁（韓国型開放戦略）』ソウル：チャンビ．
チェ・ビョンイル（2006b）「한미 FTA 와 통상거버넌스（韓米 FTA と通商ガバナンス）」国際経済学会セミナー資料．
チェ・ヨンゾン（2000）「아태지역협력에 대한 국가선호도 결정에관한연구（アジア太平洋地域協力に対する国家選好度決定に関する研究）」『韓国政治学会報』34巻2号：397-414.
―――（2001b）「현실주의 지역통합 이론：그 가능성과한계（現実主義地域統合理論：その可能性と限界）」『韓国政治学会報』35巻2号：409-425.
―――（2001c）「국제 제도화의 동인에 관한연구（国際制度化の動因に関する研究）」『国際政治論叢』41巻1号：29-48.
―――（2001d）「일본 ASEAN 경제관계 제도화에 대한 연구（日本 ASEAN 経済関係制度化に対する研究）」『韓国と国際政治』17巻1号：225-254.

―― (2003b)『동아시아 지역통합과 한국의 선택（東アジア地域統合と韓国の選択)』ソウル：アヨン出版部.
―― (2007b)「한국 정부의 FTA 추진전략과 문제점（韓国政府の FTA 推進戦略と問題点)」『国際関係研究』12 巻 1 号：33-59.
チャ・チョルホ（1999)「통상정책결정과 이익집단이론（通商政策決定と利益集団理論)」『国際商学』：213-226.
中央日報（2011)「"한국 추진력 본받자"… FTA 비상 걸린 일본 내각（"韓国の推進力を見習おう" FTA 非常事態の日本内閣)」10 月 15 日.
朝鮮日報（2003)「"한・칠레 협정 발효전 농민피해 보전" FTA 특별법 제정 추진（"韓チリ協定発効前に農民被害補填" FTA 特別法制定推進)」1 月 11 日.
東亜日報（2002)「쌀 WTO 개방압력 갈수록 거세（コメ，WTO 圧力ますます大きく)」11 月 14 日.
―― (2006)「한미 FTA, 내달 10~14 일 서울서 2 차 협상（米韓 FTA, 来月 10~14 日ソウルにて 2 次交渉)」6 月 22 日.
農民新聞（2002)「우리 농산물관세양허안 칠레측 입장 통상당국 공개 거부 파문（我が農産物関税譲許案　チリ側の立場を通商当局が公開拒否波紋)」7 月 5 日.
農林水産食品部（n.d.)「한미 FTA 추가보완대책추진상황（米韓 FTA 追加補完対策推進状況)」〈http://web.maf.go.kr/wiz/user/sf23〉(2012 年 7 月 18 日確認).
パク・ボンスンほか（2003)『한국의 FTA 전략（韓国の FTA 戦略)』ソウル：サムソン経済研究所.
ハンギルリサーチ（2006)「한미 FTA 여론조사（米韓 FTA 世論調査)」2006 年 6 月 12 日〈http://www.hgr1993.com〉(2015 年 7 月 25 日確認).
プレシアン（2006)「한나라 한미 FTA 는 한미동맹 강화의 지름길（ハンナラ，韓米 FTA は韓米同盟強化の近道)」10 月 19 日.
文化体育観光部（2013)『이명박정부 국정백서（李明博政府国政白書)』ソウル：文化体育観光部.
ペク・チャンゼ（1996a)「북미자유무역협정 비준의 정치과정에 관한연구（北米自由貿易協定批准の政治過程に関する研究)」『国際地域研究』5 巻 2 号：43-68.
―― (1996b)「이익집단정치와 미국 통상정책결정과정에 관한 연구（利益集団政治と米国通商政策決定過程に関する研究)」『社会科学研究』12 巻：25-52.
―― (1999)『동아시아：위기의 정치경제（東アジア：危機の政治経済)』ソウル：ソウル大学出版部.
ヘラルド経済（2006)「한부총리, "FTA 의 궁극적 지향점은 한미 FTA"（韓副総理，FTA の究極的志向点は米韓 FTA)」4 月 13 日.
モク・ヂンヒュ（2002)「한국정부 조직개편의 평가와 향후 추진방향（韓国政府組織改編の評価と今後の推進方向)」韓国行政学会秋季学術大会報告資料.
ヤン・ギウン（1994)「미일의 통상정책및 교섭전략（米日の通商政策および交渉戦略)」『韓国国際政治』10 巻 2 号：199-219.
―― (1998)『일본의 외교협상（日本の外交交渉)』ソウル：ソフア出版社.
―― (2006)「일본의 대외통상협상과 국내적보상시스템（日本の対外通商交渉と国内補償システム)」『21 世紀政治学会報』16 巻 1 号：273-299.
ユ・グァンヨン，シン・ヒョンス（2003)『일본의 FTA 전략과 시사점：일본・멕시코 FTA 를 중심으로（日本の FTA 戦略と示唆点：日墨 FTA を中心に)』ソウル：産業研究院.
ユ・ヒョンソク（2002a)「경제적 지역주의의 국제정치적접근（経済的地域主義の国際政治的接近)」『国際政治論叢』42 巻 3 号：33-53.

―― (2002b)「한・칠레 자유무역협정 협상의 국내정치: 국내협상의 이해집단과 국내 제도를중심으로 (韓チリ自由貿易協定交渉の国内政治：国内交渉の利害集団と国内制度を中心に)」『韓国政治学会報』36巻3号：175-197.
リ・ゼギ (2005)『FTA 의 이해 (FTA の理解)』ソウル：ハンウル出版社.
リ・チャンゼ (2009)『동아시아 FTA 실현을 위한 당면과제와 해결방안 (東アジア FTA 実現のための当面課題と解決方案)』ソウル：対外経済政策研究院.

資料　日本政府による FTA 締結への動き （2015 年 9 月現在）

相手国	内容および交渉状況
シンガポール	・日本初の FTA，包括的内容。産官学の共同検討・政府間交渉を経て，2002 年 1 月署名，11 月発効 ・2007 年 3 月改定議定書署名，9 月改定議定書発効 ・関税の撤廃に留まらず，相互承認協定や知的財産協力等による貿易円滑化，サービス貿易や投資の自由化，電子商取引関連制度の調和，人の移動の円滑化等，新時代にふさわしい幅広い分野をカバー
メキシコ	・日本初の農林水産品分野の関税撤廃等を含む包括的 FTA。 ・2001 年 6 月の首脳会談で産学官共同研究会の設置合意，2001 年 9 月〜2002 年 7 月に計 7 回開催 ・2002 年 11 月交渉開始，主席代表レベル会合を計 7 回，実務者レベル会合計 14 回開催 ・2003 年 10 月，交渉決裂。2004 年 3 月実質合意，9 月署名，2005 年 4 月発効
マレーシア	・2003 年 12 月交渉開始に合意，2004 年 1 月第 1 回交渉会合，首席レベル会合計 7 回開催 ・2005 年 5 月大筋合意，12 月の東アジア首脳会議の際に両首脳間で協定に署名，2006 年 7 月 13 日発効 ・市場アクセスの改善及び農林水産業協力を実施
チリ	・2000 年 1 月チリから FTA 検討の提案。同年 5 月から JETRO とチリ外務省との間で共同研究を実施，6 月に研究結果を取りまとめ，両国政府に包括的な FTA の早期締結を提言 ・2005 年 1 月〜9 月，共同研究会を計 4 回実施。11 月，交渉開始に合意（首脳会談：韓国 APEC） ・2006 年 2 月に第 1 回交渉会合を実施（計 4 回）。9 月に大筋合意。2007 年 3 月協定署名，9 月発効
タイ	・2001 年 11 月，両国首脳会談で，タクシン・タイ首相は日本との FTA の締結を提案 ・2003 年 12 月，小泉首相・タクシン首相会談にて交渉開始に合意 ・2004 年 2 月交渉開始，首席レベル会合計 9 回，実務者レベル会合計 10 回開催 ・2005 年 9 月首脳会談で大筋合意，2006 年 2 月に条文確定，2007 年 4 月署名，11 月発効
インドネシア	・ASEAN 最大の人口を擁する有望な市場へのアクセス向上をその意義とする ・2003 年 6 月の首脳合意に基づき，予備協議を 2 回実施 ・2004 年 12 月より二国間 FTA を念頭に置いた共同検討グループ会合を計 3 回開催 ・2005 年 6 月の首脳会談において交渉立ち上げに合意，7 月に第 1 回交渉会合開催（以後，計 7 回実施） ・2006 年 11 月の首脳会談にて大筋合意，2007 年 8 月署名，2008 年 7 月発効
ブルネイ	・2005 年 12 月，小泉・ボルキア首脳会談で交渉立上げのための準備協議の開催を決定 ・2006 年 6 月第 1 回交渉会合開始（計 4 回），12 月大筋合意，2007 年 6 月署名，2008 年 7 月発効 ・独立したエネルギー章を設置，日本の FTA 交渉における初めての成果と評価
ASEAN 全体	・2001 年 9 月の日・ASEAN 経済大臣会合で，経済協力のための専門家グループの設置を決定 ・2001 年 1 月の首相歴訪で「日・ASEAN 包括的経済連携構想」を提案。関係省庁連絡会議を設置 ・2004 年 11 月の日 ASEAN 首脳会議で交渉開始に合意，2005 年 4 月に CEP 協定交渉を開始 ・2007 年 8 月，物品貿易，サービス貿易，投資を含む全分野の大筋合意 ・2007 年 11 月，日 ASEAN 経済大臣会合において交渉妥結を確認 ・2008 年 12 月，日本，シンガポール，ラオス，ベトナム，ミャンマーの間で発効。2009 年 1 月にブルネイ，2 月にマレーシア，6 月にタイ，12 月にカンボジア，2010 年 7 月にフィリピンと発効
フィリピン	・2003 年 12 月小泉首相・アロヨ大統領会談にて交渉開始に合意 ・2004 年 2 月第 1 回交渉会合，首席代表レベル会合計 8 回，実務者レベル会合計 5 回開催 ・2004 年 11 月首脳間で大筋合意，2006 年 9 月署名，2008 年 12 月発効
スイス	・2003 年 2 月以降，JETRO は「日本・スイス FTA 研究会」にて，日スイス間の経済連携の可能性を検討 ・2005 年 4 月，小泉首相とシュミート大統領間で，政府間共同研究の立ち上げに合意，計 5 回実施 ・2007 年 1 月，安倍首相とカルミーレ大統領間で，日スイス FTA 交渉開始に合意 ・2008 年 9 月，第 8 回会合の結果を受けて大筋合意，2009 年 2 月署名，9 月発効 ・日本の FTA では初めて認定輸出者による原産地申告制度及び電子取引章を導入

資料　233

ベトナム	・2005年11月，APEC釜山閣僚会合で二国間FTAに関して検討会合立上げに合意 ・2005年12月の東アジアサミットで，小泉首相・カイ越首相会談で共同検討会合開始に合意 ・2007年1月第1回交渉開始，2008年9月までに計9回の正式交渉会合および6回の中間会合を開催 ・2008年9月大筋合意，2008年12月署名
インド	・2004年11月に日印首脳会談において共同研究会の立上げに合意，2006年12月，交渉入りに合意 ・計214回の正式会合と多数の中間会合を経て，2010年9月大筋合意，10月交渉完了 ・2011年2月署名，8月発効。日本側は，インドはアジアにおいて中国と並ぶ，国際戦略上重要と認識
ペルー	・2008年11月の首脳会談で，締結交渉開始に合意 ・2009年2月の外相会談で準備会合実施に合意，3月に準備会合開催。4月の電話首脳会談で交渉開始が正式決定。計7回の正式会合と中間会合を行い，2010年11月に交渉完了 ・2011年5月署名，2012年3月発効
豪州	・2002年5月の首脳会談で，経済関係強化に向けた次官級協議と課長級の作業部会設置で合意 ・2005年11月〜2006年9月，計5回の政府間共同研究・産官学共同研究を開催 ・2006年12月，日豪首脳電話会談で2007年の日豪FTA交渉開始を合意 ・2014年7月，安倍首相訪豪時に安倍首相・アボット豪首相が署名
モンゴル	・2009年9月モンゴル側からFTA締結を提案，2010年6月〜2011年3月に計3回の官民共同研究を実施 ・2012年3月の首脳会談でFTA交渉開始を決定，2012年6月〜2014年7月，計7回の交渉会合を開催 ・2014年7月大筋合意，2015年2月署名
カナダ	・2010年11月の首脳会談で経済連携強化を検討，2011年3月〜2012年1月に計4回の共同研究会合実施 ・2012年3月に発表した共同研究報告書を受け，同月の首脳会談で交渉開始合意 ・2012年11月第1回交渉，2014年11月第7回交渉
コロンビア	・2011年9月の首脳会談で共同研究立上げに合意 ・2011年11月〜2012年5月，計3回の共同研究会を開催，2012年7月に共同研究報告書を発表 ・2012年12月第1回会合，2015年9月第13回会合開催
日中韓	・2003年〜2009年の三国間民間共同研究プロジェクトに基づき，2009年10月の日中韓サミットで産官学共同研究の立ち上げを検討。2010年5月〜2011年12月，計7回の共同研究会合を開催 ・2012年3月日中韓FTA産官学共同研究報告書を公表。5月の日中韓サミットで年内の交渉開始に合意 ・2012年6月〜9月，計3回の事務レベル会合を開催。11月のASEAN関連首脳会議で日中韓FTA交渉開始。2014年3月第1回会合，2015年9月第8回会合開催
EU	・2011年5月の首脳会談でスコーピング作業開始に合意。2012年11月EU外務理事会が交渉権限を採択 ・2013年3月，日EU首脳電話会談で交渉開始を決定 ・2013年4月第1回会合，2015年9月第12回会合開催
東アジア(CEPEA)	・ASEAN＋6（日中韓印豪NZ）でFTAを締結し，地域的な生産ネットワークのさらなる発展を目指す ・2007年1月の東アジアサミットで，日本の提案により民間専門家研究開始に合意 ・2007年6月〜2009年7月，民間研究会（フェイズ1）を開催 ・2009年10月，東アジアサミットにおいて首脳に報告書を提出，政府間議論の首脳クラスでの合意
RCEP	・2010年9月，ASEAN＋3とASEAN＋6双方に関する4つの作業部会と，域外国も交えた議論を開始 ・2011年8月，日中共同提案としてASEAN＋3とASEAN＋6双方に関する3つの作業部会の設立をASEAN側に提案，11月に3作業部会の設立合意。2012年11月のASEAN関連首脳会議で交渉立上げが宣言 ・2013年5月第1回交渉，2015年7月第9回交渉，8月第3回閣僚会合を開催

TPP	・2006年,P4（シンガポール,ニュージーランド,チリ,ブルネイ）が発効 ・2010年3月に米国,豪州,ペルー,ベトナムが,10月にマレーシアが交渉に参加 ・2012年10月にメキシコとカナダが,2013年7月に日本が交渉に参加（計12ヵ国） ・2013年8月TPP閣僚会議で共同プレス声明,10月の首脳会合で首脳声明を表明 ・2015年8月,第19回交渉を開催 ・韓国,タイ,フィリピン,台湾などの国・地域も関心あり。中国も将来的な参加の可能性を排除せず
トルコ	・2011年7月に玄葉外務相,枝野経産相がチャーラヤン土経済相とFTAに関する共同研究立上げに合意 ・2012年11月〜2013年2月,計2回共同研究を実施。2013年7月共同研究報告書を発表 ・2014年12月第1回交渉,2015年9月第3回交渉を開催
GCC	・2006年3月,モノ・サービス分野のFTA交渉開始に合意（レター交換）,4月に小泉首相とサウジ・スルタン皇太子の共同声明で交渉開始を発表（過去に日本産業界・GCC双方からFTAの要望あり） ・2006年5月にGCCとの準備会合開催,9月に第1回FTA交渉開催 ・2007年1月,第2回FTA交渉（首席交渉間級）を開催 ・2009年3月,非公式の第4回中間会合（共同議長級）を開催
韓国	・2001年3月より日韓FTAビジネス・フォーラムで日韓FTAについて意見を集約 ・2002年3月,小泉首相・金大統領会談にて産官学研究会開始に合意,2003年10月まで計8回開催 ・2003年12月,第1回交渉会合で交渉の枠組みに合意,2004年11月の第6回交渉以降,交渉は中断 ・2005年6月20日のソウルでの首脳会談で小泉首相から,交渉の早急な再開が大事である旨発言 ・2006年10月の安倍首相・盧武鉉大統領首脳会談にて,安倍首相より,交渉を加速させたい旨発言 ・2007年7月,ハイレベル経済協議（外務審議官級）にて,交渉再開に向けて意見交換 ・2008年6月,経済連携交渉の再開に向け実務協議開催。2009年7月,審議官級の第3回実務協議開催
台湾	・2001年10月,貿易大臣会談において,林台湾経済部長は日台間のFTA研究を進めていきたい旨表明 ・2005年5月,陳水扁総統は日台FTA締結を希望する旨表明 ・2008年9月,台北市日本工商会,台湾の経済部（経産省）など関係省庁と政策提言交流会を開催 ・2009年10月,台北市日本工商会,FTA締結を求める要望書を台湾当局に提出 ・2010年2月,馬総統から今井代表（大使）に日台FTA協議の早期実現を要望 ・2011年10月,蔡主席が訪日に際してFTA締結に強い意欲を表明

出所）経済産業省,外務省,農林省の資料をもとに筆者作成。

あとがき

　本書は，2008年2月に一橋大学大学院法学研究科国際関係専攻に提出した博士学位（法学）取得論文『日本のFTA政策をめぐる国内政治プロセス』をもとに，大幅に加筆修正したものである。加筆修正にあたっては，特に下記の拙稿から引用している。

- 「日本のFTA政策をめぐる国内政治：JSEPA交渉プロセスの分析」『一橋法学』第7第3号（2008年），683-719頁。
- 「東アジアFTAと国内政治：韓国の事例から」松岡俊二・勝間田弘編『アジア地域統合の展開』勁草書房，2011年，118-139頁。
- 「グローバリゼーションとニュー・リージョナリズム：拡散と収斂の相互作用」浦田秀次郎・金ゼンマ編『グローバリゼーションと東アジア地域統合』勁草書房，2012年，40-65頁。
- 「韓国のFTA政策決定過程：東アジア共同体への示唆」『アジア太平洋討究』第17号（2011年），61-77頁。
- "Japan and the Trans-Pacific Partnership (TPP): Rule Setter or Follower?" *Journal of Asia-Pacific Studies*, 21 (2013), 193-203.

　筆者は，かねてからリージョナリズムに関心を持ち，とりわけダイナミックに変動しつつある東アジアの共同体形成において，その土台となるFTAに着目して，このテーマを追求してきた。日本がTPPへの参加過程にある今日，日本の通商政策分析の重要性は日に日に増しており，こうした問題は今後，日本の学界でも研究の1つの争点となりつつある。日本のFTA／TPP交渉については先行研究・報道も多く，相当量の情報・知見が提供されている。しか

し，そうした研究の多くは経済的アプローチによる説明であり，政治面からアプローチがなされることは稀である。そうした政治的アプローチによる研究も，ほとんどが国際要因の研究であった。本書は，既存の研究で十分ではなかったFTA政策をめぐる国内政治過程に注目したものである。また，この分野における比較分析の試みは極めて少なく，特に日韓比較を行う研究は従来ほとんど存在しなかった。韓国のFTA戦略については日本でも高い関心が持たれているものの，国内政治システムの特徴を含め，その政策形成過程は十分に研究されていない。本書は，日韓を比較することにより，FTA政策の形成を決定づける重要な要因を特定し，既存の日韓の通商政策の分析に対して新たな視座を提供することを試みている。

このような考えの下に，本書では，まず日星FTA，日墨FTAの交渉過程の分析を通じて，日本の通商政策が多国間主義一辺倒のものから二国間主義・地域主義を並行して進めるものへと転換した要因を分析している。続いて，韓国のFTA政策形成過程の特徴を整理した上で，韓国のFTA交渉と比較しながら日本のTPP交渉の特徴と今後の展開について考察した。分析枠組みにおいては，国内アクターの言動・利害に焦点を合わせつつ，公式・非公式の制度的要因，米国など第三国を含めた国際環境要因，および当事者の理念・政策規範が二国間交渉・政策決定に与えた影響を主に考慮した。こうして各行為主体間の協調・対立の構図とインプット─アウトプットの関係を整理することで，日本のFTA政策決定過程の全体像と特徴を描き出すことを本書は試みている。

本書で扱った日本のFTA・TPP政策を巡る問題については，韓国や米国の政治学会，日本の国際経済の学会では重要な問題として扱われ，関連書籍も多く出ている一方，日本の国際関係論や国際政治の分野においては，この問題を正面から扱った書籍が一般向けに刊行される事例は多くない。本書の分析は，こうした海外の動向を踏まえた上で，独自の視点を打ち出したものであり，本書の刊行により日本において共有されるであろう知見は，この分野における国際的な議論を喚起する上で重要な意義を持つと考えられる。

本書の分析枠組みは，他の国の事例でも適用可能となろう。いわゆる理論的枠組みの一般化の可能性を探る作業であり，重要な試みである。日韓のFTA政策分析を通じて，国家の対外行動における決定要因を論じる既存の国際関係

論（IR）理論に一石を投じることになれば，これ以上の喜びはない。

拙い書ではあるが，完成するまでには実に多くの方々のお力添えがあった。一橋大学での筆者の指導教官であった大芝亮先生（現青山学院大学）には，まず誰よりも深く感謝を申し上げたい。大芝ゼミでの論文のプロポーザル報告のたびに，先生からは厳しいご批判と貴重なコメントをいただいた。研究の意義を見出せず右往左往していた筆者を叱咤激励してくださり，大学院生活の未来が見えず不安に駆られていた筆者をいつも温かく励ましてくださった。「読んだ論文の数がものを言う」との先生のお言葉は，いまも研究をする上で筆者の座右の銘になっている。博士論文を提出してからもなかなか就職が決まらず焦っていた筆者に，先生は「急がば回れ」と人生の方向性も示してくださった。人生のステージの階段を一つ一つ登るたびに，その都度多くの励ましと感動をいただいた。先生から受けた恩恵は，本当に計り知れない。先生のような素晴らしい人格者・研究者になるのが，筆者の目標である。

研究者としての育ての親が大芝亮先生であるとすれば，東京大学の石田淳先生は，生みの親である。筆者が国費留学生として来日して，初めての指導教官となっていただいたのが，当時東京都立大学に在職されていた石田先生であった。石田先生は，まるで家族のように親身に，様々な相談にのってくださった。先生のゼミ生との勉強会にもお誘いいただき，一橋大学法学研究科への進学を勧めてくださった。その後も，時には厳しく時には温かく，今まで筆者を見守ってくださった。研究に行き詰まったり，人生の方向性を定められず途方に暮れたりするたびに，先生とお話しをすることでポジティブな自分に戻ることができた。心の支えである石田先生がいらっしゃらなければ，研究者としての道のりはより厳しいものになったに違いない。この本を出すことで，少しでも先生への恩返しになったとすれば，望外の喜びである。

一橋大学で博士論文の副査となってくださった山田敦先生にも，日頃からたいへんお世話になっている。大学院時代に，先生のTAを務めながら，また先生の授業を通じて，多くの知見と励ましをいただいた。卒業してからも様々な機会を与えていただき，本書の出版にあたってもなかなか出版社を決められず難儀していた筆者に，快く有信堂高文社を紹介してくださった。改めて深く感謝申し上げたい。また，博士論文の審査をしていただいた野林健先生（現東洋

学園大学），授業の場を通じてご指導いただいた納家政嗣先生（現青山学院大学），田中孝彦先生（現早稲田大学），博士論文に対して有益なご助言をくださった同志社大学の大矢根聡先生，上智大学の長田彰文先生にも感謝申し上げたい。

COE助教として奉職した早稲田大学アジア太平洋研究科は，筆者の第二の母校である。COEプログラム「アジア地域統合のための世界的人材育成拠点 (GIARI: Global Institute for Asian Regional Integration)」に参加できたことは誠に幸運であり，ここでも実に多くの先生方にたいへんお世話になった。代表の天児慧先生をはじめ，浦田秀次郎，松岡俊二，山本吉宣，深川由起子，篠原初枝，植木（川勝）千可子，横田一彦，黒田一雄，勝間靖，梅森直之，阿古智子，赤羽恒雄，トラン・ヴァン・トウ，寺田貴（敬称略）といった諸先生方から，様々な形でご指導いただき，研究上の示唆をいただいた。とりわけ『グローバリゼーションとアジア地域統合』の共同編集者であった浦田先生には，折に触れて温かい励ましをいただいたばかりでなく，TPP勉強会へお誘いいただき，筆者の研究に多くの有意義なコメントをくださるなど，早稲田における恩師であった。天児先生は，野球少年の熱い情熱でCOEを引っ張り，拙い筆者を叱咤激励してくださった。松岡先生は，COEにおけるフラッグシップ・プロジェクト（FSP）のリーダーとして筆者を後押ししてくださった。深川先生には，韓国朝鮮学会にお誘いいただき，国際政治経済の研究に偏りがちな筆者が韓国地域研究にも目を向けるきっかけを与えてくださった。アジア太平洋研究科教授の李鍾元先生は，韓国学研究所の招聘研究員に筆者を誘ってくださった。ご助力くださった先生方のお名前をここですべて挙げることができないことが心苦しいが，これまで様々な形で筆者を支えてくださった先生方に改めて御礼申し上げたい。

また，早稲田の同僚の皆の支えがあった。上久保誠人，勝間田弘，堀内賢志，本多美樹，平川幸子，三浦秀之，三牧聖子，鴨川明子，高橋華生子，河路絹代の諸氏とは，互いに切磋琢磨し合いながら，様々な形で支えていただいた。特に，堀内氏には常日頃からお世話になり，本書の原稿にも丁寧にコメントをくださった。改めて感謝申し上げたい。

筆者が奉職している明治大学国際日本学部では，様々な分野を専攻している

あとがき　239

諸先生方から多くを学ばせていただいている。いつもお世話になっている同僚の先生方とスタッフの方々に，この場を借りて感謝申し上げたい。本学部には多様な文化的・社会的背景を持つ学生が多く，講義やゼミなどを通じて学生諸氏からも学ぶことが多い。特に，院生の田中里奈氏には編集作業を手伝っていただいた。改めて感謝申し上げたい。

　筆者は韓国の高麗大学国際大学院入学以来，多くの先生方や友人たちから知的刺激を受けてきた。西江大学の故バシル・プライス先生，高麗大学国際大学院の恩師であるソン・ヨル先生（現延世大学），キム・ユウン先生，キム・テギュン先生，大学院から今まで友情を分かち合っている古内洋平，池田亮，愈在真の諸氏に感謝申し上げたい。

　本書は，有信堂高文社の髙橋明義氏のお力添えなくしては，世に出ることはなかった。作業が遅々として進まずたいへんな迷惑をかけ続けた筆者に，細心のアドバイスと温かな配慮をくださった。心から感謝申し上げたい。

　本書の出版にあたり，日本学術振興会の平成27年度科学研究費補助金・研究成果公開促進費（「学術図書」）の交付を受けた。また，文部科学省より国費留学奨学金をいただくことができなければ，筆者は一橋大学で博士課程を修了することはできなかった。本書の出版に向けた研究の終盤の段階では，日本学術振興会科学研究費補助金（基盤(C)）の助成を受けたことで，研究に拍車をかけることができた。関係各位に記して御礼を申し上げたい。

　本書の事例の分析手法として，関係者へのインタビューに基づいた証言を用いた。ご協力くださった方々に，ここで改めて感謝の意を表したい。なお，掲載時にはすべて敬称略にするとともに，政策決定の現場に現在進行形で携わっている方々に顧慮し，一部の証言は匿名扱いとした。これらの証言内容は筆者の理解に基づくものであり，ありうべき過ちの責任はすべて筆者に属するものである。

　最後に，私事で恐縮だが，筆者の研究生活を支えてくれている家族に感謝を伝えたい。父と母は，深い愛情と信頼で，常日頃から筆者の人生を温かく見守ってくれている。筆者が研究者になることを誰よりも喜び，誇りに思い，大いなる愛で筆者の人生の道しるべとなってくれた。本書を両親に捧げることで，少しでも親孝行となれば幸いである。また，夫の義成は筆者の良き理解者

であり，執筆で忙しい妻の代わりに慣れない育児と家事を申し出てくれた。最後に，愛息子の起俊には，母親の愛情が一番切実な時期に，たいへん寂しい思いをさせてしまった。息子にとって誇らしい母になれるよう，今後も弛まず研究に尽力していきたい。

 2015 年 11 月

明治大学研究室にて

金　ゼンマ

索 引

ア 行

アーリーハーベスト (early harvest) 114
アイディア 37
アイデンティティ 37
アクター論 52
浅い統合 35
アジアインフラ投資銀行 (AIIB: Asia Infrastructure Investment Bank) 181, 182, 193
アジア太平洋経済協力 (APEC) 17, 19, 39, 45, 54, 74, 79, 184
アジア太平洋自由貿易圏 (FTAAP: Free Trade Area of the Asia-Pacific) 4, 61, 179, 181, 183, 184
アジア通貨危機 8, 32, 33, 39, 40, 45, 51, 55, 73, 74, 78, 79, 80, 162
アジア統合 155
ASEAN＋3 20, 35, 61, 114, 184
──FTA 8, 34
アナキー (無政府) 37
安部晋三 177
甘利明 186
アメリカ自由貿易地域 (FTAA: Free Trade Area of the Americas) 75
荒井寿光 18
一帯一路 (新シルクロード) 構想 181
一般特恵関税制度 (GSP: Generalized System of Preferences) 96
1票の格差の是正 47
委任大統領制 (Delegative Presidentialism) 164
李明博 (イ・ミョンバク) 158
ウィンセット 204
失われた20年 193
APEC・EPA・FTA対応検討プロジェクトチーム (PT) 190
欧州石炭鉄鋼共同体 (ECSC: European Coal and Steel Community) 37
欧州連合 (EU: European Union) 4, 17, 35, 40, 41, 60, 114, 130, 133
大島理森 134
大平正芳 12

大村秀章 133
奥野長衛 195
小倉和夫 172
小渕恵三 77

カ 行

外圧 43
海外直接投資 (FDI: Foreign Direct Investment) 66
下位政府 191, 195, 202
学習プロセス (learning process) 37
革命民主党 (PRD: Partido de la Revolución Democrática) 110
カタダ (Katada, S.) 42
ガバナンス 45, 70, 205
亀井善之 117
雁行型経済モデル 78
関税及び貿易に関する一般協定 (GATT: The General Agreement on Tariffs and Trade) 4, 11, 13, 14, 17, 45, 53, 85, 94, 108
──第23条 16
──第24条 24, 86, 93, 125
──中心主義 91
関税同盟 23
環太平洋経済連携協定 (TPP: Trans-Pacific Partnership) 4, 7, 9, 33, 56, 60, 62, 63, 155, 174, 176, 177, 181, 182, 183, 188, 193, 202, 203, 204
──総合対策本部 196
──対策委員会 185
──を慎重に考える会 190
環太平洋戦略的経済連携協定 (P4: Trans-Pacific Strategic Economic Partnership Agreement) 179
韓チリFTA農業支援対策案 175
官邸主導 44, 140, 201
官邸人事 136
韓米FTA阻止のための汎国民運動本部 170
韓米FTA締結支援委員会 172
規範 38
金大中 (キム・デジュン) 61, 156

金鉉宗（キム・ヒョンゾン） 157
凝集性（cohesion） 36
競争政策 28
ギルピン（Gilpin, R.） 35
キンドルバーガー（Kindleberger, C.） 35
グーレビッチ（Gourevitch, P.） 44
クラウス（Krauss, E.） 39
クラズナー（Krasner, S.） 35
クリティカル・マス 181
クリントン政権 17
グローバリゼーション 3, 32, 65, 66, 67, 68, 69
グローバル・ガバナンス 67
グローバル FTA ネットワーク 174
グローバル経済戦略 20
グローバル・コリア 160
グロスマン（Grossman, G.） 41
黒船 190
経済協力開発機構（OECD: Organisation for Economic Co-operation and Development） 66, 70
経済構造改革 43
経済財政諮問会議 53, 141
経済自立5カ年計画 10
経済地域主義 6, 31, 65, 70, 197
経済的相互依存 65, 70
経済統合 14, 32, 35, 62, 84
経済ナショナリズム 70
経済連携協定（EPA） 26, 27, 32
経済連携プロジェクトチーム（PT） 189
経団連 43, 44, 121, 122, 123
減反 194
小泉純一郎 100, 126, 130
小泉スピーチ 100, 199
構造改革 43
河野洋平 88
合理主義 37
ゴー・チョクトン 87, 89
ゴールドスタイン（Goldstein, J.） 46
国益 40, 133, 135, 188, 201
国際協調派 200
国際システム 52, 70, 164
国際政治経済学（IPE: International Political Economy） 7, 34, 39
国際通貨基金（IMF） 45
国際的クレディビリティー 28
国際要因 34, 39
国内政治アプローチ 62, 156, 202
国内要因 34
国民行動党（PAN: Partido Accion Nacional） 110
国家システム 69
コヘイン（Keohane, R.） 44
コンストラクティヴィスト 35, 37

サ 行

最恵国待遇 24, 25
差額関税制度 138, 147, 148, 150, 151
産官学共同研究会 126, 128, 130
産業分野別生産促進措置（PROSEC: Programa de Prmoción Sectorial） 113
事実上の（de facto）統合 3
実験室効果 23
実質的にすべての貿易 86
市民社会 69
自民党農林水産物貿易調査会 33, 57, 58, 83, 94, 117, 132, 133, 145, 147, 151, 200
——決定 128
従価税方式 138
自由貿易協定（FTA: Free Trade Agreement） 3, 6, 7, 13, 15, 17, 19, 23, 25, 26, 27, 58, 59, 60, 63, 70, 72, 73, 74, 76, 78, 81, 83, 85, 86, 94, 95, 104, 114, 120, 125, 155, 159, 165, 176, 200
——推進ロードマップ 157
——締結手続き規定 165, 171
——等対策委員会 200
——等対策協議会 131, 149
——特命委員会 132, 200
——の締結に伴う農漁業人等の支援に関する特別法（FTA特別法） 175
——履行支援基金 175
——ロードマップ 157, 158
自由貿易地域法 13
主権 35
授権条項 24
小選挙区比例代表並立制 46
触媒効果（catalytic effect） 74
シンガポール方式 132, 151
新機能主義（neo-functionalism） 36
新世代 FTA 21

索引 243

新宮沢構想 79
スーパー 301 条 41
聖域 186
静学的効果 23
政策起業家 50
政策規範 38
政策転換 39, 42, 44, 46, 56, 162
政策バンドワゴニング 49
政治同盟としての効果 48
成長戦略 183, 193
制度的革命党 (PRI: Partido Revolucionario Institucional) 110
制度的・法的 (de jure) 統合 3
政府調達 10, 27
世界貿易機関 (WTO) 11, 14, 15, 17, 18, 19, 23, 27, 31, 33, 46, 53, 54, 58, 60, 70, 72, 74, 77, 78, 81, 83, 104, 105, 200
——カンクン閣僚会議 80
——シアトル閣僚会議 46, 88
——中心主義 155
石油危機 11
石油輸出国機構 (OPEC: Organization of the Petroleum Exporting Countries) 108
セクター間のスピルオーバー (sectoral spillover) 37
絶対主権論 69
セディージョ (Ernesto Zedillo Ponce de León) 109
全会一致 81
全国農業協同組合中央会 (JA 全中) 55, 83, 191, 198, 201
全国農民団体協議会 166, 168, 169
戦略的相互作用理論 (strategic interaction theory) 39
戦略的通商政策の推進 85
早期自主的分野別自由化 (EVSL: Early Voluntary Sectoral Liberalization) 13
相互承認協定 (MRA: Mutual Recognition Agreement) 160
相対的利得 (relative gain) 35
組織効果 23
ソリス (Solis, M.) 42

タ 行

第三の改革のシンボル 184
第三の波 (the third wave) 6
大統領制 203
第二の波 (the second wave) 13
対米関係還元主義 (American reduction) 48
太平洋経済協力会議 (PECC: Pacific Economic Cooperation Council) 92
太陽政策 163
多角的な自由貿易体制 15, 17, 19
武見敬三 133
多元主義 43
多国間主義 10, 31, 46, 51, 61, 70, 84, 159, 177, 197
田中角栄 12
ダブルレイヤー (二層式) 通商政策 7, 33, 60
地域化 (regionalization) 34
地域 FTA 204, 205
地域主義 (regionalism) 32, 34, 40, 42, 45, 52, 57, 61, 65, 67, 68, 69, 70, 73, 80, 85, 161, 162
地域的多国間主義 (Regional Multilateralism) 7, 8, 33, 155, 177
地域統合 7, 14, 15, 18, 23, 24
地域貿易協定 (RTA: Regional Trade Agreement) 3, 11, 14, 15, 16, 18
チェイス (Chase, K.) 42
知的財産権 27
中国・ASEAN FTA 55, 163
調整型の政治過程 201
直接投資 11
2 レベルゲーム・モデル 203, 204
躓きの石 (stumbling block) 68
積み石 (stepping stone) 68, 72
鉄のトライアングル 194
伝染効果 (contagion effect) 162
デント (Dent, C.) 45
伝統的 FTA 21
動学的効果 23
東京宣言 19
同時多発的 FTA 193
——戦略 156, 160, 165
東南アジア諸国連合 (ASEAN) 45
特恵的貿易協定 (PTA: Preferential Trade Arrangement) 36
トップダウン型の意思決定 175
共に歩み共に進むコミュニティ 61

ナ 行

ナショナリズム 69, 203
南米南部共同市場(MERCOSUR: Mercado Comun del Cono Sur) 40
二国間 FTA 17
二国間主義 33, 177
日・ASEAN 包括的経済連携構想 57, 115
日米安保 187
日米自由貿易構想 13
日中韓 FTA 163
日本活性化のための経済連携を推進する国民会議 139
日本の FTA 戦略 27
ネットワーク 45, 69, 77, 205
農協改革 195, 203, 205
農業関係集団 45
——内の対立と妥協 55, 198
——の内部調整 51, 195, 201, 205
農業者戸別所得補償制度 191, 194, 202, 205
農業補助金 80
農業問題 31, 33, 54, 56, 58, 59, 82, 93, 107, 125, 133, 146, 154, 201
農政トライアングル 191
野上義二 15
野田佳彦 184
盧武鉉(ノ・ムヒョン) 157, 202

ハ 行

ハース(Haas, E.B.) 37
朴槿惠(パク・クネ) 158
朴正熙(パク・チョンヒ) 161
覇権(hegemony) 35
覇権安定論(hegemonic stability theory) 35, 36
畠山襄 85
パットナム(Putnam, R.D.) 203
鳩山由紀夫 187
ハブ・アンド・スポーク方式(Hub and Spokes System) 77, 112
バラッサ(Balassa, B.) 4
ハレル(Hurrell, A.) 34
漢江の奇跡 161
韓恵洙(ハン・ドクス) 158
バンドワゴニング効果 23
東アジア FTA(EAFTA) 61, 72, 159, 163
東アジア共同体 19, 32, 53, 57, 61, 71, 187
東アジア経済協議体(EAEC: East Asia Economic Caucus) 12, 61
東アジア・スタディグループ(EASG: East Asia Study Group) 61
東アジア地域主義 19, 32, 40, 62
東アジア地域包括的経済連携(RCEP: Regional Comprehensive Economic Partnership) 35, 61
東アジア・ビジョングループ(EAVG: East Asia Vision Group) 61
東アジア包括的経済連携(CEPEA: Comprehensive Economic Partnership in East Asia) 29, 61
東アジア連携中心主義 48
ヒゴット(Higgott, R.) 67
ヒベーム(Hveem, H.) 67
費用最小化戦略 164
開かれた地域主義 17
平沼赳夫 123
フォックス(Vicente Fox Quesada) 32, 110, 127, 130
深い統合 21, 35
ブッシュ(Busch, M.) 42
普天間基地代替施設移転問題 187
プラザ合意 11
ブレトンウッズ・システム 66
フロマン(Froman, M.) 186
米韓同盟 170
米州自由貿易地域(FTAA: Free Trade Area of the Americas) 112
平成の開国 184
ペッカネン(Pekkanen, S.) 42
ヘトネ(Hettne, B.) 68
ヘルプマン(Helpman, E.) 41
弁証法的関係 69
ペンペル(Pempel, T.) 34
貿易創出効果 23
貿易促進権限(TPA: Trade Promotion Authority) 182
貿易転換効果 23, 40, 42, 48, 69
貿易包括法 13
北東アジア時代構想 159
北東アジアの経済ハブ構想 169
北米自由貿易協定(NAFTA: North Ameri-

can Free Trade Agreement) 4, 8, 17, 22, 35, 40, 41, 42, 45, 59, 114, 130		利益集団	31, 46, 60, 165, 166
		李克強	180
保護主義	11, 15, 16, 23, 42, 46	理念	49
骨太の方針	21, 53, 55, 146, 153, 154, 201	リベラリスト	35
ボルドウィン (Baldwin, R.)	41	冷水効果	43
		冷戦	47
マ 行		――終結	163, 179
マキラドーラ (maquiladora de Exportación) 制度	112, 113, 122	レベル1	203
		レベル2	203
マハティール (Mahathir bin Mohamad)	12	ロゴウスキ (Rogowski, R.)	44
マンスフィールド (Mansfield, E.)	36, 39, 52	ロックイン効果 (lock-in effect)	28
みどりのアジアEPA推進戦略	149, 201	ワ 行	
宮沢喜一	88		
ミルナー (Milner, H.)	42, 44, 52	ワルター (Wyatt-Walter, A.)	67
民主党政務調査会	190	A・B・C ⋯	
メキシコ国際産業連盟 (COMEC: Mexico Chamber of Commerce)	121	AIIB →アジアインフラ投資銀行	
		APEC →アジア太平洋経済協力	
ヤ 行		EPA →経済連携協定	
谷津義男	93, 96, 132	EU →欧州連合	
輸出自律規制	10	FTA →自由貿易協定	
輸入代替化政策	107	GATT →関税及び貿易に関する一般協定	
与謝野馨	85	IMF →国際通貨基金	
世論 47, 83, 118, 165, 166, 176, 202, 203, 204		IPE →国際政治経済学	
		ISDS (Investor-State Dispute Settlement) 条項	183
ラ 行			
ラインハルト (Reinhardt, E.)	39	JA全中→全国農業協同組合中央会	
ラベンヒル (Ravenhill, J.)	49	NAFTA →北米自由貿易協定	
リアリスト	35	RTA →地域貿易協定	
リーダーシップ 40, 136, 140, 146, 153, 164, 193, 201, 202, 204, 205		TPP →環太平洋経済連携協定	
		WTO →世界貿易機関	
利益極大化戦略	164	EAFTA →東アジア自由貿易協定	

著者紹介

金　ゼンマ（キム　ゼンマ）

明治大学国際日本学部専任講師。
西江大学人文学部卒，高麗大学国際大学院日本地域学科修士課程修了，一橋大学大学院法学研究科国際関係専攻修士・博士課程修了（博士・法学）。
一橋大学 COE 研究員，一橋大学・早稲田大学・立命館大学非常勤講師，早稲田大学アジア太平洋研究センター助教，関西外国語大学講師を経て，2014 年 4 月より現職。早稲田大学韓国学研究所招聘研究員兼任。
専攻は国際政治経済，FTA／TPP，アジア太平洋国際関係論。
主な著書に『グローバリゼーションとアジア地域統合』（共編著，勁草書房，2012 年），『アジア地域統合の展開』（共著，勁草書房，2011 年）などがある。

日本の通商政策転換の政治経済学——FTA／TPP と国内政治

2016 年 2 月 2 日　初　版　第 1 刷発行　　　　　　　〔検印省略〕

著者©金 ゼンマ／発行者　髙橋 明義　　　　日之出印刷／ブロケード

東京都文京区本郷1-8-1　振替　00160-8-141750
〒 113-0033　TEL　(03)3813-4511
　　　　　　FAX　(03)3813-4514
　　　　http://www.yushindo.co.jp
　　　　ISBN978-4-8420-5572-5

発　行　所

株式会社 有信堂高文社

Printed in Japan

国際関係学——地球社会を理解するために	滝田賢治 編	三二〇〇円
国際政治と規範——国際社会の発展と兵器使用をめぐる規範の変容	大芝 亮／都留康子 編	三〇〇〇円
レジーム間相互作用とグローバル・ガヴァナンス——通常兵器ガヴァナンスの発展と変容	足立研幾 著	二六〇〇円
オタワプロセス——対人地雷禁止レジームの形成	足立研幾 著	六三〇〇円
東アジアの国際関係——多国間主義の地平	大矢根聡 編	三九〇〇円
民族自決の果てに——マイノリティをめぐる国際安全保障	吉川 元 著	三〇〇〇円
ナショナリズム論——社会構成主義的再考	原 百年 著	二九〇〇円
来たるべきデモクラシー——暴力と排除に抗して	山崎 望 著	六〇〇〇円
輸出管理——制度と実践	浅田正彦 編	七八〇〇円
国際協力のレジーム分析——制度・規範の生成とその過程	稲田十一 著	二七〇〇円
制度改革の政治経済学——なぜ情報通信セクターと金融セクターは異なる道をたどったか？	和田洋典 著	七三〇〇円
日本とドイツの気候エネルギー政策転換——パラダイム転換のメカニズム	渡邉理絵 著	六六〇〇円

★表示価格は本体価格（税別）

有信堂刊